Agnes Bernelle

Schöneberg – West End

Das Theater meines Lebens

Rowohlt Taschenbuch Verlag

Die Übersetzung entstand mit
finanzieller Unterstützung
des ILE, Ireland Literature Exchange,
Dublin, Ireland.

Veröffentlicht im Rowohlt Taschenbuch Verlag GmbH,
Reinbek bei Hamburg, Januar 1999
Copyright der deutschen Ausgabe
© by Bollmann Verlag GmbH
Die Originalausgabe erschien 1996 unter dem Titel
»The Fun Palace« bei Lilliput Press, Dublin
© 1996 by Agnes Bernelle
Alle Bilder stammen aus dem Privatarchiv
von Agnes Bernelle
Umschlaggestaltung Susanne Heeder
(Foto: Berlin-Mitte, Friedrichstraße / Ecke Leipziger Straße,
um 1926; Archiv für Kunst und Geschichte, Berlin)
Gesamtherstellung Clausen & Bosse, Leck
Printed in Germany
ISBN 3 499 22386 4

»Everything is so dangerous
that nothing is really frightening.«
Gertrude Stein

Für meine Kinder Seán,
Mark und Antonia und meine
Enkel Luke und Leah

Inhalt

Vorwort

Agnes Bernelle behauptet, 1923 in Berlin geboren zu sein. In Berlin – das kann man noch glauben, doch daß sie 73 sein soll? Unsinn – sie kann nicht älter als 24 sein, junge 24 noch dazu – schelmische 24. Enthusiastisch, unermüdlich, sinnlich, ehrgeizig, loyal, unverwüstlich, komisch, unglaublich tolerant (außer gegenüber intoleranten Menschen), überzeugend feministisch, intuitiv rebellisch, ständig pleite, dabei aber von einem tiefsitzenden Stilgefühl, strahlt sie mit jedem Satz in diesem Buch pure Jugendlichkeit aus wie ein Reiher, der sich einem Regenbogen entgegenschwingt.

Und doch muß ihre Behauptung stimmen, denn die einzigartigen Anekdoten, die sie uns schenkt, scheinen ein ganzes Jahrhundert zu umfassen: Theater, Politik, Gesellschaft, die Freuden und Leiden des Lebens in einer offenen Ehe, in der Weimarer Republik, im Hitler-Deutschland, in England während des Zweiten Weltkriegs, an der Riviera und – natürlich – in Irland.

Wie viele von uns wissen, wie in den Vierziger Jahren deutsche Theaterleute im Londoner Exil ihre Kunst ausübten? Wie viele habe davon gehört, wie junge Schauspielerinnen in die Kriegsaktivitäten des U.S.-Militärs eingespannt wurden? Und wer hat eine Vorstellung davon, wie es jenen erging, die in den entbehrungsreichen Nachkriegsjahren versuchten, Filme und Bühnenshows zu finanzieren?

Agnes weiß es – sie war mittendrin und hat es erlebt.

Sie lernte Marlene Dietrich kennen, wie sie als junge Mutter in ihrer Küche Butterbrote schmierte. Sie erinnert sich daran, wie ihre eigene Mutter mit knapper Not den Nazis entkam, die sie als Lockspitzel anwerben wollten. Sie erzählt, wie sie sich einmal in letzter Minute weigerte, als Salomé zum *Tanz der Sieben Schleier* ein anstößiges Trikot zu tragen und dadurch zur ersten nackten Schauspielerin auf der von der Zensur beaufsichtigten britischen Bühne wurde.

Kurz, *Schöneberg – West End* sind die weitreichendsten, aufschlußreichsten, anregendsten Erinnerungen einer Frau und Schauspielerin, die sich denken lassen, und dabei enden sie schon 1963. Ich möchte noch alles lesen, was Agnes seither erlebt hat, in Dublin und anderswo, und so, denke ich, wird es jedem und jeder ihrer Freunde und Freundinnen gehen, ob vom Theater oder ob nicht.

John Arden, 1996

I *Berlin –*
Schöneberg

Es ist wirklich merkwürdig – ich konnte mich nie an den Abschied von Berlin erinnern.

Ich weiß nicht mehr, ob es früh oder spät am Tag war, von welchem Bahnhof wir abgefahren sind, ob wir viel Gepäck hatten oder wer uns zum Zug gebracht hat. Wie war uns zumute in dem Augenblick, als der schrille Pfiff des Bahnhofsvorstehers uns auf die Reise ins Exil schickte?

Und dennoch kann ich mich an nahezu alles andere dieser Reise erinnern. Wie das Schiff – von Wind und Wellen hin- und hergeworfen – gen England fuhr, wie die Einwanderungsbehörden in Harwich unsere Einreisevisa wieder und wieder prüften. Noch ganz klar in meiner Erinnerung ist die kandierte Kirsche auf meiner ersten Grapefruit beim Frühstück im Speisewagen, der Anblick der schwarzverrußten Schornsteine auf den Dächern der vielen kleinen Häuser, als wir uns London näherten und in Liverpool Street Station ankamen.

Die Ankunft in London habe ich nicht vergessen – aber an den Abschied von Berlin konnte ich mich nie erinnern.

Dort wurde ich im Jahre 1923 geboren. Meine Babyausstattung kostete mehrere Millionen Mark. Nicht etwa, weil meine Eltern reich waren, sondern weil es mir gefiel, während der großen Inflation in Deutschland auf die Welt zu kommen, zu einer Zeit, in der Banknoten, die morgens gedruckt wurden, am Abend kaum noch einen Wert hatten und in der mein Vater, der mehrere Theater in Berlin besaß, seine Angestellten mit Lebensmitteln bezahlte, die er bei Tagesanbruch auf dem Markt kaufte. Es war die unruhige Zeit zwischen den zwei Weltkriegen, die von dem Zusammenbruch des Deutschen Kaiserreichs und der Gründung der Weimarer Republik gekennzeichnet war. Die Zeit des Aufruhrs und des gescheiterten Aufstandes des Spartakusbundes.

Sanft in meiner teuren Wiege schlafend wußte ich von alledem natürlich nichts. Die Wiege stand in unserer Wohnung in Schöneberg, einem Stadtteil Berlins, der viel besungen wurde und der auch in einer Operette meines Vater mit dem Titel *Wie einst im Mai* eine große Rolle spielte.

Von unseren Fenstern sah man hinaus auf den Viktoria-Luise-Platz, für viele Jahre meine ganze Welt. Dieser kleine Platz hatte keine eisernen Gitter oder Tore und war frei zugänglich für die vielen Kinder, die unbeaufsichtigt und glücklich lärmend dort spielen konnten. Auch Kinder, die aus weniger begüterten Familien kamen als ich, die nicht so verwöhnt und beschützt wurden. Ich beneidete sie. Am meisten begehrte ich ihre bunten Murmeln, die ich ihnen nur selten abgewinnen konnte. Aber da ich mir im Geschäft, so oft ich wollte, neue Murmeln kaufen konnte, besaß ich somit eine Währung, mit der auch ich ihre Freundschaft gewann.

Unser Haus besaß eine reich geschmückte Fassade mit einer hohen Eingangstür. Rechts und links von ihr standen Karyatiden, die den Balkon der ersten Etage auf ihren steinernen Schultern trugen. Die Eingangshalle war hoch und weiträumig, es gab zwei riesige Spiegel und einen Fußboden aus schwarzweißen Fliesen. Es gab auch einen Fahrstuhl, aber den benutzten wir selten, da wir im ersten Stock wohnten. Durch unsere Zwölf-Zimmer-Wohnung lief ein langer, schmaler Korridor, in dem ich von meinem Schlafzimmer am einen Ende zu meinem Spielzimmer am anderen Ende mit dem Fahrrad fahren konnte. In den meisten Zimmern standen noch die schönen alten

Viktoria-Luise-Platz in Berlin-Schöneberg, 1901
Bernauers hatten den ersten Stock im Haus mit den Türmchen gemietet

Kachelöfen, obwohl meine Eltern längst eine Zentralheizung hatten einbauen lassen.

Die Empfangszimmer konnte man in einen einzigen großen Raum verwandeln, indem man die Schiebetüren öffnete. Das war sehr praktisch für Empfänge und Feste. Der Musiksalon hatte sechs hohe Fenster, und jedes Mal, wenn ich mich von einer der vielen Erkältungen erholte, die ich mir im Winter unweigerlich in den ständig überheizten Räumen zuzog, wickelte meine Mutter mich von Kopf bis Fuß in Wolle ein, öffnete alle Fenster und ließ mich bei frischer Luft immer um den Flügel herummarschieren. Ich haßte es, so verhätschelt zu werden, und hätte lieber mit den anderen Kindern unten auf dem Platz Schneemänner gebaut.

Abgesehen von solch kleinen Ärgernissen hatte ich eine glückliche Kindheit. Ich war ein spätes, aber doch sehr ersehntes Kind, und meine Eltern konnten es sich leisten, mir alle Wünsche zu erfüllen.

Bis zu meinem dritten Lebensjahr hatte ich ein hübsches, blauäugiges Kindermädchen namens Etti, die mir leider zu sehr meinen eigenen Willen ließ. Ich gewöhnte mich an diese übermäßige Nachsicht der Erwachsenen und lernte schnell, meinen Kopf durchzusetzen. Wenn ich nicht zu Fuß vom Park nach Hause laufen wollte, hockte ich mich einfach auf das Straßenpflaster und fing an zu heulen. Wenn ich nicht wollte, daß meine Mutter abends ausging, zog ich, als sie mir einen Gute-Nacht-Kuß geben wollte, am Saum ihres Abendkleides und versuchte, es zu zerreißen. Wenn ich meinen Spinat nicht essen wollte, schlug ich derart mit der Hand auf den Teller, daß der grüne Brei ringsum an die Wände flog, um dann laut schluchzend zu behaupten, ich sei noch zu klein, um den Unterschied zwischen gut und böse zu kennen, und dürfe deshalb auch nicht bestraft werden. Ehrlich gesagt – ich war ein kleines Ungeheuer!

Es blieb meinen Eltern nichts anderes übrig, als Etti zu entlassen. Statt meiner kümmerte sie sich kurze Zeit später um ihr eigenes, uneheliches Kind. Ich bekam nun eine strenge Erzieherin. Sie kam zu uns in einem grünen Hut und hieß Fräulein Basner. Anfangs konnte ich sie überhaupt nicht leiden.

Ich kann mich noch gut an ihren ersten Abend in unserem Haus erinnern. Durch die Glasscheiben meiner Tür konnte ich ihre Kontur sehen. Sie war dabei, auszupacken und ihre Kleider in den Schrank zu hängen, der im Korridor stand. Ich stand im Bett und rief nach ihr, sie solle mir noch eine Geschichte vorlesen, aber sie nahm überhaupt keine Notiz von mir.

Über meinem Bett hing ein Bild meines älteren Bruders Emmerich mit seinem geliebten Pony. Noch heute, wenn ich auf dieses Bild in meinem alten Photoalbum stoße, erinnere ich mich an das Gefühl furchtbarer Enttäuschung, mit dem ich es vor so vielen Jahren an jenem Abend mit tränenverschleierten Augen ansah. Ich weiß nicht, ob ich wirklich erwartete, daß Emmerich von seinem Pony herabsteigen würde, um mir zu helfen, Fräulein Basner auf meine Verzweiflung aufmerksam zu machen. Sie reagierte jedenfalls überhaupt nicht auf mein Geschrei, und so begann die Zähmung der kleinen Widerspenstigen.

Obwohl sie gleich zu Beginn von meiner Mutter fast entlassen worden wäre, weil sie mir ein paar Ohrfeigen gegeben hatte, blieb Fräulein Basner bei uns, bis ich aus dem Kindermädchen-Alter heraus war. Es dauerte auch nicht lange, bis unser Verhältnis, das anfangs so schlecht war, sich besserte und in liebevolle gegenseitige Zuneigung verwandelte. Sie war fünfzig Jahre alt, als sie uns verließ, und wollte fortan keine anderen Kinder mehr betreuen. Also setzte sie ein Heiratsinserat in die Zeitung und lernte einen Posaunenspieler vom städtischen Orchester in Potsdam kennen. Wir tanzten auf ihrer Hochzeit, verloren aber den Kontakt zu ihr, als der Krieg ausbrach.

Als ich 1954 zum ersten Mal wieder nach Berlin kam, gelang es mir, ihr eine Nachricht in die damalige DDR zu schicken. Ich hatte erfahren, daß sie noch lebte, und ihre Adresse ausfindig gemacht. Als ich eines Abends spät von einem Theaterbesuch ins Hotel zurückkam, saß Bäschen in der Hotelhalle und wartete – mit einem Korb voller Eier auf dem Schoß. Wir fielen uns in die Arme, weinten ein bißchen, und ich lud sie zu einem guten Abendessen ein. Noch vor Mitternacht mußte sie wieder »nach drüben«, nahm sich aber die Zeit, noch mein Hotelzimmer aufzuräumen. Dann verschwand sie, und ich habe sie nie wiedergesehen.

Weihnachten war immer ein großes Ereignis in meinem Elternhaus. Die ganze Verwandtschaft und viele Freunde kamen zum Essen zu uns. Der große Weihnachtsbaum stand im Salon, reich geschmückt mit Lametta und echten Kerzen. Im Zimmer verteilt standen kleine Tischchen mit Geschenken für jeden, der bei uns an diesem Abend zu Gast war, und mit Tellern voller Süßigkeiten, Lebkuchen, Rosinen und Marzipan.

Meistens war ich viel zu aufgeregt, um während der Mahlzeit ruhig am Tisch zu sitzen. Zum Fest gab es entweder Karpfen mit Petersiliensauce oder Gänsebraten mit Kastanienfüllung. Der Nachtisch war immer aus Mohnsamen, die ich verabscheute. Als die Erwachsenen ihren Kaffee und Cognac ausgetrunken hatten, kam endlich der große Augenblick der Bescherung, auf den ich schon so sehnsüchtig gewartet hatte. Meine Mutter verschwand hinter der Schiebetür, die den ganzen Tag über verschlossen geblieben war, stellte das Grammophon an, und zu den Klängen von *Stille Nacht, heilige Nacht* öffnete sich die Tür, und wir durften in den Salon.

An meinem fünften Weihnachtsfest lief ich gleich auf den Weihnachtsbaum zu, denn ich hatte unter den Zweigen ein wundervolles Geschenk entdeckt – ein Miniaturauto, ein Citroën mit richtigen Scheinwerfern, Blinkern, einem echten Nummernschild und dicken Gummireifen. Ich setzte mich sofort hinters Lenkrad und suchte vergeblich den Zündschlüssel. »Wie macht man denn den Motor an?« fragte ich verblüfft. »Es hat keinen Motor, Mädichen«, sagte Onkel Carl Meinhard, von dem das Geschenk war, »es ist ein Tretauto.« Treten sollte ich! Ich versuchte es gar nicht erst. Meinen Eltern war dies furchtbar peinlich. Carl Meinhard war ein guter Freund und langjähriger Partner meines Vaters und ein sehr großzügiger Mensch. Er hatte dieses kleine Wunderauto extra für mich bei Citroën anfertigen lassen, die exakte Kopie des neuesten Modells. »Willst Du dich denn nicht bei Onkel Carl bedanken?« fragten sie. Ich zögerte einen Moment, ging zu meinem Tisch, nahm eine Orange aus Marzipan und reichte sie Onkel Carl. »Danke«, sagte ich fast tonlos. »Und ich danke auch Dir, mein Schatz«, antwortete Onkel Carl, »aber das ist ja gar keine richtige Orange!« »Ist ja auch kein richtiges Auto«, erwiderte ich. Mit dem Auto habe ich nie gespielt, und am Ende wurde es verschenkt.

Als ich fünf Jahre alt war, kam ich auf die kleine Montessori-Schule im Palais Goldschmidt-Rothschild »Unter den Linden«. Die Baronin Rothschild hatte diese Privatschule eröffnet, um ihre Kinder davor zu bewahren, auf eine »gewöhnliche« Schule gehen zu müssen und mit »gewöhnlichen Bazillen« in Berührung zu kommen. Ihr Kinderarzt, der auch der unsrige war, hatte eine kleine Anzahl von Kindern ausgesucht, die ausreichend »bazillenfrei« waren, und ich war, zur Freude meiner Eltern, eines von ihnen. Jeden Morgen wurde ich in einem großen schwarzen Auto von einem Chauffeur mit Kniebundhosen und Schirmmütze in die Schule gefahren. Natürlich glaubte ich, daß das Auto meinem Vater gehörte, in Wirklichkeit aber besaß es der Chauffeur. Das Autofahren war keine Angeberei meines Vaters – für sein Geschäftsleben brauchte er schon einen Wagen mit Chauffeur –, doch in den Zwanziger Jahren war es in Berlin nicht üblich, privat ein Auto zu besitzen.

In der Montessori-Schule lernte ich schnell lesen und schreiben. Die Methode war sehr gut, kontinuierliche Übung vorausgesetzt, doch zum Entsetzen meiner Mutter, die nach einem Jahr in die Schule kam, um meine Fortschritte persönlich zu überprüfen, war meine Klasse zugunsten einer neuen »keimfreien« Klasse vernachlässigt worden, und wir blieben uns mehr oder weniger selbst überlassen. Die Lehrerin traf keine Schuld; die Schule war rechtlich dazu gezwungen, jedes Jahr neue Schüler aufzunehmen, aber sie war die einzige Lehrkraft. »Man kann nicht mit einem Toches auf zwei Hochzeiten tanzen«, stellte meine Mutter fest, die für fast jede Gelegenheit einen Spruch parat hatte, und nahm mich von der Schule.

Zuhause, an meinem ersten schulfreien Tag, war ich besorgt, weil ich auf keinen Fall auf eine größere Schule gehen wollte. Nicht einmal die Anwesenheit von Herrn Kyrieleis, dem Barbier meines Vaters, konnte mich trösten. Normalerweise fand ich es stets spannend zu sehen, wie er sein Rasiermesser auf einem Lederriemen auf- und abstrich, um es zu schärfen, und dann das Gesicht meines Vaters unter Unmengen von Seifenschaum verschwinden ließ. An diesem Tag konnten mich solche Lappalien nicht aufmuntern. Bäschen brachte mir Hauffs Märchen, um mich abzulenken. Ob diese Märchen für Kinder geschrieben wurden, weiß ich nicht, ich erinnere mich jedenfalls nur der grauenhaftesten Szenen. Der *Struwwelpeter* war ja schon schlimm genug, aber auf den Knochen seines ermordeten Bruders Flöte zu spielen oder den Kopf mit einem rostigen Nagel an den Mast eines sinkenden Schiffes genagelt zu bekommen, erschien mir nicht gerade die passende literarische Kost für ein kleines Mädchen. Jedenfalls verlangte ich nach einem Radiergummi und verbrachte den ganzen Morgen damit, die Wörter der schrecklichen Geschichten auszuradieren, bis kaum noch eine gedruckte Zeile übrig blieb. Danach fühlte ich mich besser und begann, mich mit dem Gedanken an die andere Schule anzufreunden.

Diese wurde von Fräulein Zickel, einer Jüdin, geleitet, und obwohl sie Kinder verschiedener Religionsgemeinschaften aufnahm, betrachteten die Nazis diese Schule später als jüdisch, und sie wurde geschlossen. Daß man mich, eine Protestantin, dort eingeschult hatte, war eine Fortführung unserer Familientradition der »religiösen Wechsel«. So ging schon mein jüdischer Vater in Ungarn auf eine hervorragende Schule, die von Benediktinermönchen geleitet wurde – meine Großmutter befand, daß nur das Beste gut genug war für ihren Rudi. Ich weiß nicht, wie sie es schaffte, die guten Mönche zu überreden, ihn aufzunehmen, aber er war jahrelang das einzige jüdische Kind an dieser Schule. Natürlich wurde er anfangs oft von den anderen Schülern gehänselt, aber meine Großmutter war eine resolute Frau. Bei der ersten sich bietenden Gelegenheit, einem Schulausflug ins Grüne, verwichste sie einige seiner Mitschüler mit ihrem Regenschirm, und damit war die Sache ein für allemal erledigt. Mein Vater paßte sich dem klösterlichen

Leben an und wurde oft in demütiger Andacht vor dem Heiligenbild gesehen.

Meine erste bewußte Berührung mit der Religion verdankte ich Martin Luther. Jemand hatte mir ein Bild von ihm geschenkt, ich hatte es, samt Doppelkinn und weisem Spruch, an meine Wand geklebt, himmelte ihn viele Jahre lang an und befriedigte so mein inneres Bedürfnis nach einem Ideal. Meinen Eltern wäre es schwergefallen, mich in einer bestimmten Religion zu erziehen. Das religiöse Durcheinander in meiner Familie war einfach zu groß. Mein Halbbruder, Sohn der ersten – katholischen – Frau meines Vaters, wurde evangelisch erzogen, ich dagegen, das Kind seiner zweiten Frau, einer Protestantin, wurde in meinen Jugendjahren katholisch. Glücklicherweise hat dieses Chaos niemanden in der Familie gestört, und ich glaube, auch Gott – welcher Religion er auch immer angehören mag – ist dieser Zustand lieber als die vielen Glaubenskriege und Greueltaten, die in seinem Namen stattfinden.

Ich besuchte die Schule bis zum Abitur, studiert habe ich – leider – nie. Ich habe in vielen Ländern gelebt, besaß verschiedene Pässe, gehörte unterschiedlichen Konfessionen an und war den Gemeinschaften gegenüber, in denen und mit denen ich lebte, immer loyal. So wird man mir hoffentlich verzeihen, wenn ich sage, daß ich mich nicht als Deutsche fühle, auch wenn ich in Deutschland geboren wurde, auch nicht als Ungarin, obwohl mein Vater aus Ungarn stammte, oder als Engländerin, obwohl ich in England erwachsen wurde, und auch nicht als Irin, selbst wenn ich seit vielen Jahren in Irland lebe. Ich betrachte mich auch nicht als »Arierin«, wie meine Mutter, oder als jüdisch wie mein Vater. Ich bin nicht einmal eine gute Katholikin geworden, auch wenn unsere Köchin wirklich alles versucht hat, mich zu einer zu machen.

Meine Mutter, Emmy Erb, wurde 1887 in Wittenberge geboren. Die kleine Stadt liegt auf halber Strecke zwischen Hamburg und Berlin, wie sie, die Tochter eines Eisenbahners, immer zu sagen pflegte. Sie war eins von fünf Kindern, schön und ehrgeizig. Mit neunzehn Jahren beschloß sie, daß sie für das Leben in einer kleinen Provinzstadt nicht geschaffen war. Mein Vater, sieben Jahre älter als sie, war zur gleichen Zeit bereits im Begriff, sein zweites Theater in Berlin zu kaufen. Daß sie sich jemals begegnen würden, war nicht anzunehmen.

Meine Großeltern waren bestürzt, als ihre Tochter verkündete, nach Berlin zu ziehen. Ein solcher Schritt war zu dieser Zeit völlig undenkbar für ein junges Mädchen aus bürgerlichem Hause. Emmy ließ sich nicht beirren. Sie kam mit einem kleinen Koffer in der Hauptstadt an, in einem neuen Kostüm, das sie selbst geschneidert hatte. Es dauerte nicht lange, bis sie eine Stellung fand – bei Herrn und Frau Direktor Bernauer. Diese suchten eine Erzieherin für ihren kleinen Sohn, und durch diese verantwortungsvolle, wiewohl nicht sehr angesehene Tätigkeit kam meine Mutter in das Haus meines Vaters. Später hat sie diese Tatsache immer verschwiegen. Als mein Vater seine Memoiren schrieb, gelang es ihr, ihn dazu zu bewegen, den Ursprung ihrer Bekanntschaft in dem Buch nicht zu erwähnen. Ich fand diese Geschichte immer rührend und romantisch und hoffe, daß sie, wo immer sie jetzt sein mag, mir verzeiht, wenn ich sie hier erzähle.

Mein Halbbruder Emmerich, später Emery genannt, war kaum drei Jahre alt, als seine noch sehr junge Mutter erkrankte. Sie hatte sich auf einer Ferienreise nach Spanien mit Typhus infiziert. Auf ihrem Sterbebett rief sie nach Emmy. »Versprechen Sie mir«, flüsterte sie erschöpft, »daß Sie mein Kind nie verlassen werden, was auch geschehen mag.« Meine Mutter, den kleinen Emmerich auf dem Arm, versprach weinend, ihn wie ihr eigenes Kind anzunehmen.

Kurz nach Henny Remillys tragischem Tod verlangte mein Großvater Erb, der den Aufenthalt seiner Tochter im Hause eines Witwers ungehörig fand, daß Emmy nach Hause zurückkehre. Um ihrem Versprechen treu zu bleiben, nahm meine

Vetter Rudi, Onkel Franz und Großvater Erb

Mutter den kleinen Emmerich mit nach Wittenberge. Was wohl die Nachbarn dazu sagten? Aus der Großstadt zurückgekommen mit einem unehelichen Kind! Meine Großeltern waren sicher froh, als Emmy und Emmerich nach Berlin zurückfuhren.

Nun nahm Emmy die Leitung des Bernauerschen Haushalts in ihre Hand. Ruhig und effizient übernahm sie alle Pflichten einer Haus- ja, Ehefrau, bis auf eine. Auch wenn sie hübsch war, konnte sie in meinem Vater noch keine romantischen Gefühle wecken. Von den Banden einer früh geschlossenen

Ehe befreit, genoß er nun sein Junggesellenleben. Schauspielerinnen und andere schöne Frauen waren seine Gäste, nicht nur in seinem Salon, sondern oft auch in seinem Bett. Meine Mutter hielt ihre Liebe zu ihm geheim.

Als Emmerich selbständig genug war, um ohne sie auszukommen, verlobte sie sich mit einem ihrer treuesten Verehrer, dem Anwalt Paul Nordmann. Sie reichte meinem Vater die Kündigung, die er, ohne ein Wort zu verlieren, annahm. Eine Woche ging vorüber. Eines Morgens, als sie vom Einkaufen nach Hause kam, hing ein ihr bekannter Mantel an der Garderobe. Sie hörte Stimmen im Herrenzimmer und wurde hineingebeten. »Ich dachte, ich wäre nach Berlin gerufen worden, um über Deine Hochzeit mit Paul Nordmann zu sprechen«, sagte ihr Vater, »jetzt erfahre ich, daß Du Direktor Bernauer heiraten wirst. Er hat soeben bei mir um Deine Hand angehalten.«

Sie feierten eine märchenhafte Hochzeit und gingen auf eine ebenso märchenhafte Hochzeitsreise, auf die sie meinen Bruder mitnahmen. Dann kehrten sie zurück zum Viktoria-Luise-Platz. Und wenn sie nicht gestorben sind, so leben sie noch heute? Tatsächlich konnte die arme Emmy das wunderschöne Leben, von dem sie immer geträumt hatte, mit ihrem Rudi nicht lange genießen. Er war zweifellos ihr Märchenprinz, aber er war auch Jude, und in den Bierhallen von München machte sich allmählich Adolf Hitler einen Namen.

Mein Vater ging noch zur Schule, als meine Großeltern beschlossen, Budapest zu verlassen und nach Berlin zu ziehen. Er nahm Abschied von den braven Mönchen und besuchte nun das Friedrich-Gymnasium, wo er schnell fehlerlos Deutsch lernte. Nach der Schule ging er auf die Universität, um Kunstgeschichte und Philosophie zu studieren, und weil die Bernauers nie viel Geld besaßen, übernahm er gleichzeitig die Vertretung für *Meyers Konversationslexikon*. Spät abends schrieb er oft noch Texte für satirische Kabaretts, die um die Jahrhundert-

*Hochzeit 1920: Emmy und Rudolf Bernauer, Agnes' Halbbruder Emery,
neben ihm Tante Martha Haushofer, hinter ihr Schanzers*

wende in Berlin sehr erfolgreich waren. Einige dieser Texte
wurden vertont und erschienen etliche Jahre später in der
Taschenbuch-Ausgabe *Lieder eines bösen Buben*, die mir noch
heute als Quelle zugute kommt.

Da es meinem Vater nicht gelang, auch nur eine einzige Ausgabe des Lexikons an den Mann zu bringen, gab er die Vertretung auf. Aber zuvor kaufte er selbst die 34 Bände, um wenigstens einen Erfolg bei seinen Arbeitgebern melden zu können.
Diesen Büchern war es vom Schicksal bestimmt, in ganz
Europa herumzureisen, bis sie bei mir in Dublin nun endlich
ihren festen Platz im Regal bekommen haben.

In seiner Jugend wurde mein Vater sehr von Heinrich Hei-
nes Werk beeinflußt. Einige seiner selbstverfaßten Gedichte
schickte mein Großvater Joseph heimlich an eine Literaturzeit-
schrift und war fast noch erfreuter als sein Sohn, als diese
gedruckt wurden. Aus den Erinnerungen meines Vaters geht

23

Joseph Bernauer als ein liebevoller und äußerst gutmütiger Mensch hervor. Er erschien mir deshalb immer untauglich für seinen Beruf: er war Reisender für Haushaltswaren. Kein Wunder, daß er nie viel Geld verdiente. Kurz nach seinem 45. Geburtstag stürzte er vom Fahrrad und verletzte sich an der Leber. Ein Jahr später starb er an Krebs. Für meinen Vater bedeutete dies das Ende seiner akademischen Träume. Er mußte die Universität verlassen, um seinen Lebensunterhalt zu verdienen und für seine Mutter und seine Schwester zu sorgen. Das Theater hatte ihn schon immer angezogen, und während seines Studiums hatte er oft als Komparse auf der Bühne gestanden. So beschloß er, Schauspieler zu werden. Heutzutage ist es kaum zu glauben, daß das Schauspielern damals als sicherer Beruf betrachtet wurde, aber dank des Theatersystems in vielen europäischen Ländern konnte man davon ausgehen, Arbeit zu finden. In Deutschland gibt es noch bis heute viele Stadt- und Staatstheater, die Schauspieler mit Jahresverträgen anstellen.

Wann immer ich darüber nachdenke, was wir verloren, als wir gezwungen wurden, Deutschland zu verlassen, ist es nicht allein das Land, das ich vermisse, oder die materiellen Dinge, die wir zurücklassen mußten, sondern besonders dieses Theatersystem, das ich als mein Geburtsrecht angesehen habe und das mir, hätte ich in Deutschland bleiben können, wahrscheinlich zu einer viel leichteren und befriedigenderen Karriere verholfen hätte. Hatten meine Eltern mich nicht Agnes genannt – nach der Heldin in Friedrich Hebbels klassischem Stück –, damit einmal auf einem Programmheft stehen würde: »Agnes Bernauer spielt Agnes Bernauer«? Dazu ist es in der Fremde leider nie gekommen.

Als Schauspieler hatte mein Vater sehr bald das Glück, von dem meisterhaften Otto Brahm am Deutschen Theater engagiert zu werden. Dort begegnete er Carl Meinhard, und die beiden wurden sehr schnell enge Freunde. Im Jahre 1901, als sie kaum zwanzig Jahre alt waren, planten sie gemeinsam einen

Unterhaltungsabend für besondere Gelegenheiten in den Häusern wohlhabender Berliner, um sich ein kleines Taschengeld zu verdienen. Sie fanden talentierte junge Künstler und nannten die Truppe *Die bösen Buben*, obwohl auch böse Mädchen dabei waren. Nachdem sie vergeblich nach passenden Texten gesucht hatten, beschlossen sie, die Lieder und Sketche selbst zu schreiben. Sie baten Dr. Wulff, den Redakteur der *Lustigen Blätter*, ein paar witzige Stücke beizutragen sowie die Einladungen für einen Probeabend zu übernehmen. Sein Name sollte ein volles Haus garantieren. Und so kam es auch, aber völlig anders als geplant. Dr. Wulff wollte sich mit seinen Werken besonders hervortun – die aber so schlecht waren, daß sie schon bei den ersten Proben gestrichen wurden –, und hatte statt der Bankiers, Fabrikanten und Geschäftsleute, für die der Abend gedacht war, die gesamte Kunst- und Kulturszene Berlins eingeladen, jeden Intendanten, jeden Schriftsteller von Bedeutung, von Wedekind bis Gerhardt Hauptmann, jeden Musiker von Humperdinck bis Richard Strauss. Als sie all die Kulturschaffenden versammelt sahen, erblaßten die bösen Buben und ihre Schauspieler. Es war ihnen klar, daß ein Reinfall an diesem Abend das Ende ihrer Karriere bedeuten konnte, weil doch jeder, von dem sie sich ein Engagement erhoffen konnten, die Blamage miterleben würde.

Einzig der Komponist Leo Fall blieb bis zum Beginn des Programms ahnungslos. Als er sich ruhig an das Klavier setzte, um die musikalischen Nummern zu begleiten, sah er sich plötzlich von Prominenten umgeben, Max Reinhardts unverkennbarer Kopf im Vordergrund. Leo Fall war so erschrocken, daß er seine Körperfunktionen nicht beherrschen konnte und – so heißt es – während der Pause seine Unterwäsche wechseln mußte.

Aber die »bösen Buben« ängstigten sich ganz umsonst. Der Abend bedeutete den Beginn eines neuen Kabarettstils – beißende Satire auf die deutsche Kunst- und Literaturszene. Dieser Stil verlangte natürlich Adleraugen, gespitzte Ohren und einen treffenden Witz, aber was noch wichtiger war: er benötigte auch ein Publikum, das alle Anspielungen verstand. Dr. Wulff hatte in seiner grenzenlosen Eitelkeit den »bösen Buben« genau dieses Publikum beschert. Der Abend war ein voller Erfolg, und sie ernteten tosenden Beifall. Die ursprünglichen Pläne für die Veranstaltung waren bald vergessen; aber weil weder Meinhard noch mein Vater ihre Karriere an einem seriösen Theater aufgeben wollten, führten sie ihre *Bösen Buben* nur einmal im Jahr auf, stets um Mitternacht vor einem geladenen Publikum.

Dieses Publikum konnte in drei Kategorien eingeteilt werden: die einen riefen vor der Vorstellung an und fragten besorgt, ob eventuell sie jetzt an der Reihe seien, verspottet zu werden, die anderen waren geschmeichelt, von den »bösen Buben« parodiert zu werden, und die dritten schrieben empörte Briefe und wollten wissen, ob sie denn so unwichtig seien, daß die Herren »Buben« es nicht für nötig hielten, sich über sie lustig zu machen.

Über Nacht waren die Buben selbst prominent geworden, und mein Vater wurde nun als Schauspieler von Max Reinhardt am Berliner Theater engagiert. Sein Ziel schien damit erreicht. Zum Regisseur fühlte er sich nicht berufen, aber er wurde schon bald dazu erwählt. Meinhard, der ein Talent für das Theatergeschäft besaß, hatte ein Ensemble aus bekannten Schauspielern zusammengestellt und wollte es im Sommer auf Tournee schicken. Er hatte dazu einen berühmten Regisseur aus Wien engagiert. Bis zu dessen Ankunft sollte mein Vater, mit dem Manuskript in der Hand, für ein paar Pfennige extra im Parkett sitzen und für die regielose Truppe eine Art Konzentrationspunkt spielen.

Schon bei der ersten Probe blieb der Hauptdarsteller vor meinem Vater stehen: »Ich glaube, Sie sind mit meiner Interpretation nicht zufrieden.« »Nein – ich meine, ja. Ich bin es doch«, stammelte mein Vater. »Nein, Sie sind es nicht, ich kann es

Ihnen ansehen. Sie müssen mir aber schon sagen, wie ich diese Szene spielen soll.« Mein Vater war erschrocken, aber das war nur der Anfang. Die Schauspieler hörten auf zu spielen, sobald mein Vater sein ihnen schon bekanntes Gesicht zog, und er mußte ihnen Rat und Hilfe geben. Schließlich weigerten sie sich, auf den »großen Mann aus Wien« zu warten, und als es zur Generalprobe kam, war mein Vater längst ihr Regisseur geworden. Von dem Moment an beauftragte auch Max Reinhardt ihn mit Inszenierungen am Berliner Theater.

1908 pachteten Meinhard und Bernauer das Berliner Theater. Es war der Beginn einer langen und erfolgreichen Partnerschaft. Im Laufe der nächsten zehn Jahr kauften sie das Komödienhaus am Schiffbauerdamm, das Hebbel-Theater in der Königgrätzer Straße und das Theater am Nollendorfplatz. Sie inszenierten sowohl Klassiker als auch Lustspiele und Schwänke. Meinhard spielte dort weiter Theater, und mein Vater führte Regie.

Um so viele Theaterhäuser finanzieren zu können, brauchten sie eine Menge Geld, und weil es damals noch keine staatlichen Subventionen gab, hatte mein Vater die Idee, selbst Operetten zu schreiben und sie in den Spielplan aufzunehmen. Er hatte sich gedacht, daß man auf diese Weise die Tantiemen einsparen könne, um mit dem Geld ihre anderen, seriösen Bühnen zu unterstützen. Während also im Operettentheater *Der tapfere Soldat*, *Der liebe Augustin*, *Wie einst im Mai*, *Filmzauber* und andere Operetten gespielt wurden, brachten die Klassiker wie auch die ernsten neuen Stücke von Ibsen, Strindberg und Wedekind unter der Regie von Bernauer einen Erfolg nach dem anderen.

Einige Jahre später änderte sich die Lage. Mein Vater hatte immer gesagt: »Man darf das Theaterpublikum nie unterschätzen und dem Geschmack für das Populäre nicht folgen, sondern sich die Theaterbesucher erziehen.« Gegen Ende der Meinhard-Bernauer-Direktion hatte mein Vater sein Publikum

Hebbel-Theater in der Königgrätzer Straße

so weit, daß er mit den Einkünften aus den ernsten Dramen die Produktion der leichten musikalischen Unterhaltung finanzieren konnte. Als Regisseur hatte er stets großen Wert darauf gelegt, die Absicht des Autors genauestens wiederzugeben und die Inszenierungen nicht mit Zierrat zu überfrachten. Erst nachdem ich alle Kritiken und Artikel in den drei großen Pressealben meines Vaters gelesen hatte, verstand ich, warum der Ruf dieses Mannes, der in Deutschland sehr verehrt wurde und den die Presse als einzigen ernsthaften Konkurrenten Max Reinhardts ansah, nicht bis ins Ausland drang. Reinhardt war ein genialer Theatermann, und seine weltberühmten Aufführungen waren weniger vom Text und von den feinen Nuancen der Sprache abhängig. Man konnte sie in jedem Land erfolgreich auf die Bühne bringen. Die Inszenierungen meines Vaters hingegen waren an die Sprache gebunden, seine deutsche Sprache. Als er 1935 in England ankam, war er dort unbekannt – selbst in Theaterkreisen.

1923 schlossen Meinhard und Bernauer ihre Theater. Sie verpachteten sie an andere Unternehmer und beendeten ihre Partnerschaft. Mein Vater war mit 43 Jahren der Meinung, er hätte hart und lang genug am Theater gearbeitet, und wollte nun sein Leben und seine kleine Tochter genießen. Er hatte sehr jung angefangen und ängstigte mich oft mit der Behauptung, daß jemand, der es mit 23 Jahren nicht geschafft hätte, niemals etwas erreichen würde. Wahrscheinlich hatte er in meinem Bruder auch diese Angst geweckt, und ich bin sicher, daß mein Vater, als er starb – ich war dreißig – die Hoffnung aufgegeben hatte, daß aus mir jemals etwas werden würde.

Mein Vater hatte mich zu einem »Gentleman« erzogen. Er konnte gar nicht anders, weil er selbst ein Gentleman war. Sein Wort galt. Selten mußte er einen Vertrag unterschreiben, jeder vertraute ihm. Er hat mich mehr als jeder andere Mensch beeinflußt. Oft sagte er mir, daß ihm Familie nicht viel bedeute. Er liebte mich, nicht als seine Tochter, sondern als seinen Freund. Wenn ich mich schlecht benommen hatte, schickte er mir kleine Briefe und ließ mich wissen, daß seine Freundin ihn enttäuscht hätte. Später wurde mir von Psychologen gesagt, daß durch diese Erziehung ein großer seelischer Druck auf mir lastete. Keiner von uns beiden war sich dessen bewußt, und ich liebte ihn ohne Vorbehalt. Auch hätte ich alles getan, um seinem Wunsch nach einem zweiten Sohn gerecht zu werden. Schon in jungen Jahren gab er mir Gelegenheit, an seinen Besprechungen teilzunehmen. Der Aufbau und die Form einer Geschichte waren ihm sehr wichtig, und ich habe der Versuchung nie ganz widerstehen können, ein Drehbuch– jedes Drehbuch – neu aufzubauen, wenn es mir zu lang oder formlos erschien.

Von meinem fünften Lebensjahr an war ich eine begeisterte Kinogängerin. Ich kannte die Titel und die Schauspieler der meisten deutschen Filme der Zwanziger und Dreißiger Jahre. Der Beginn des Tonfilms lockte meinen Vater aus dem Ruhestand. Er fing an, Filme zu drehen. Bei der Rollenbesetzung fragte er mich oft um meinen Rat, und meistens nahm er meine Vorschläge an. Die Schauspieler, die in seinen Filmen spielten, hatten natürlich keine Ahnung, daß sie ihre Rolle einem kleinen neunjährigen Mädchen verdankten.

Obwohl mein Vater sein Studium nicht beendete, blieb seine Liebe zur Wissenschaft immer bestehen – ein Nachmittag mit ihm im Pergamon-Museum war ein Erlebnis. Aber besser noch waren die kleinen Sitzungen bei seiner Morgentoilette. Ihm waren sehr früh die meisten Haare ausgegangen, und weil er eitel war, ließ er sein Seitenhaar wachsen, und es kostete ihn früh morgens viel Zeit und Mühe, vorsichtig ein Haar neben das andere auf den Kopf zu kleben, bis sich seine Glatze in eine glänzende Halbkugel verwandelt hatte. Wen er damit täuschen wollte, weiß ich nicht. Ich glaube, er tat es vor allem zur eigenen Zufriedenheit. Mich hat es sehr glücklich gemacht, dabei zusehen zu dürfen, und ich habe in dieser verzauberten Stunde mehr gelernt als je in irgendeiner Schule.

Mein Vater war ein sehr aufrichtiger und ehrlicher Mensch, aber manchmal übertrieb er diese Aufrichtigkeit, so zum Beispiel bei seiner Flucht aus Deutschland. Auswanderer durften ihr Geld damals nicht mitnehmen, und mein Vater befolgte die Vorschriften der Nationalsozialisten bis aufs Letzte. Als er in London ankam, hatte er nichts als ein goldenes Zigarettenetui dabei, das er sofort verkaufen mußte. Er war aber auch ein sehr menschlicher Mann mit menschlichen Schwächen. Seine größten Schwächen waren das Kartenspiel und die Frauen. Er liebte es, im Berliner Theaterclub bis zum Morgengrauen Karten zu spielen. Leider verlor er häufiger als er gewann. Erst als ich fast erwachsen war, begriff ich die Konsequenzen seiner Leidenschaft. Von Zeit zu Zeit fielen zu Hause kleine blaue Pflaster auf den Teppich, die sich von der Unterseite unserer Tische und Stühle gelöst hatten. Wenn das an einem heißen Sommertag passierte und meine Mutter ihre Freundinnen zum Tee

*Agnes mit ihrem fünfundvierzigjährigen
Vater Rudolf Bernauer*

eingeladen hatte, erblaßte sie und verdeckte die Pflaster
schnell mit ihrem Fuß. Wahrscheinlich war ich damals die einzige Anwesende, die nicht wußte, daß diese hübschen kleinen
Klebezettel vom Gerichtsvollzieher stammten und an den Möbeln bleiben mußten, bis die Spielschulden meines Vaters bezahlt waren. Offenbar hat er sie auch immer bezahlt, denn bis
zur Nazizeit, in der wir viel verkaufen mußten, wurden unsere
Möbel nie abgeholt.

Ganz gegen meine Erwartung war die neue Schule, die ich so sehr gefürchtet hatte, ein Volltreffer. Der Unterricht, der höhere Anforderungen an mich stellte, machte mir großen Spaß, und ich hatte bald ein gutes Verhältnis zu meinen neuen Mitschülern. Das war auch deshalb wichtig für mich, weil ich wie ein Einzelkind aufwuchs. Mein Bruder war siebzehn Jahre älter als ich, und es dauerte gar nicht lange, bis er uns tagsüber verließ, um zur Arbeit zu gehen. Bald darauf heiratete er seine Jugendfreundin Edith, und sie zogen in ihr eigenes Heim. Emmerich war Journalist bei Ullstein geworden und als solcher bahnbrechend. Wenn er den Auftrag hatte, über das Brauen von Bier zu schreiben, so suchte er sich zunächst eine Stellung in einer Brauerei. Wenn er über die Bauindustrie schreiben sollte, dann arbeitete er einige Wochen auf dem Bau. Ich fand es furchtbar spannend, wenn er abends in seinem beschmutzten Arbeitskittel nach Hause kam und erzählte. Noch aufregender war es, als ich aufbleiben durfte, um mitzufeiern, weil er Redakteur bei der *Vossischen Zeitung* wurde – mit 23 Jahren! Aber am besten war es, an der Tür zu horchen, wenn mein Vater ihm den Kopf wusch, weil er sich zum Beispiel weigerte, die Fußnägel zu schneiden.

Auf die Dauer aber boten mir diese kleinen Ereignisse nicht genügend Unterhaltung, und so mußte ich sie mir bis zu meinem Eintritt in die Zickel-Schule selbst verschaffen. Ich verbrachte viele Stunden damit, mich zu verkleiden. Meine Mutter besaß die himmlischsten perlenbestickten Abendkleider. Ihre Schwester Martha, der sie eine Stellung als Näherin bei einem ihrer Couturiers, Gerson Prager Hausdorff – damals eines der besten Modehäuser Berlins – besorgt hatte, kam in die Schneiderwerkstatt mit zwei langen Zöpfen und heiratete prompt den Sohn der Besitzerin. Beide Schwestern wurden nun von Gerson Prager Hausdorff zu Vorzugspreisen eingekleidet, und wenn sie ihre Modellkleider einige Male in der Öffentlichkeit getragen hatten, durfte ich mit ihnen spielen. Derart aufge-

Emmerich, Halbbruder von Agnes

putzt stand ich dann vor dem hohen Spiegel im Ankleidezimmer meiner Mutter, stellte mein kleines Grammophon an und tat so, als wäre ich die Sängerin auf der Schallplatte. Das war mein Karaoke, ich sang mit Operndiven, Jazzstars und Soubretten und verwandelte mich in jede von ihnen.

Ich besaß ein piekfeines Zelt, handbemalt mit Indianern auf galoppierenden Pferden. Da wir keinen Garten hatten, baute ich das Zelt in meinem Spielzimmer auf und verschwand darin mit einem Haufen Kissen und einem noch größeren Haufen

Bücher. Wenn ich alle meine Bücher verschlungen hatte, schlich ich in das Arbeitszimmer meines Vaters und holte mir welche von ihm. Meine Mutter lächelte zustimmend, wenn sie mich mit den schönen ledergebundenen Ausgaben von Dickens oder Gottfried Keller in mein Zelt kriechen sah, aber ich bin sicher, daß sie keine Ahnung hatte, daß es sich bei der Ausgabe von *1001 Nacht*, die sie mir an mein Bett brachte, als ich die Masern hatte, nicht um die klassischen Kindermärchen handelte, sondern um die unzensierte Ausgabe. Das war nicht die einzige erotische Lektüre in unserem Hause. Illustrierte Bände der Liebesabenteuer von Casanova und Don Juan waren versteckt, wo ich sie leicht finden konnte, und ermöglichten mir eine unbeschränkte und phantasievolle Sexualerziehung, die ich stets mit meinen Spielgefährtinnen teilte. Wenn Bäschen anderswo beschäftigt war, gesellten sie sich, mit Taschenlampen bewaffnet, zu mir unter mein Bett und blätterten eifrig in den verbotenen Seiten.

Natürlich gab es auch andere, unschuldigere Zerstreuungen. Meine beste Freundin, Vera Calman, die erste einer langen Reihe von Veras in meinem Leben, wohnte über der Scala, dem populärsten Varietétheater in Berlin. Veras Vater war der Intendant, und so konnten wir Kinder überall im Haus herumspazieren. Wir setzten uns auch, so oft wir wollten, in die erste Parkettreihe und verfolgten das Programm. Die besten internationalen Trapezkünstler, Akrobaten, Clowns und Jongleure waren uns bekannt. Mein Liebling aber war das Mädchen, das in kurzen Seidenhosen und starrem Lächeln mit den Nummerntafeln über die Bühne trippelte. Ich wünschte mir, sie eines Tages abzulösen.

Der Kapellmeister des Varietéorchesters, Otto Stenzel, war mein Schwarm. Ich konnte stundenlang seinen pomadig glänzenden Hinterkopf anstarren. Die arme Vera mußte endlos mit mir im Parkett sitzen, damit ich ihn mit schmachtenden Augen anhimmeln konnte.

Ich glaube nicht, daß ich die Einzige bin, die sich an all das so wehmütig erinnert; die Scala, Otto Stenzel, das Nummernmädchen… Wie traurig war es, als ich nach dem Krieg vergebens nach ihnen suchte. Die Scala war von Bomben völlig zerstört worden, und ich konnte keine Spuren mehr von ihr finden.

Schon als kleines Kind nahmen meine Eltern mich oft mit ins Theater und sogar in die Oper. Die Aufführung von *Aida* mit echten Elefanten, die ich mit fünf Jahren am Strand von Abbazia unter dem Sternenhimmel einer italienischen Nacht sah, ist mir unvergeßlich. Noch Jahre später unterhielt ich die Abendgäste meiner Eltern mit einer Parodie von Aidas Arie im 1. Akt, die meiner Meinung nach zu lang war und zu viele Wiederholungen hatte. Eingehüllt in Chiffon, mit dem Schmuck meiner Mutter behängt, händeringend und die Augen zum Himmel verdreht, sang ich »O Patria mia, non ti vederai piú, non piú ti vederai, patria mia« und so weiter, bis Bäschen mich packte und ins Bett zurückschleppte.

Zu Hause spielte ich ständig Theater, auch mit meinen Freundinnen, und meistens führte ich Regie. Zu meinem neunten Geburtstag führten wir »Lebende Bilder« für die Erwachsenen auf. Die Schiebetüren dienten als Vorhang. Sie öffneten und schlossen sich zwischen Dornröschen, Aschenputtel, Rapunzel usw. Ich selbst war das Schneewittchen, und sieben meiner Puppen spielten auch mit.

Meine nächste Inszenierung fand dann in der Öffentlichkeit statt. Mit zehn Jahren war ich auf die Rückertschule gekommen, ein Lyzeum am Stadtpark Schöneberg mit 500 Schülerinnen. Einmal im Jahr, immer im Juli, wenn es warm war, wurde ein Ausflugsdampfer gemietet, und die ganze Schule schipperte auf den vielen Wasserwegen in der Umgebung Berlins herum. Zu Mittag wurde an einem abgelegenen Lokal dicht am Wasser Halt gemacht. Nach dem Essen führten die älteren Schulkameraden immer ein Stück auf. Ich sah nicht ein, warum wir, die jüngere Klasse, nicht auch bei der Unterhaltung mitmachen sollten. In einem Jahrbuch für Kinder hatte ich ein kurzes Stück gefunden, das mir passend erschien. Es handelte sich um die Geschichte von Abu Hassan, einem liebenswerten Schelm, der mit seiner Frau den Sultan zu betrügen versucht. Laut heulend laufen beide zu verschiedenen Zeiten in den Palast, und jeder behauptet, der andere wäre gestorben. Jedesmal gibt es einen dicken Beutel Geld zum Trost, aber die beiden Schwindler werden ertappt, als der Sultan und seine Frau streiten und selbst zu Abu Hassan gehen, um festzustellen, wer nun wirklich gestorben ist. Ich übte das Stück ohne die Hilfe unserer Lehrerin mit meinen Klassenkameradinnen ein. Unsere Kostüme kamen zum großen Teil aus meiner Verkleidungskiste, und die Sultanssfrau war besonders elegant in einer »Création« von Gerson Prager Hausdorff. Es gab auf der kleinen Bühne im Lokal keinen Vorhang. Das hatte ich nicht vorausgesehen. Wenn meine Schauspieler, die »tot« waren, aufstanden, um die Bühne zu verlassen, mußten sie ihre Leichenkleider hinter sich herziehen. Das machte die ganze Aufführung noch komischer, als ich erwartet hatte. Unser Erfolg an dem Tag war teilweise unverdient, und ich konnte damals natürlich nicht ahnen, welche Rolle er einmal in meinem späteren Leben spielen sollte.

Im Jahr 1978 führte ich in Dublin zum erstenmal Regie. Ich hatte ein Stück von Günter Grass ausgewählt, *Onkel, Onkel*, und brauchte dazu die Erlaubnis von seinem Verleger in Deutschland. Ich schrieb an den Kiepenheuer Bühnenverlag in Berlin, fürchtete aber, daß man einer völlig unerfahrenen Regisseurin die Aufführungsrechte verweigern würde. Die Antwort kam schon wenige Tage später. Frau Dr. Maria Sommer, die Leiterin des Verlages, schrieb persönlich zurück und fragte, ob Agnes Bernelle eventuell mit ihrer früheren Schulkameradin Agnes Bernauer identisch sei, deren Inszenierung von *Abu Hassan* auf einem Schulausflug sie so unterhalten hatte, daß sie den Entschluß gefaßt hatte, das Theater zu ihrem Beruf zu machen.

Agnes in Eine tolle Ballnacht

Die Rechte für *Onkel, Onkel* waren gesichert, und Maria Sommer und ich sind noch immer befreundet.

1930 drehte der Filmregisseur Joe May einen Film für die UFA: *Eine tolle Ballnacht.* »Uncle Joe« brauchte dafür einen kleinen Jungen und fragte, ob ich vielleicht die Rolle spielen könne. Ich würde einen Matrosenanzug tragen, meine Frisur, die damals so populären Ponyfransen, brauchte ich nicht zu ändern. Ich war überglücklich. Nun wurde ich endlich eine richtige Schauspielerin oder, besser gesagt, ein Schauspieler. Ich hatte eine Szene mit dem Komiker Jakob Tiedtke, und weil die Frau, die meine Gouvernante spielte, sehr untalentiert war, wurde die ganze Szene noch einmal mit einer anderen Darstellerin gedreht. So durfte ich zu meiner großen Freude sogar einen zweiten Tag filmen. Die UFA lud mich mit meinen Eltern zu der Premiere ein. Der Film enthielt eine Verführungsszene, die von meiner Filmmutter Nora Gregor und dem Schauspieler

Robert Thoeren als Verführer auf einer Chaiselongue gespielt wurde. Verglichen mit derartigen Szenen in heutigen Filmen war diese sicher sehr harmlos, aber als sie auf der Leinwand erschien, befahl mir meine Mutter, die Augen zu schließen. Ich gehorchte, aber natürlich wußte ich ganz genau, was dort vor sich ging. Nach der Vorstellung mußten alle Schauspieler auf die Bühne gehen und sich verbeugen. Und wie damals üblich, bekamen wir Lorbeerkränze mit roten Schärpen, auf denen mit goldenen Buchstaben unser Name stand. Ein paar Wochen nach meinem Filmdebut suchte die Paramount in Paris nach einem Jungen, der genau wie ich mit Ponyfransen und Matrosenanzug auftreten sollte. Sie boten mir einen Fünfjahresvertrag, aber mein Vater lehnte ab. »Wenn Du später wirklich Schauspielerin werden willst«, sagte er zu mir, »wirst Du davon profitieren, eine normale Kindheit gehabt zu haben.« Ich weinte tagelang. Noch heute frage ich mich, ob mein Vater damals so gehandelt hätte, wenn er geahnt hätte, daß die Nazis schon nach der Macht griffen und wie gering meine Chance war, eine »normale« Kindheit zu erleben.

II *Abschied*
von Berlin

Ich freute mich immer sehr, wenn mein Großvater Erb zu Besuch kam. Er hatte einen langen weißen Bart, und wenn er mich von der Schule abholte, glaubten die Kinder, er sei der Weihnachtsmann. Manchmal fuhr Bäschen nach Königsberg zu ihrer Mutter, und dann durfte ich in Wittenberge bei den Großeltern bleiben. Ich liebte ihr kleines Häuschen mit dem dunklen Treppenaufgang und den alten Möbeln, mit der Standuhr in der Ecke und den Bilderbüchern aus der Kaiserzeit. Ich liebte das Frühstück mit Wurst und Käse, das man von kleinen hölzernen Brettchen aß. Ich liebte es auch, Tante Berta in der oberen Etage zu besuchen. Dort gab es immer Streuselkuchen, den sie extra für mich buk. Aber am liebsten radelte ich mit meinem Vetter Rudi Erb durch Wittenberge. In Berlin durfte ich natürlich niemals auf den Straßen Fahrrad fahren.

Als mein Großvater 72 war, besuchte er die Gegend, aus der er stammte. Seine Vorfahren – Hugenotten – hatten den Rhein von der französischen Seite aus überquert, um der Verfolgung durch Ludwig XIV. zu entgehen. Er selbst, geboren in Karlsruhe, war als junger Mann viel im Land herumgereist, weil er Tischlermeister bei der Eisenbahn war. Bei einem Aufenthalt im Norden hatte er meine Großmutter kennengelernt und sich in sie verliebt. Nach ihrer Hochzeit hatten sie sich in Wittenberge niedergelassen. Er war nie wieder in seiner Geburtsstadt gewesen und wollte sie noch einmal wiedersehen. Er mußte eine Vorahnung gehabt haben. Meine Mutter, Emmerich, dessen Frau Edith und ich begleiteten ihn, und wir besuchten seine Verwandten in Pforzheim und in Karlsruhe. Die Ferien endeten in Glashütte, einem kleinen Ort am Rande des Schwarzwalds.

Für mich war die Reise wunderschön, besonders die ersten zwei Wochen in Glashütte. Ich freundete mich mit den Kindern der ortsansässigen Bauern an und durfte bei der Ernte mitmachen. Ich scharte auch die Kinder aus unserem Wirtshaus um mich und gründete einen »literarischen Verein«. Die Aktivitäten dieses Vereins bestanden darin, daß die Mitglieder, mit hellblauen Schleifchen geschmückt, sich in einem Schuppen trafen, um zuzuhören, wie ich aus meinen Werken vorlas. Es handelte sich um romantische Erzählungen, die ich zu der Zeit eifrig und sehr ernsthaft schrieb. Ich muß wirklich ein unausstehliches Monster gewesen sein, denn ich kann mir nicht vorstellen, daß diese unglücklichen Kinder wirklich ihre Ferienwochen mit solchem Unsinn verbringen wollten. Meine Spielgefährten, besonders die Jungens, weigerten sich zwar am Ende, die himmelblauen Schleifchen anzustecken, aber niemand dachte daran, mich samt meinen Werken in den Dorfteich zu werfen.

Diese wunderbare Zeit fand ein jähes Ende, als mein Großvater einen Schlaganfall erlitt. Er war sein Leben lang sehr gesund und rüstig gewesen. Noch kurz vor unserer Ankunft in Glashütte war er auf den steilen Feldberg gestiegen. »Ich hätte das nie zulassen sollen«, weinte meine Mutter verzweifelt. Ich durfte kurz in sein verdunkeltes Zimmer gehen, um von ihm Abschied zu nehmen. Er war bleich wie das Laken, auf dem er lag, röchelte erschreckend und rang nach Luft. Er starb noch vor Sonnenaufgang. Es war meine erste Begegnung mit dem Tod.

Nach seinem Begräbnis in Wittenberge zog ich mich mehr und mehr auf meinen Lieblingsplatz zurück. Das war unser

Balkon am Viktoria-Luise-Platz. Dort verbrachte ich nun einen großen Teil meiner Freizeit. Von diesem Balkon aus sah ich die Luftschiffe »Graf Zeppelin« und »Hindenburg« über die Dächer schweben. Und auf diesem Balkon hörte ich von einem älteren Spielkameraden zum ersten Mal etwas über Bomben. Ich konnte es kaum fassen, daß diese obszönen und grausamen Werkzeuge des Todes und der Verstümmelung auf schlafende Städte und Menschen abgeworfen wurden. Ich habe diese schreckliche Wahrheit nie ganz von der Erinnerung an meinen Balkon trennen können. Es war eine Ironie des Schicksals, daß in dem Krieg, der folgte, dieser stark gebaute Balkon und nicht ich, das viel schwächere Wesen, durch Bomben zerstört wurde.

Von diesem Balkon aus beobachtete ich die langen Schlangen von Berlinern, die sich auf den Weg zu den Wahlurnen machten, um Hitler an die Macht zu bringen. Und auf ihm trauerte ich viele Stunden, nicht nur um meinen Großvater Erb, sondern auch um meinen Lieblingsonkel Berzi Gonda, der ganz plötzlich an einem Herzschlag gestorben war, als ich zehn war. Damals konnte ich natürlich nicht wissen, daß sein früher Tod ihm unsagbares Unglück und Leid ersparen würde. Seine Frau, Tante Gisela, und seine älteste Tochter Ilma wurden nach Bergen-Belsen in das Konzentrationslager verschleppt. Meine Tante, die immer eine mutige und sehr lebendige Frau gewesen war, heiratete sogar noch einmal im Lager, aber sie und ihr neuer Ehemann kamen dort beide ums Leben. Ilma dagegen hatte bis zum Kriegsende fünf grauenvolle Jahre überlebt und war schon auf einem Transport in ein anderes Lager, als der Kommandant von Bergen-Belsen den Befehl gab, den ganzen Zug in einen polnischen See fahren zu lassen, um den lebenden Beweis seiner Grausamkeiten vor den Alliierten verschwinden zu lassen. Ilma und die anderen »lebenden Leichen« saßen in diesem Zug, als sie plötzlich Schüsse hörten und sahen, wie ihre Wächter vom Zug sprangen. Aus dem naheliegenden Gebüsch stürmten amerikanische Soldaten, die die Gefangenen im allerletzten Moment befreiten.

Während die jüdischen Verwandten väterlicherseits der Verfolgung und Vernichtung durch die Nazis entgegensahen, heiratete die Lieblingsnichte meiner »arischen« Mutter einen Mann in brauner Uniform. Meine Mutter war tief getroffen. Sie hatte mehr Treue und Mitgefühl meinem Vater gegenüber erwartet. Hatte das Mädchen nicht wie sein eigenes Kind jahrelang in seinem Haus gelebt? Nach dem Krieg vergaß meine Mutter all dies sehr schnell und verbrachte viel Zeit und Mühe mit dem Versenden von Lebensmittel-Paketen an diejenigen ihrer Familie, die den Krieg überlebt hatten. Leider waren es nicht sehr viele. Mein Spielgefährte Rudi Erb war in der letzten Woche des Krieges gefallen. Der braunhemdige Ernst Weise war schon viele Jahre früher gestorben. Meinen Onkel Franz, Rudis Vater, der wegen seines Alters nicht zum Militär eingezogen worden war, schickte man in eine Fabrik nach Rußland. Er kehrte nie zurück. Die Verwandten meiner Mutter, denen es während der Hitlerzeit besser ging als denen meines Vaters, mußten später schwer dafür bezahlen.

Als sich mein Vater zur Ruhe setzte, kaufte er eine Villa in Abbazia in Istrien, das damals zu Italien gehörte. Bis 1933 verbrachten wir jeden Sommer einige Monate dort. Unsere Fahrt von Berlin nach Abbazia glich einem Hofstaat auf Reisen. Die Reisegesellschaft bestand meistens aus meinen Eltern, mir selbst, meiner Erzieherin, meinem Bruder, seiner Freundin, verschiedenen Cousinen, die sich an der Riviera di Levante einen reichen Ehemann angeln sollten, unserer Köchin, drei Katzen, dem zahlreichen Gepäck und meinem Handkurbel-Grammophon. Die Familienmitglieder, die nicht mitreisten, kamen zum Bahnhof, um zu winken und uns Abschiedsgeschenke mitzugeben. Einmal, als der Zug nicht weiterkonnte, nachdem er mit viel Geächze und Gestöhne den Brenner über-

Villa Belvedere in Abbazia

quert hatte, stieg meine Familie an einer kleinen Bergstation aus, sie kurbelten mein Grammophon an und begannen zu tanzen, worauf sich die anderen Mitreisenden spontan dazugesellten. Ich schaute von meinem Wachtposten aus, dem Gepäcknetz, in das ich gern kletterte, zu. Dort oben in dem Netz verbrachte ich den größten Teil der Reise und weigerte mich, hinunterzusteigen, bis wir an der kleinen Station hoch über Abbazia ankamen, um anschließend mit einem Taxi den Berg hinunter zu unserem Haus zu fahren.

Früher hatte Abbazia – unter Tito hieß es später Opatija – zu Österreich gehört und war sehr beliebt beim Kaiserlichen Hof, dessen Angehörige den Ort häufig und gern besuchten. Nach dem ersten Weltkrieg erhob Italien Anspruch auf Abbazia, und durch die Versailler Verträge fiel es dann an Italien. Jetzt flatterten Mussolinis Fahnen von den Dächern, aber das Flair der Vergangenheit war unverändert geblieben. Viele österreichische Aristokraten hatten sogar ihre Villen behalten. So sehr mein Vater zu Hause als Künstler und Theaterdirektor verehrt wurde, hier galt er wahrscheinlich als ein Parvenu, er wurde jedoch als der Besitzer der reizenden »Villa Belvedere« akzeptiert, die ihren Namen der wunderbaren Aussicht auf die ganze Bucht von Istrien verdankte.

Nach der Ankunft ging ich stets zuerst in den Garten. Es war wie in einem Paradies aus den Farben und Düften tausender Blüten. Ich kletterte auf den Feigenbaum und wurde zu Jane, der Gefährtin Tarzans. Ich bin mir bewußt, daß wir dazu neigen, die Vergangenheit zu idealisieren. Die »gute alte Zeit«, die wir alle in Erinnerung haben, war meistens alles andere als gut, aber Abbazia war wirklich paradiesisch. Hohe Palmen säumten die Wege, und überall blühten exotische Pflanzen. Es gibt ein Photo von mir, auf dem ich heulend im Wasser sitze, aber nur wenige Sommer später lernte ich das Schwimmen wie von selbst im seidenweichen Wasser der Adria. Wie stolz war ich, als der Bademeister mich zum ersten Mal von meinem »Haken« befreite und ich merkte, daß ich ganz allein schwimmen konnte. Jeden Morgen wanderten wir durch den kleinen Badeort und gingen zum Lido, einem herrlichen Sandstrand, der künstlich zwischen den Felsen angelegt worden war. Auf dem Weg zum Lido ging man durch einen kleinen Park, in dem jeden Tag eine Kapelle Wiener Walzer spielte. Während ich die Pistazien, die von den Bäumen heruntergefallen waren, aufsammelte und hinter Schmetterlingen herjagte, verliebte und verlobte sich Bäschen mit dem Kapellmeister der Kurkapelle. Nun konnte ich jeden Morgen hören, wie sie in ihrem Zimmer, das neben meinem lag, ihre Abmagerungsübungen machte. Armes Bäschen – das ganze lärmende Schnaufen und tiefe Atmen hatte ihr zwar geholfen abzunehmen, versetzte sie aber trotz alledem nicht in den Ehestand. Ihr italienischer Geliebter starb im folgenden Winter an der Grippe. Ich kann mich nicht erinnern, ihre Trauer geteilt zu haben. Selbstsüchtig wie Kinder eben sind, war ich froh, daß sie mich nicht verlassen würde.

Am 21. Geburtstag meines Bruders gaben meine Eltern ein

Agnes, Rudolf und Emmy Bernauer mit Bäschen in Abbazia

Gartenfest in der Villa Belvedere. Ich war fast krank vor Aufregung und half bei den Vorbereitungen. Ich fegte die Marmortanzfläche, überwachte das Aufhängen der Lampions, inspizierte die Tischdekorationen und machte mich nützlich bei der Errichtung des Musikpavillons. Um sechs Uhr schlug man mir vor, ich solle doch ins Bett gehen und noch ein bißchen schlafen. Ich wollte keinen Moment versäumen, doch man versicherte mir, daß die Gäste erst kommen würden, wenn es dunkel sei. »Und Du wirst mich vor Mitternacht aufwecken, Bäschen, versprich es mir.« »Ja, ja, aber nun geht es ins Bett!« Als ich aufwachte, schien die Sonne. Der letzte Gast hatte Stunden vorher Abschied genommen. Die Überreste der Ballnacht waren überall im Garten verstreut – beim Aufräumen half ich nicht.

Villa Belvedere war meistens voller Sommergäste. Mein Vater, der gern Theaterstücke schrieb, aber nicht gern allein arbeitete, hatte stets den einen oder anderen seiner Mitarbeiter im Haus. Meine Mutter lud meistens ihre Familie ein, und jeder brachte mir Geschenke: eine Gartenschaukel, einen riesigen Teddybär, auf dessen Schoß ich sogar in meinem Schaukelstuhl sitzen konnte, eine hölzerne Kanone mit kleinen Sprengkugeln, die explodierten, wenn ich auf arglose Gäste zielte. Aber keines dieser Spielzeuge konnte die Orange übertreffen, die ich einmal in Abbazia geschenkt bekam.

Meine Lieblingsfreundin in Abbazia war Tutzi, das verwaiste Enkelkind der Küsterin der kleinen Kirche, die neben unserem Haus stand. Sie kam in einem verblichenen Sommerkleid herüber, um mit mir zu spielen, und ich horchte immer eifrig auf den leichten Tritt ihrer bloßen Füße auf der Veranda. Einmal, als ich mich sehr langsam von einer Mandeloperation erholte, meinten meine Eltern, daß die Wärme eines italienischen Winters mir gut tun würde. Ich freute mich schon auf Weihnachten mit Tutzi. Es würde natürlich nicht so ein glanzvolles Weihnachtsfest werden wie in Berlin – keiner von unseren Verwandten war diesmal mit uns in Abbazia –, und das Haus, der Baum und alles andere würden etwas kleiner sein als sonst, doch es sollte noch genug Glitzer dabei sein, um sie zu beeindrucken. Aber Tutzi hatte gar keine Zeit, zu mir herüberzukommen. Es gab während der Weihnachtswoche in der protestantischen Kirche so viel zu tun, und Tutzi mußte ihrer Großmutter helfen. Sie war vom frühen Morgen bis spät in die Nacht beschäftigt, und ich sah sie kaum.

Zum Trost hatte sie mir eine Einladung zu der besonderen Kinderweihnachtsfeier geschickt, die immer ein paar Tage nach Heiligabend stattfand. Mit kaum unterdrückter Aufregung stand ich vor der Kirchentür und wurde von einer gut geschrubbten Tutzi in Empfang genommen. Ich hatte sie noch nie mit Schuhen an den Füßen gesehen. Wir setzten uns in die letzte Reihe, sangen italienische Weihnachtslieder und hörten auf die Worte des Evangeliums: »Lasset die Kindlein zu mir kommen.« Nach der Predigt sollten alle Kinder zum Altar gehen, eines nach dem anderen. Der Pastor hatte einen großen Korb voll goldener Orangen neben sich stehen. Jedes Kind bekam eine – sogar ich! Auf dem Weg zurück zu meinem Sitz konnte ich kaum atmen. Ich hielt mein kostbares Geschenk fest ans Herz gedrückt und fühlte, daß ich diesmal wirklich dazugehörte.

Das waren unsere letzten Ferien in der Villa Belvedere. Wir hatten sieben glückliche Sommer in Abbazia verbracht. Sieben Sommer lang waren meine Eltern mit mir zum Lido geschlendert, um dort mit Freunden zu schwimmen. Sie hatten auf der Terrasse des Palast Hotels getanzt, wurden beim Karneval blumenübersät in Gondeln durch den Ort gefahren, hatten Tanzwettbewerbe gewonnen und wurden mit goldenen Pappkronen als »Mr. und Mrs. Abbazia« gekrönt. Es war schön, daß sie all das erleben konnten. Denn die guten Tage waren für sie fast vorüber.

Im Jahre 1930 sollte ich selbst von dem drohenden Schicksal eine Ahnung bekommen. Von einer Litfaßsäule in der Nähe meiner Schule starrte ein Mann mit einem schwarzen Schnurrbart auf mich herab. Es war Winter, und ein paar Jungens aus meiner Klasse warfen als Schneebälle getarnte Steine auf das häßliche Gesicht. »Das ist der Hitler«, riefen sie, »er wird kommen und alle Juden totschlagen!« Ich wußte, daß mein Vater Jude war, und stand im Schnee und zitterte.

Am 19. September 1930 vergrößerten die Nationalsozialisten ihren Mandatsanteil im Reichstag von 12 auf 107 Sitze und wurden so zur zweitstärksten Partei nach der SPD. Hitler selbst konnte seinen Sitz nicht einnehmen, weil er noch österreichischer Staatsbürger war. Bei der Eröffnungssitzung gab es einen Tumult, als die nationalsozialistischen Abgeordneten in ihrer braunen Uniform ankamen. In den nächsten drei Jahren taten sie alles, was in ihrer Macht stand, um Unruhe zu stiften.

Obwohl die Partei diesen zweifelhaften politischen Manövern ihren Aufstieg verdankte, gab es für sie auch Rückschläge. Es war daher nicht erstaunlich, daß der Ausgang dieses Kampfes von vielen Menschen nicht vorhergesehen wurde, bis es zu spät war.

1932 war Hitler Führer der größten Partei im Reichstag, aber damit längst noch nicht zufrieden. Die Intrigen gingen weiter, und Reichspräsident Hindenburg gab nach, müde und der Situation im Lande nicht gewachsen. »Laßt die Bürger entscheiden«, sagte er und setzte den Termin für Reichstagsneuwahlen auf den 6. November 1932. Die deutsche Nation konnte sich nun für Hitler entscheiden oder ihn endgültig loswerden.

Die Wähler marschierten den ganzen Tag durch die Städte. Sie trugen Banner und rote Fahnen mit Swastiken vor sich her, jeder trug ein Abzeichen mit einem »Ja« darauf. Direkt unter unserem Balkon konnte man Halt machen, um sich ein paar Minuten auszuruhen und ein Glas Wasser zu trinken. Wir standen auf unserem Balkon und sahen auf die Scharen von marschierenden Menschen hinab. Martha, die schon jahrelang in unserem Haushalt Köchin war, lief plötzlich auf die Straße, um sich ihnen anzuschließen. Sie wählte Hitler und sollte damit ihre Stellung opfern. Bald würden meine Eltern nicht mehr in der Lage sein, ihr Gehalt zu zahlen. Aber sie war eine einfache Frau und verstand sicher gar nicht, was sie tat.

Noch bevor alle Stimmen gezählt waren, stand Hitlers Sieg fest. Riesige Fackelzüge zogen durch die Stadt. Ich konnte Tausende marschierender Füße in meinem Bett hören und vor Lärm nicht schlafen.

Am nächsten Tag versuchten mein Vater und Carl Meinhard, Deutschland zu verlassen. Sie wurden an der Grenze festgehalten und kamen ins Gefängnis. Meine Tanten und Cousinen saßen nun in unserem Wohnzimmer, tranken endlos Kaffee und sprachen miteinander in ängstlichem Flüsterton, als ob jemand gestorben sei. Niemand sagte mir, was eigentlich los

Plakate für die Reichspräsidentenwahlen am
13. 3. 1932 auf einer Berliner Litfaßsäule

war, aber es war auch gar nicht nötig. Wie die meisten Kinder spürte ich, wenn etwas nicht stimmt – ich wußte schon, was vor sich ging.

Ein paar Tage später wurden mein Vater und Onkel Carl aus dem Gefängnis entlassen. Man hatte ihnen nichts getan, aber die Pässe wurden ihnen abgenommen. Es dauerte nicht lange, bis uns die deutsche Staatsbürgerschaft offiziell entzogen wurde. Mit einem Federstrich waren wir Staatenlose geworden und konnten das Land nun nicht mehr verlassen.

Als die Nazis an die Macht kamen, veränderte sich unser aller Leben. Hitlers Wahnsinn bestand zunächst darin, alle Juden aus dem öffentlichen Leben zu entfernen, dann nahm seinen Lauf, was schon Heinrich Heine feststellte: »Wo man Bücher verbrennt, verbrennt man am Ende auch Menschen.«

Anfangs waren von den Repressalien nur die Prominenten betroffen. Mein Bruder Emmerich verlor seine Stellung als Redakteur von einem Tag zum anderen. Der Name meines Vaters wurde von jedem Plakat, aus jedem Programm seiner Theaterstücke entfernt. Die Stücke und Lieder wurden noch aufgeführt, aber als Autor wurde er nicht mehr genannt. Seine Kollegen fürchteten sich bald zu sehr, um ihm noch Arbeit beim Film zu geben.

Fast keiner von Vaters jüdischen Pächtern konnte ihm jetzt noch Miete zahlen, aber schon bevor die Nazis die Macht an sich rissen, hatten sie ihm einen bösen Streich gespielt. Es war der Skandal um den Film *Im Westen nichts Neues*. Diesen wunderbaren Film nach Erich Maria Remarques Roman hatte mein Vater für ein ganzes Jahr gebucht. Zu diesem Zweck hatte er den Mozartsaal, der zum Besitz am Nollendorfplatz gehörte, ganz neu ausgestattet und in ein Kino umgebaut. Um das angelegte Geld wieder einzuspielen, mußte der Film wenigstens zwölf Monate laufen, aber am Premierenabend erschien Joseph Goebbels mit einer Truppe von SA-Männern vor dem Mozartsaal. Sie warfen Stinkbomben und ließen weiße Mäuse auf das Publikum los. Am zweiten Abend kamen sie wieder. Mein Vater bat den Polizeipräsidenten Weiss um Hilfe, aber selbst der stand den Nazihorden hilflos gegenüber. Das Projekt mußte aufgegeben werden. Es kostete Vater das letzte Geld. Lange dauerte es nicht, bis die Dresdner Bank das Nollendorf-Theater zwangsversteigerte, um sich ihre verhältnismäßig kleine Hypothek zu sichern. Ein Jahr später erlitten zwei weitere Theater der Meinhard-Bernauer-Bühnen dasselbe Schicksal.

Nun zeigte sich die praktische Seite meiner Mutter. Sie verringerte ganz einfach unsere Lebenshaltungskosten. Zuerst entließ sie Martha, unsere Köchin, und zog, mit einem Kochbuch gewappnet, selbst in unsere Küche ein. Bis dahin hatte sie nur ein einziges Mal in ihrem Leben gekocht. Sie hat uns diese Geschichte oft erzählt: Lange vor meiner Geburt hatten meine Eltern eine andere Köchin, Maria Schultz. Aus privaten wie aus geschäftlichen Anlässen gab mein Vater oft größere Abendgesellschaften am Viktoria-Luise-Platz. Kurz vor einer dieser Gesellschaften erkrankte Maria Schultz. Dreißig Gäste wurden erwartet, und es war unmöglich, ihnen allen im letzten Moment abzusagen. Auch die Vermittlungsbüros fanden so schnell niemanden, der einspringen konnte. Es blieb meiner bestürzten Mutter nichts anderes übrig, als eine Schürze umzubinden und selbst in die Küche zu gehen. Maria Schultz war ganz verzweifelt. Noch nie hatte sie ihren Dienst versäumt, und außerdem hatte sie wenig Vertrauen zu Mutters Kochkünsten. Man konnte sie kaum beruhigen. Erst als man ihr versicherte, daß sie die ganze Zubereitung von ihrem Zimmer aus leiten und überwachen durfte, gab sie dem Doktor nach und ging ins Bett. Von dort aus ließ sie unsere Mädchen eifrig hin- und herlaufen mit Anweisungen an meine am Herd schwitzende Mutter. Das Resultat war eine vorzügliche Mahlzeit, bei der meine Mutter ruhig und gelassen am Eßtisch saß und die Komplimente der Gäste in Empfang nahm. »Sie haben wirklich eine ausgezeichnete Köchin«, sagte man ihr. Von Zeit zu Zeit stand Mutter auf, entschuldigte sich und verließ das Eßzimmer mit besorgter Miene. Keiner der Gäste hat je erfahren, daß Maria Schultz noch vor der Nachspeise sanft entschlafen war.

Jahre später lernte meine Mutter in derselben Küche nun wirklich kochen, und zu unserem Erstaunen lernte sie es gut. Ich habe noch heute das Buch, in das sie alle Rezepte eingetragen hatte. Es ist sehr abgegriffen, und die Seiten sind schon leicht verblichen, aber ich suche noch oft nach dem einen oder anderen so gut schmeckenden Gericht.

Wir konnten uns die Zwölf-Zimmer-Wohnung natürlich nicht länger leisten, und Mutter fand eine kleinere ganz in der Nähe, in der Innsbrucker Straße. Ich muß immer lächeln, wenn ich daran denke, daß wir sie als »klein« betrachteten. Nach heutigen Maßstäben war sie immer noch palastartig. Nur hatten wir nicht genug Platz für alle unsere Möbel, und weil auch das Geld sehr knapp war, hielten wir einen öffentlichen Verkaufstag am Viktoria-Luise-Platz ab. Händler kamen und gingen von früh bis spät. Sie prüften und feilschten und schleppten dann viele unserer Lieblingsgegenstände davon. Die meisten meiner Bücher verkaufte ich für ein Taschengeld, und mein großes Puppenhaus wurde verschenkt. Am Ende dieses ermüdenden Tages packten wir unsere Koffer und verließen das Haus. Wir konnten natürlich nicht ahnen, daß es den kommenden Krieg nicht überstehen und samt Balkon und Karyatiden für immer untergehen würde.

Alles, was mich heute noch daran erinnert, sind eine alte Photographie, die mir die Stadtverwaltung Schöneberg überlassen hat, und eine Zeichnung von Walter Trier in Kästners *Emil und die Detektive* von der Commerz- und Privatbank an unserer Ecke, wo Emil und seine Detektive den Dieb erwischt haben. Trier zeigt darauf auch das Schlafzimmerfenster meiner Mutter, das Fenster über der Bank mit den gerüschten Tüllgardinen, das meine Kinder immer sehen wollten, als sie klein waren und ich ihnen aus dem Buch vorgelesen habe.

Ich kann nicht sagen, daß ich in der neuen Umgebung unglücklich war. Meine Eltern mögen wohl damals unter der »Nazifizierung« unseres Lebens gelitten haben, aber ein Kind kann mit Veränderungen viel leichter fertig werden. Kinder blicken weder weit in die Zukunft, noch schauen sie allzuoft zurück in die Vergangenheit. Für mich ging das Leben weiter wie gewohnt, wir blieben ja auch in Schöneberg. Die Theaterstücke meines Vaters brachten noch immer genug für das tägliche Leben ein. Auf meinem Weg zur Schule mußte ich zwar

Die kleine Bankfiliale aus Emil und die Detektive

jeden Tag an den grauenhaften Karikaturen der Juden im *Stür-
mer* vorbeigehen, aber ich konnte doch noch immer durch den
Stadtpark schlendern. Jetzt war es nicht mehr die Zickelschule,
zu der ich täglich gehen mußte, sondern das Rückert-Lyzeum,
ein viel größeres, fünf Stockwerke hohes Gebäude mit hellen
Klassenräumen, breiten Gängen, steinernen Trinkbrunnen auf
jeder Etage, einem großen Schulhof und einer noch größeren
Aula. In ihrem ersten Buch, *Der geschenkte Gaul*, beschreibt Hildegard Knef die Rückert-Schule sehr treffend. Erst als ich das
Buch las, erfuhr ich, daß sie sie zur gleichen Zeit besuchte wie
ich, nur eine Klasse höher.

Ich bin immer gern zur Schule gegangen, wahrscheinlich,
weil ich ein Einzelkind war, und so gewöhnte ich mich auch
schnell an die Schule am Stadtpark Schöneberg. Ich gewöhnte
mich daran, »Heil Hitler« zu sagen und meinen Arm dabei zu

heben, wenn ich einer Lehrerin oder einem Lehrer auf dem Gang begegnete. Das war die Vorschrift, und ich mußte mich damit abfinden wie mit allen Vorschriften des Dritten Reiches. Ich wollte doch nicht »anders« sein und wünschte mir sogar, in einer Uniform hinter einer Fahne herzumarschieren wie die anderen aus meiner Klasse. Ein Hitlermädchen im BDM konnte ich zwar nicht werden, aber meine Klassenlehrerin schlug vor, daß ich dem »Verein für Deutsche im Ausland«, kurz VDA, beitreten solle. Das war eine höchst fragwürdige Gemeinschaft, aber ich folgte ihrem Rat. Ich war zwar keine Deutsche mehr und lebte auch noch nicht im Ausland, aber immerhin hatte auch ich nun eine Uniform, fast dieselbe wie meine Kameradinnen, nur daß mein Rock nicht schwarz, sondern dunkelblau war. Ich schaffte es sogar, einige Male hinter der Fahne durch die Straßen zu marschieren. Es war sehr aufregend, aber tief in meiner Seele hatte ich doch Schuldgefühle, und eines Tages mußte ich einsehen, daß ich mich nicht länger anpassen konnte.

Das erste, was die Nazis in unserer Schule taten, war, den protestantischen Pastor zu entlassen, der uns Religionsunterricht gab. Die Klasse wurde dem Gesangslehrer Goetz übergeben. Dieser war überzeugter Nazi, verstand wenig von der geistigen Seite der Religionen und verbrachte unseren Unterricht damit, auf die Übel der Freimaurer und die Missetaten der katholischen Kirche zu schimpfen. Bei mir erzielte er genau das Gegenteil dessen, was er beabsichtigte.

Wenn Katholiken Christen sind wie wir, dachte ich, wie können sie dann so schlecht sein? Ich begann mich mit den wenigen katholischen Kindern in unserer Schule anzufreunden und fragte sie aus. Gisela, ein Mädchen aus einer höheren Klasse, wurde meine besondere Freundin. Sie nahm mich mit zum Gottesdienst in ihre Kirche, und ich war sehr beeindruckt, besonders von der schönen Musik. Eines Tages, als wir am Altar knieten, sah ich eine glühende Flamme auf dem Deckel der Heiligen Schrift. Sie schien mir zuzuwinken und mich aufzufordern, katholisch zu werden. »Warum eigentlich nicht«, dachte ich. Es schien mir sehr plausibel zu sein, einer Religion anzugehören, die ihre Wurzeln in den Katakomben hatte. Ich entschied mich, diese »göttliche Aufforderung« ernst zu nehmen, wenn auch die winkende Flamme auf der Bibel wahrscheinlich nichts weiter gewesen war als der Widerschein einer Kerze auf dem Metallschild. Ich war nie ganz sicher, welchen Einfluß die Gefühle der Scham und Schuld auf meinen Übertritt gehabt haben. Ich hatte miterlebt, wie die jüdischen Kinder in der Rückert-Schule eines nach dem anderen einfach verschwanden, während ich durch die ungarische Herkunft meines Vater geschützt war. Zu dieser Zeit mußte man viele Fragebögen ausfüllen, um die »Reinheit seines Blutes« nachzuweisen. Als Antwort auf diese heiklen Fragen schrieb mein Vater immer: »Ung-Arisch«, und es gelang ihm, mit diesem fragwürdigen Witz davonzukommen. So war ich bald die einzige nicht »rein arische« Schülerin auf unserer Schule.

Mein Vater erhob er keine Einwände, als er erfuhr, daß ich zum Katholizismus übertreten wollte, im Gegenteil: Es stellte sich heraus, daß er selbst schon eine ganze Weile Unterweisungen von dem bekannten Pater Rauterkus bekam. Er hatte niemandem etwas davon erzählt, nicht einmal seiner Frau. Er begründete seine Entscheidung damit, daß er die Erziehung durch die Mönche in Budapest nicht vergessen konnte. Ich bin überzeugt, daß die jüdische Gemeinde in Deutschland ihm nicht verziehen hat. Bei der Auflistung prominenter deutscher Juden in Nachkriegsschriften wird sein Name nie erwähnt.

Mein Schulvorstand, Herr Kölle, reagierte ganz anders auf meine Entscheidung. Vor ihm stand eine halb-jüdische, unerwünschte Schülerin – ein dunkler Fleck auf der sonst reinen Lehranstaltsweste. Er hatte mich trotz allem beschützt und behalten, und nun wollte ich ein neues Stigma auf mich nehmen. Er drängte mich, von meinem Entschluß abzulassen. Die römisch-katholische Kirche war bei den Nazis nicht beliebt. Ich wußte das natürlich. Ich selbst hatte zusehen müssen, wie ein katholischer Pfarrer nach der Sonntagsmesse von SA-Männern, die während der Predigt eifrig ihre Notizen gemacht hatten, verhaftet wurde. Ich blieb meinem Entschluß treu und freute mich im Stillen über das Unbehagen meines Schuldirektors.

Nun war meine Mutter die einzige Protestantin in unserer Familie. Als wir 1938 noch ein letztes Mal nach Abbazia in die Ferien fuhren und bei Freunden wohnten, war Margit Neuhäusler, unsere Gastgeberin, gerade dabei, zum Katholizismus zu konvertieren. Sie überredete meine Mutter, sich ihr anzuschließen. Nachdem beide den Unterricht mit einem Dutzend jüdischer »Mitschüler« beendet hatten, sollten sie alle in der kleinen Kirche im Kurpark getauft werden. Ich war Patin meiner Mutter. Wir versammelten uns am Taufbecken mit Kerzen in den Händen. Auf einmal winkte der Pfarrer meine Mutter zu sich. Es war ihm erst jetzt eingefallen, daß sie als einzige Christin unter den Bekehrten sicher schon als Kind getauft worden war. Das machte einen Unterschied zwischen ihr und den Juden, deren Sünden jetzt im heiligen Sakrament der Taufe vergeben werden sollten. Sie allein mußte also zuerst zur Beichte gehen. Aber weil man das im Unterricht nicht vorgesehen hatte, wußte sie nun nicht, was man von ihr erwartete. Nach einer Ewigkeit kam sie vor Wut kochend zurück. Sie war über fünfzig Jahre alt und hatte eine Menge beichten müssen. Aber ihr Ärger war nichts gegen den ihrer jüdischen Gefährten, die meinten, daß man ihnen etwas vorenthalten hatte.

Jahre später, in London, wachte ich einmal mit Schrecken auf und dachte: Meine Eltern leben in Sünde. Sie sind jetzt beide katholisch, sind aber nie kirchlich getraut worden. Man beschloß, daß ich mit unserem Pfarrer reden sollte. »Und wie lange haben deine Eltern in Sünde gelebt?« fragte er. »Fünfunddreißig Jahre, Vater.« »Geh nach Haus, mein Kind«, sagte er sanft, »sie sind verheiratet.«

1934 wurde mein Vater nach Wien gerufen, um dort mit seinem alten Mitarbeiter und Freund Rudolf Österreicher an einem Drehbuch zu arbeiten. Österreich war damals noch nicht an Deutschland »angeschlossen« und galt als Ausland. Mein Vater benötigte einen Reisepaß. Er rief beim Ungarischen Konsulat an in der Hoffnung, man würde ihm dort einen ausstellen. Viele Jahre zuvor hatte er seine ungarische Staatsbürgerschaft aufgegeben. Er lebte in Deutschland, arbeitete dort und hatte dort seinen Besitz. Es war einfacher, Deutscher zu sein. Nur einmal, als ganz junger Mann, war er noch in Ungarn gewesen, um seinen Militärdienst abzuleisten. Das genügte leider nicht. Der Konsul sagte, er könne ihm nicht helfen, es sei denn, er hätte während der letzten zwanzig Jahre Ungarn besucht, wenigstens für einen Tag.

Mein Vater kam sehr niedergeschlagen nach Hause, aber meine Mutter lachte. Hatte er wirklich vergessen, daß sie beide zur Premiere seines Stückes *Der Garten Eden* in Budapest gewesen waren? Konnte er sich denn nicht an ihren Streit erinnern? Sie wollte damals unbedingt nach Budapest fahren, er nicht! Sie waren aber gefahren. Nur für einen einzigen Tag! Mein Vater eilte zum Konsulat zurück. »Na gut«, sagte der Konsul, »das müssen Sie aber nachweisen. Sie müssen doch einen Stempel in Ihrem Paß haben.« Deutsche Pässe wurden aber von den Behörden immer einbehalten, wenn sie nicht mehr gültig waren. Der Keller des Reichstagsgebäudes quoll über vor Millionen von Pässen.

Noch einmal wandte sich mein Vater an den Polizeipräsidenten. Diesmal konnte ihm sein alter Freund helfen. Zwei »Schupos« wurden in den Keller geschickt, um nach dem Paß zu suchen. Es dauerte eine Weile, aber nach Wochen wurde der mit dem Stempel zu unserer großen Erleichterung endlich gefunden. Ich mag nicht daran denken, welches Schicksal uns erwartet hätte, wäre der Paß nicht aufgetaucht.

Jetzt konnten wir ins Ausland reisen. Wir hatten alle neue

Pässe vom Ungarischen Konsulat bekommen. Emmerich und Edith wanderten nach Holland aus, wo Emmerich Revuen für das bekannte Nelson-Kabarett im Tuschinsky-Palast in Amsterdam schrieb. Mein Vater fuhr zuerst nach Wien, aber im Sommer traf er sich mit Mutter und mir in Bad Ischl, einem bei Komponisten und Librettisten der Wiener Operetten damals sehr beliebten österreichischen Kurort. Viele Prominente hatten dort ihre Villen. Wir waren zu Gast bei Rudolf Schanzer, mit dem mein Vater mehrere Theaterstücke geschrieben hatte. Onkel Rudie war ein ganz besonders lieber und witziger Mensch, und wir waren immer gerne mit ihm zusammen. Leider sollte dies unsere letzte Begegnung sein. Er floh nach dem Anschluß nach Italien und wurde dort von den Faschisten umgebracht.

Der Sommer in Ischl ist auch aus anderen Gründen in meiner Erinnerung haften geblieben. Es war das Ende meiner Kindheit. Die Erlebnisse der letzten drei Jahre hatten mich schneller erwachsen werden lassen als andere Kinder meines Alters. Ich war kaum zwölf, aber ich beschäftigte mich schon ernsthaft mit unserer Zukunft; auf langen Spaziergängen dachte ich darüber nach. Ich hatte zu der Zeit auch einen besseren Einblick in die Verhältnisse in Deutschland als mein Vater, deshalb teilte ich seine Ansicht nicht, daß die Nazis nur ein vorübergehendes Übel seien. Täglich wurden den Juden schreckliche Dinge angetan, und es gab niemanden, der sich dagegen auflehnte. Außerdem schien es mir klar, daß ich als Halbjüdin in Deutschland niemals Schauspielerin werden konnte. Ich bat meinen Vater, unsere Heimat endgültig zu verlassen und mich in einem anderen Land – irgendeinem anderen Land – in die Schule zu schicken. Dann hätte ich eine andere Sprache – irgendeine andere Sprache – fehlerlos, ohne Akzent, lernen können. Ein fremder Akzent ist immer ein Hindernis für den Schauspieler, und ich wollte nicht mein Leben lang nur französische Dienstmädchen spielen.

*Kindergeburtstag von Maria Sieber – mit Perlenkette – , der Tochter
von Marlene Dietrich, 1930; Agnes steht hinter Maria*

Mein Vater, der mir nie etwas abschlagen konnte, zögerte nur einen Moment. Er war jetzt über fünfzig Jahre alt, es würde nicht leicht für ihn werden, einen neuen Anfang zu machen, besonders nicht in einer fremden Sprache. Ein paar Wochen später war er auf dem Weg nach London. Obwohl Englisch nicht zu seinen Fremdsprachen gehörte, hatte er das richtige Land gewählt. Es ließ sich von Hitler nicht besiegen.

Meine Mutter und ich blieben vorerst in Berlin. Man durfte kein Geld und keine Wertsachen aus Deutschland mitnehmen. Mein Vater mußte also in London genug Geld verdienen, damit wir alle drei davon leben konnten.

Derweil nahm ich Abschied von vielen Freunden, die Deutschland noch vor uns verließen – nicht nur von jüdischen. Meine Spielgefährtin Maria Sieber fuhr mit einem Traumschiff nach Amerika, zusammen mit ihrer zauberhaften Mutter. Sie schickte mir begeisterte, von ihrer Mutter mit grüner Tinte geschriebene Reiseberichte und ein kleines goldenes Armband. Ihre Mutter war einmal eine junge, hoffnungsvolle Schauspielerin an den Meinhard-Bernauer-Bühnen gewesen. Bei unserer ersten Begegnung stand sie in der kleinen Küche in ihrer Berliner Wohnung und machte Sandwiches für Marias siebten Geburtstag. Sie trug einen weißen Kittel, und ihr schönes, ungeschminktes Gesicht war von ihrem goldenen Haar wie von einem Heiligenschein umgeben. Dieser unvergeßliche Moment taucht in meiner Erinnerung immer als »Das erste Mal, an dem ich Marlene Dietrich sah« auf, obwohl ich damals natürlich nicht ahnte, daß sie einmal ein Weltstar werden würde.

So ähnlich erging es mir auch mit anderen berühmten Persönlichkeiten. Als wir am Viktoria-Luise-Platz wohnten, saß ich immer gern auf dem breiten Fensterbrett unseres Eßzimmers. Von dort aus konnte ich die Straße beobachten. Jeden Nachmittag um drei Uhr ging ein älteres Paar unter unserem Fenster vorbei. Der Mann hatte ungezähmtes graues Haar und einen ungezähmten grauen Schnurrbart. Damals wußte ich nichts von seiner Bedeutung, und trotzdem dachte ich später oft an das Bild, »Wie ich Albert Einstein vorübergehen sah«.

Mein Vater schrieb nun Drehbücher für englische Filme und verdiente etwas Geld, beinahe genug, um zumindest mich nach London kommen zu lassen, und er begann, sich nach einem passenden Internat für mich umzusehen. Er macht mir verschiedene Vorschläge. Viele Jahre später fand ich unter seinen Papieren diesen schrecklich hochtrabenden Brief:

Geliebter Pappi,

Deine Ausführungen und der Brief von der Direktorin des Gymnasiums haben mich erstaunt und enttäuscht. Die Berkhamstead-Schule widerspricht doch sehr dem Bild jener Schule, das ich aus

Unterhaltungen mit Dir gewonnen habe, und auch der Schule, die ich für meine augenblickliche Situation und für meine späteren Pläne für geeignet halte. Eine solche Schule könnte ich ja auch besuchen, ohne mich von Euch trennen zu müssen, da es doch höchstwahrscheinlich auch in London eine Menge Gymnasien und Lyzeen gibt.

Aus allem, was ich von dieser Schule bisher erfahren habe, schließe ich, daß sie für Engländer da ist und ich niemals den rechten Anschluß an den Lehrplan finden, dabei bald den Mut verlieren und rettungslos sitzenbleiben werde. Und da ich (im Gegensatz zu dem, was jemand, der mich nicht so gut kennt wie Du, aus diesem Brief entnehmen könnte) wirklich etwas lernen will, bitte ich Dich, von Deinem so gut gemeinten, für mich aber leider unvorteilhaften Plan, mich in diese Schule zu schicken, Abstand zu nehmen...

Mir wird noch immer ganz heiß bei dem Gedanken, daß mein Vater diesen lächerlichen Brief bis an sein Lebensende aufbewahrt hat. Man kann auf deutsch wirklich ziemlich pompös schreiben. Damals dichtete ich sehr gern. Ein Gedicht, das mit den Zeilen begann: »Oh Mensch, Du Wesen hilflos klein ...«, überreichte ich meinem Vater zum Geburtstag. Er verzog keine Miene.

Die Schule, die mein Vater schließlich für mich auswählte, war Holmwood School im Norden Londons. Sie entsprach mehr oder weniger der Schule, die ich »für meine augenblickliche Situation und für meine späteren Pläne für geeignet« hielt. Bevor ich nach London zog, sah ich ein einziges Mal den »Führer«, als er, den Arm zum Salut erhoben, im Auto stehend an uns vorüberfuhr. Es gab eine große Parade, und meine Mutter und ich standen »Unter den Linden« inmitten einer Menschenmenge, die sich am Straßenrand versammelt hatte. Wir kamen in seine unmittelbare Nähe und hätten ihn berühren können. Hätte ich jetzt ein Gewehr, dachte ich, ich könnte ihn erschießen. Bis zu diesem Augenblick hatten wir ihn immer nur auf

Zeitungsbildern oder schwarz-weiß in den Wochenschauen im Kino gesehen, mit einem schwarzen Schnurrbart und schwarzen Haaren, die in das bleiche Gesicht fielen. Wir waren auf den Unterschied, ihn in »technicolor« zu sehen, nicht gefaßt. Mit seinen tiefblauen Augen, seinen leicht geröteten Wangen und besonders mit seinem hellen, kastanienbraunen Haar sah er viel besser aus, als wir ihn uns vorgestellt hatten. Sein Erfolg hatte zwar darin bestanden, die Massen mitzureißen, aber wir hatten nie verstehen können, daß die Menschen sein abstoßendes Äußeres nicht verabscheuten. Nun wußten wir warum. Ich sage es nicht gern, aber Hitler sah in natura fast gut aus.

Nun begann ich mich auf meinen Umzug nach London zu freuen. Internate und Schuluniformen waren in Deutschland nicht üblich. In den Backfischromanen wurden nur adelige Mädchen auf solche Schulen geschickt, meistens in die Schweiz und oft sogar auf ein Schloß. Die blondgelockte Heldin fand dann meist einen begrabenen Schatz im Keller, blieb dort eingesperrt, weil die Falltür herunterklappte und wurde im letzten Moment vom Neffen der Schulvorsteherin gerettet, mit dem sie sich natürlich anschließend verlobte. Ich hatte eine Ahnung, daß es in Holmwood School in North Finchley etwas anders zugehen würde, und als der Brief mit der Kleiderliste eintraf, war ich davon überzeugt. Noch vor kurzem hatte man mir erlaubt, meine Röcke zu verlängern und seidene Strümpfe zu tragen. Jetzt sollte ich Baumwollstrümpfe, flache Schuhe, kurze Röcke und Blusen mit Krawatten mitbringen. Auch von einer Jacke, einem Blazer – Bläser auszusprechen – war die Rede. »Ach du lieber Gott«, rief meine Mutter, »brauchst du vielleicht einen Mann mit Posaune, der dir vorangeht und – ›tätärätätä – hier kommt Agnes!‹ ruft?«

Meine Mutter gab die Wohnung in der Innsbrucker Straße auf, schickte die Möbel in ein Lager nach London und zog in die einzige jüdische Pension, die es in Berlin noch gab. Im Herbst 1936 reiste sie mit mir über das Meer nach England.

Meine Klassenkameradinnenen schenkten mir eine schöne Halskette zum Abschied. Beide Veras weinten heiße Tränen, eine bekam meinen Wellensittich Fritz. Die Trennung muß ihn sehr verwirrt haben, denn kurz nach meinem Abschied von Deutschland legte »er« ein Ei!

III *London im Blitz*

Gleich am ersten Tag ging es zur Schule. Als wir aus dem Taxi stiegen, das uns nach Finchley gefahren hatte, sahen wir im Vorgarten von Holmwood eine grauhaarige Frau im Faltenrock, die mit einem Holzstock eine kleine weiße Kugel tüchtig bearbeitete. Sie rief mir auf Englisch, der mir noch unverständlichen Sprache, zu: »You there – the new girl! I am practicing hockey and I am dribbling… dribbling… dribbling.« So war »Dribbling« das erste englische Wort, das ich damals lernte.

Bevor ich mich richtig von meinen Eltern verabschieden konnte, stand ich schon in dem Privatzimmer von Miss Patch, unserer Schulvorsteherin, und wurde von ihr mit einer Umarmung in Empfang genommen. Sie roch nach Lavendel und Moschus. Miss Patch war eine sehr alte Dame, mindestens achtzig, und trug noch die Kleider, die in ihrer Jugend modern gewesen waren, hohe Spitzenkragen und Röcke, die bis zu den Knöcheln gingen. Sie hatte anscheinend eine Vorliebe für »fremde« Mädchen. So streng sie mit ihren einheimischen Schülerinnen war, so nachsichtig war sie mit mir. Ich brauchte nur zu niesen, schon war der Doktor da. Auf gemeinsamen Ausflügen war immer ich es, die mit Miss Patch in ihrem Daimler fuhr. Sie liebte es auch, bei Schulfesten mit mir anzugeben, wenn die Eltern der anderen Schüler anwesend waren. Arme Miss Patch, ich habe es ihr nicht leichtgemacht.

Jedes Jahr zu Weihnachten gab es eine Ausstellung der von

uns angefertigten Handarbeiten. Malereien, Näharbeiten, Holzarbeiten und sogar Entwürfe für Buchumschläge wurden den Eltern vorgeführt. Mein Beitrag im ersten Jahr war eine Musterzeichnung für den Buchdeckel eines von mir erfundenen Titels: *Die verhängnisvolle Frau*. Sie zeigte eine Blondine in einem geschlitzten Rock und hohen Stöckelschuhen, die frech auf der Weltkugel saß und in ihren Händen mehrere männliche Wesen wie Marionetten am Schnürchen führte. Miss Patch steuerte ein paar einflußreiche Eltern so schnell wie möglich an meinem Meisterwerk vorbei. Sie begleitete sie zu dem Tisch mit den Holzarbeiten. Dort stand die Holzdose, die ich für die Manschettenknöpfe meines Vaters angefertigt hatte. Darauf hatte ich eine Nymphe gemalt, die einen vor ihr fliehenden Satyr mit unverkennbaren Absichten verfolgte.

Die anderen Mädchen gewöhnten sich langsam an meine »weltliche« Art, aber an meinem ersten Abend in unserem gemeinsamen Schlafsaal war es schwierig. Ich sprach noch kein Wort Englisch, wollte aber mit den anderen Schülerinnen irgendwie kommunizieren. Was sollte ich tun? Ich erinnerte mich an ein englisches Lied, das einmal sehr populär war und das mein Vater mir wie einem Papageien beigebracht hatte. »As I walk along the Bois de Boulogne«, begann ich zu singen, »with an independent air.« Ich ging in der Mitte des Raumes auf und ab. »You can hear the girls declare, he must be a millionaire.« Ich schwang mein Handtuch mit voller Kraft und traf die Klassenälteste ins Auge. »You can hear them sigh and wish to die, you can see them wink the other eye.« Ich zwinkerte mit dem Auge. »That is the man who broke the Bank at Monte Carlo.« Keine sagte ein Wort. Sich so schamlos zur Schau zu stellen, war im England der Dreißiger Jahre absolut verpönt.

Die Lehrerin, die an jenem Abend Dienst hatte, rettete mich aus weiterer Verlegenheit. Sie löschte das Licht und schloß die Tür hinter sich. Nur einen Moment, dann ging es im Schlafraum wild zu. Taschenlampen wurden angeknipst, Mädchen in

Pyjamas hüpften von einem Bett zum anderen, und ich tat mein Bestes, um mitzumachen. Plötzlich hörten wir Schritte auf dem Treppenabsatz. Die Taschenlampen gingen schnell wieder aus, die Mädchen sprangen in ihre Betten und schlüpften flink unter die Decken. Ich versuchte es ebenso. Nur waren sie alle auch im Dunkeln an die Distanzen gewohnt, im Gegensatz zu mir. Ich sprang zurück, hatte jedoch zu viel Schwung, fiel auf der anderen Seite des Bettes wieder hinunter und krachte mit dem Rücken gegen den Waschtisch. Etwas brach knirschend. War es mein Rücken? Die Lehrerin schaltete das Licht ein und begutachtete den Schaden. Die eiserne Stange, auf der meine Handtücher hingen, war zerbrochen. Ich hatte mich mit zuviel Gewalt dagegen geworfen, aber bis auf einen großen blauen Fleck am Rücken war mir nichts passiert.

Ich hätte gar nichts Besseres tun können, um in die Schulgemeinschaft aufgenommen zu werden. Tagelang standen die Mädchen Schlange vor unserer Tür. Eine jede wollte den Rücken sehen, der Eisen zerbrechen konnte. Ich saß ganz stolz auf meinem Bett, Kleider und Unterwäsche über den Kopf gezogen, und ließ mich inspizieren. Ich fügte »iron« und »back« meinem englischen Wortschatz hinzu, aber die Sprachbarriere machte nun sowieso nichts mehr aus.

In ihrer fast rührenden Unwissenheit über das, was in der bösen Welt vor sich ging, traf Miss Patch manchmal seltsame Entscheidungen. Ein gutes Beispiel waren unsere Besuche der Internationalen Tennismeisterschaften in Wimbledon.

Für unsere Tennisstunden hatten wir alle ganz kurze weiße Piqué-Kleider, und diejenigen unter uns, die gut gewachsen und den anderen schon ein wenig voraus waren, sahen geradezu verführerisch darin aus. Jeden Sommer also mietete Miss Patch einen Reisebus und schickte die älteren von uns in dieser aufreizenden Kleidung nach Wimbledon. Nur eine einzige Lehrerin begleitete uns, und mit Ausnahme des Eintrittsgeldes hatten wir keinen Pfennig bei uns, mit dem wir auch nur ein Eis hätten kaufen können, von den Eintrittskarten zum Centre Court ganz zu schweigen. Gleich nach der Ankunft stoben wir in alle Richtungen auf der Suche nach jungen Männern, um uns zu Erdbeeren mit Schlagsahne einladen zu lassen und uns Karten für den Centre Court auszuleihen. Meistens waren wir erfolgreich, und es war erstaunlich, daß wir immer alle unversehrt ins Internat zurückkehrten.

Im letzten Schuljahr begannen die Mädchen, ein romantisches Interesse an den Chorknaben der protestantischen Kirche zu entwickeln. Sonntags während des Gottesdienstes ließen sie heimlich kleine Liebesbriefe auf den Boden fallen und sammelten die Antworten verstohlen wieder auf. Zur gleichen Zeit hatte Yvonne Mackintosh sich Jonathan, den Sohn unseres Schulzahnarztes, angelacht, und nun stand er oft abends unter unserem Fenster und flüsterte heiße Liebesschwüre herauf. Diese skandalösen Vorfälle wurden natürlich entdeckt. Miss Patch erließ den strikten Befehl an die Lehrerschaft, uns niemals unbeobachtet zu lassen. Eine Lehrerin mußte immer bei uns im Zimmer bleiben. Ich war empört darüber, daß man mich mit den anderen Missetätern in einen Topf warf. Zwar hatte ich beim Schreiben der Briefchen mitgeholfen, in die Kirche aber hatte ich nie einen Fuß gesetzt, und Jonathan wäre mir sowieso zu pickelig gewesen. Mein Herz schlug für den Jungen am Schalter unseres kleinen Bahnhofs, der mir zusammen mit der Fahrkarte nach Golders Green jedesmal einen kleinen Zettel mit einem Herz darauf gab. Mein Vater riet mir, die Strafe als Ausgleich für eine unentdeckte Missetat auf mich zu nehmen. »Dann wirst Du Dich weniger ärgern«, sagte er. Es war kein schlechter Rat, und ich befolge ihn zuweilen heute noch.

Wir wohnten jetzt in einer Zweizimmerwohnung, in der ich meinen Vater am Wochenende besuchen durfte. Wir hatten wenig Platz und noch weniger Geld. Meine Mutter blieb die meiste Zeit in Deutschland, wo sie die Tantiemen von den deutschen Verlegern einsammelte, um damit ihren Lebensunterhalt zu bestreiten, Kleider für mich und Anzüge für meinen Vater zu kaufen. Sie war keine Jüdin und konnte somit gefahrlos hin- und herreisen – jedenfalls glaubten wir das.

Mir war dieser Umstand sehr recht, denn Mutter und ich fuhren von diesem Geld auch in die Ferien und machten schöne Reisen. Einmal trafen wir uns mit meinem Vater in Amsterdam, wo Emmerich und Edith lebten. Emmerich schrieb noch immer Chansons für das Rudolf-Nelson-Kabarett. Alle drei Wochen mußte er mit Herbert Nelson für dessen Vater eine neue Revue schreiben. Er war sehr begabt auf diesem Gebiet, und es hat mir oft leid getan, daß ich seine Chansons nicht übersetzen konnte. Ich hätte guten Gebrauch von ihnen machen können, aber wie soll man Verse wie die folgenden auf Englisch übersetzen?

> *Ich bin die Schlange von Loch Ness,*
> *vorn bin ich sanft und hinten kess,*
> *doch in der Mitte, ei – verflucht,*
> *hat mich noch niemand untersucht!*

Oder etwas Ägyptisches:

> *Wenn das mein Papi wüßte,*
> *der alte Pharao,*
> *der stieg aus seiner Kiste,*
> *und versohlte mir den Po!*

Als er später in Kalifornien lebte, hat Emery – wie er sich dort nannte – nie wieder ein Chanson geschrieben. Er hatte sein ganzes Talent in Amsterdam verbraucht. Als ich mich von ihm und seiner Frau in Holland verabschiedete, ahnte ich nicht, daß fast zwanzig Jahre bis zu unserem Wiedersehen vergehen würden. Edith und Emmerich reisten glücklicherweise schon vor Kriegsausbruch nach Amerika. Sie wären sonst wohl, wie viele andere Flüchtlinge auch, doch noch in die Hände der Nazis gefallen. Nach einer langen Odyssee landeten sie in Hollywood, und Edith brachte dort – zu beider großem Erstaunen und Entzücken – nach zwanzig Jahren Ehe die gemeinsame Tochter Evelyn zur Welt. Ich war schon über dreißig, als ich sie das erste Mal sah.

Als Kind war ich davon überzeugt, kabarettistisches Talent geerbt zu haben. Bereits mit neun Jahren schrieb ich »gewagte« Lieder: »Die Hildegard, die Hildegard, die alle Männer um sich schart«, begann eines und endete: »Bis nicht ein Mann ihr Herz besiegt, kein Kind mehr in der Wiege liegt.« Obwohl mit mir nie jemand über intime Fragen sprach oder mich aufklärte, wußte ich doch ziemlich gut Bescheid. In unserem Haus, wo so frei diskutiert wurde, bemerkten die Erwachsenen nicht immer das kleine Mädchen, das mit gespitzten Ohren dasaß und zuhörte und jeden Skandal begierig auffing. Zum Beispiel wußte ich, daß ein Onkel von mir einmal eine meiner Cousinen in einem dieser fragwürdigen Häuser aufs Zimmer geschickt bekam. Ich erinnere mich auch noch an die Frau mit der tiefen Stimme, die meine Mutter in einem Krankenhaus kennengelernt hatte. Diese »Riesin« hatte sich einer Geschlechtsumwandlung unterzogen. Meine Mutter hatte sie zur Erholung für ein paar Wochen zu uns eingeladen und sie dann dabei erwischt, wie sie meine Cousine Kate um den Eßtisch jagte – ihre Vorlieben hatten sich nicht gewandelt.

Trotz alledem schaffte ich es, meine Unschuld zu bewahren, bis ich meinen zukünftigen Mann mit zwanzig Jahren kennenlernte. Mit dreizehn, als die jungen Männer anfingen, sich für mich zu interessieren, war ich noch völlig naiv.

Ein Jahr später, in Bad Kissingen, trafen wir den eleganten Hasso von Kösling. Meine Mutter war eine schöne Frau, die großen Erfolg bei den Männern hatte, und es kam mir gar nicht in den Sinn, daß er nicht ihretwegen jeden Abend im Kurpark erschien. Eines Tages erkrankte sie an einer Darminfektion.

»Der arme Hasso wird schon auf uns warten«, sagte ich zur ihr. »Na, dann geh doch in den Park und sorge Dich nicht um mich«, antworte sie und ging ins Bett. Es hätte die Erfüllung all seiner Träume sein können: Der Mond schien hell, der Jasmin war in voller Blüte. Er glaubte, seinen Augen nicht zu trauen, als seine Angebete auf ihn zuschwebte, ihr seidiges Haar und ihr Chiffongewand sanft vom Abendwind gekräuselt. Sie öffnete die rosaroten Lippen, er hielt den Atem an. »Meine Mutter hat einen Brunnenkoller und kann nich' kommen!« stieß sie hervor – und rannte davon.

Bei unserem letzten Besuch in Abbazia war ich fünfzehn und verliebte mich in einen 39jährigen Zahnarzt aus Wien. Er war kurz zuvor aus einem Lager entlassen worden, und eine Bekannte in New York hatte ihm die Ehe versprochen, um ihn aus Europa zu holen. Während er auf sein Visum wartete, sonnte er sich am Strand von Abbazia. Er sah gut aus mit seiner schlanken Figur, und die kahle Stelle an seinem Hinterkopf störte mich überhaupt nicht. Ich verlor den Appetit, schmachtete nach ihm, besonders an den Tagen, an denen es mir nicht gelang, ihm am Lido oder auf der Promenade »so ganz zufällig« zu begegnen.

Ich wußte aber, daß er gern zum Tanzen ging, und überredete meine Freundin Liciana Petorelli, die schon siebzehn war, mich zum Tanztee ins Palast Hotel mitzunehmen. Er war da – mit einer gut gekleideten Rothaarigen, mit der ich ihn schon öfter gesehen hatte. Irgend jemand forderte mich zum Tanzen auf. Auf dem Weg zur Tanzfläche steckte ich ihm die Zunge raus.

Er hatte damals wohl eine Affäre mit dieser Frau, die fast doppelt so alt war wie ich, aber meine Schwärmerei mußte ihm geschmeichelt haben, denn trotz meines kindischen Benehmens beim Tanztee wollte er sich eines Abends mit mir im Kurpark treffen. Ich erfand eine Ausrede für meine Mutter und schlich gleich nach dem Abendessen aus dem Haus. Diesmal wollte ich mir das Rendezvous nicht verderben. Er nahm mich in seine Arme, und ich ließ mich von ihm küssen. Es war mein erster Kuß, ein richtiger, erwachsener, mit Zunge – mir wurde schwindlig und ich fiel in Ohnmacht. Nach dem Erwachen brachte mich mein erschrockener Zahnarzt nach Hause. Ich konnte die Erwachsenen im Herrenzimmer sprechen hören und schlich schnell hinauf in mein Zimmer. Mein Herz schlug mir bis zum Hals. Sah man es mir an? Gehörte ich jetzt zu ihnen? Ich hätte kaum ein größeres Schuldgefühl haben können, hätte ich meine Unschuld verloren. Wir verabschiedeten uns von Abbazia, und mein Zahnarzt gab mir zum Andenken ein Photo. Er war dabei, einen Handstand zu machen, und man konnte die kahle Stelle auf seinem Kopf gut sehen. Ich weiß nicht, was aus ihm geworden ist in Amerika, aber das Photo spendete mir in den folgenden Jahren viel Trost, besonders im Blitzkrieg, als die Bomben fielen.

Wir kamen aus den Ferien zurück, und die Welt war in Aufruhr. Deutsche Truppen hatten die Tschechoslowakei besetzt. Die meisten Engländer erwarteten Krieg. Chamberlain flog nach München und traf sich mit Hitler. Der Krieg war noch einmal abgewendet. Mein Vater hat Chamberlain immer verteidigt. Er meinte, England sei zu jener Zeit völlig unbewaffnet gewesen und nicht kriegsfähig. Chamberlain hatte noch ein Jahr gewonnen, ein Jahr, um sich vorzubereiten. Dazu brauchte er das Übereinkommen mit Hitler, nicht, um die Tschechoslowakei zu verraten. Vielleicht hatte mein Vater recht. Das Schicksal kleiner Nationen hatte ihn nie unbeteiligt gelassen, im Gegenteil. Eines Tages saß er in einem Restaurant in der Golders Green Road beim Mittagessen. Plötzlich hörte er einen Riesenlärm, wie Jubel aus Tausenden von Kehlen. Er stand auf und ging vor die Tür, aber die Straße war leer. Er fragte die Kellner, aber die hatten nichts gehört und sahen den verstörten Gast mit Befremden an. Es war die Stunde, in der die Nazis in Wien einmarschierten, der Geburtsstadt seiner Mutter.

Der Friede hielt noch zwölf Monate. Meine Mutter kehrte nach Berlin zurück, und ich konnte die Schule in Ruhe beenden. Am 1. September 1939, dem Tag, an dem mein Abiturresultat fällig war, brach der Krieg dann wirklich aus. Ich stand im Vorgarten und wartete auf den Postboten, drinnen hörten meine Eltern die Nachrichten. Daß wir in diesem Moment alle drei zusammen waren, war fast ein Wunder. Eine Woche zuvor war mein Vater aus der Schweiz zurückgekommen, ich war noch bei Freunden in Chatou gewesen, um mein Französisch aufzufrischen.

Das Haus in Chatou gehörte zu meinen Lieblingsorten, ein Landhaus in der Nähe von Paris, in dem ich schon als Kind viele schöne Tage verbracht hatte. Mittlerweile waren Tante Madeleines und Onkel Jeans Kinder erwachsen, und wir fuhren für eine Woche zum Zelten an die Nordküste Frankreichs. Während sich die Regierungshäupter Europas um die Zukunft sorgten, saßen wir ganz unbetrübt in einem Zelt in den Dünen von Cabourg.

Wir hatten die Wasserbehälter, die Tante Madeleine vorbereitet hatte, in Chatou vergessen und mußten nun den Wein, den wir nicht vergessen hatten, für alles verwenden. Wir wuschen damit ab, spülten und putzten unsere Zähne damit, und weil wir ihn auch wie Wasser tranken, lebten wir ständig in einem kleinen Rausch. Am Ende der Woche konnten wir uns kaum noch auf den Beinen halten, und ich kann mich nicht mehr erinnern, wie wir nach Hause gekommen sind. Onkel Jean, der als »Anstandswauwau« mitgekommen war, war wohl noch nüchtern genug, um uns heil wieder nach Hause zu bringen. Die arme Tante Madeleine stieß einen Schrei aus, als sie die Tür öffnete und uns sah. Besonders ich bot einen schrecklichen Anblick, denn meine Wangen waren nicht nur lila von dem St. Emilion, sondern auch sehr geschwollen von Bienenstichen. Onkel Jean hatte viel zu erklären, aber die Nachricht, daß Hitler und Stalin einen Friedenspakt unterschrieben hatten, unterbrach den Campingbericht. Meine französischen Gastgeber waren sehr erleichtert, aber ich packte meine Koffer. Ich war überzeugt, daß es nur ein listiger Plan Hitlers war, um Zeit zu gewinnen und dann Rußland zu überfallen. Tante Madeleine und Onkel Jean fuhren mich nach Paris zum Bahnhof, aber sie billigten meine plötzliche Abreise nicht. Ich hätte ein ganzes Jahr bleiben sollen. Glücklicherweise hatte ich die richtige Entscheidung getroffen. Eine Woche später hätte man mir die Einreise nach England verweigert. Ungarn hatte sich den Deutschen angeschlossen, und als der Krieg ausbrach, wurde ich in England zur »feindlichen Ausländerin« erklärt.

Mutters Reise nach London war noch dramatischer. Jahre später, als ich durch ihren Nachlaß stöberte, fand ich in einem Koffer ein Foto, das Portrait eines aristokratisch aussehenden alten Herrn mit einer deutschen Widmung an meine Mutter, signiert mit »Gottfried von Eckerhardt«. Ich war erstaunt, daß sie das Bild so viele Jahre aufbewahrt hatte. Sie wußte doch, welche Rolle dieser Mann im Dritten Reich später gespielt hatte. Vielleicht war sie ihm, trotz allem, dankbar, weil er die Ursache für die rechtzeitige Flucht aus Deutschland war. Ich kannte ihn auch, diesen schmucken kleinen Mann, der so viel Charme besaß und dabei so gefährlich war. Es ist mir bis heute nicht klar, warum sich keiner wunderte, was dieser deutsche Junker in einer jüdischen Pension zu suchen hatte. Außer ihm und meiner Mutter waren alle anderen Gäste Juden und blieben nur so lange dort, bis sie ihre Einreiseerlaubnis für ein anderes Land bekamen. Er dagegen lebte ständig in dem Haus. Was für einen Druck muß er auf diese armen Menschen ausgeübt haben?

An einem schicksalhaften Tag im August 1939 lud von Eckerhardt meine Mutter zum Essen ein. Einsam wie sie ohne uns in Berlin war, nahm sie diese Einladung gerne an. Herr von Eckerhardt war ein alter, ihr sehr vertrauter Mann. Warum sollte sie nicht einmal mit ihm im Schöneberger Rathauskeller einen

Abend verbringen? Aber kaum waren sie an ihrem Tisch angelangt, als ihre Erwartung auf einen gemütlichen Abend zunichte gemacht wurde. Zwei Männer von der Waffen-SS erwarteten sie bereits. »Wir wissen alles über Sie, Frau Bernauer«, sagten sie zu ihr, »Sie haben einen jüdischen Ehemann in London und ein halbjüdisches Kind in einem englischen Pensionat.« Der Kellner brachte die Suppe, aber meine Mutter hatte den Appetit verloren. »Wir geben Ihnen die Chance, diese Schande wieder gutzumachen. Sie reisen ein paar Mal im Jahr nach London. Wir verlangen nichts weiter von Ihnen, als daß Sie für uns Papiere und kleine Päckchen mit nach England nehmen, die Sie dort an unsere Leute weitergeben. Man wird Sie nicht verdächtigen.« Meine Mutter stand auf. »Sie müssen mich entschuldigen, aber ich fühle mich nicht wohl und kann jetzt nichts essen.« Sie verließ das Lokal, so schnell ihre zittrigen Beine sie tragen konnten. Vor der Tür stand eine lange schwarze Limousine. Die beiden SS-Leute holten sie ein. »Bitte erlauben Sie uns, daß wir Sie nach Hause fahren«, sagten sie mit einer tiefen Verbeugung. Der eine öffnete die Tür zum Auto, und der andere drückte meiner Mutter Geldscheine in die Hand. Vor Angst fast gelähmt, öffnete sie die Hand und ließ die Scheine auf die Straße fallen. Die Männern bückten sich, um sie wieder aufzusammeln. Das gab meiner Mutter Gelegenheit wegzulaufen. Sie eilte die Straße hinauf zum Stadtpark Schöneberg, der zwischen ihr und der Pension lag. Da keine Straße durch den Park führte, mußte das Auto ganz herumfahren, sodaß meine Mutter die Pension zuerst erreichte. Sie lief die Treppe hinauf, ergriff ihren Paß und ihren Wintermantel und nahm ein Taxi zum Anhalter Bahnhof. Dort verbrachte sie die ganze Nacht im Warteraum, ängstlich die Tür beobachtend. Kein Mensch kam, und sie nahm den ersten Zug zur Grenze. Sie fürchtete nur, daß man dort schon auf sie wartete, aber offensichtlich hatte niemand geglaubt, daß sie so schnell handeln würde. Sie kam in London an und fiel erschöpft in die

Arme meines Vater. Ein Arzt mußte gerufen werden. Sie war eine Zeit lang zu krank, um uns zu erzählen, was geschehen war. Sie hatte sich kaum erholt, als die Deutsche Wehrmacht in Polen einmarschierte.

Nach der Kriegserklärung folgten ein paar ruhigere Monate. Wir wurden alle mit Gasmasken versorgt und bekamen Anweisungen, wie man sich bei einem Luftangriff zu verhalten hatte. »Feindliche Ausländer« durften während des Krieges leider nicht helfen. Ich fand vorübergehend eine Halbtagsstellung als Kindermädchen bei zwei kleinen Jungens in Golders Green. Eines Tages, als Michael, der jüngere, in seinem Kinderwagen schlief und sein Bruder John mit einem Drachen im Park spielte, ertönten die Sirenen. Ich brachte die Kinder schnell in den Bunker und war mir meiner Verantwortung für sie auf stolze Weise bewußt. Aber kaum waren die Sirenen verklungen, als schon ihre Mutter atemlos im Bunker erschien. Ich war enttäuscht, daß sie es mir nicht zugetraut hatte, ihre Lieblinge vor den deutschen Bomben zu schützen. So wenig Ahnung hatte ich von dem, was uns bevorstand.

Es war der erste von vielen Luftangriffen, die wir in diesem Winter erlebten. Weil wir keinen eigenen Bunker im Garten hatten, krochen wir unter den Küchentisch, aber ich zitterte, als die ersten kreischenden Bomben vom Himmel fielen. Besonders erschreckend war der Lärm, und manchmal glaubte ich, ich würde die schreckliche Angst nicht überleben. Die Flüchtlinge, die man in der Wochenschau sehen konnte, wie sie sich mit ihrem Hab und Gut auf den Landstraßen Europas auf den Weg machten, immer in der Gefahr, bombardiert zu werden, waren wenigstens auf dem Weg irgendwohin. Ich dagegen saß in der Falle, auf einer Insel.

Eines Abends während eines Luftangriffs war mein Gefühl der Hilflosigkeit besonders stark. Nachdem ich in der Speisekammer noch schnell ein beruhigendes Kekschen verschlungen hatte, ging ich nach oben in unsere Rumpelkammer. Es war der einzige Raum, der nicht verdunkelt war, deshalb durfte ich kein Licht machen. In der Finsternis streckte ich meine Hand aus und nahm ein Buch aus dem Schrank, in dem ich meine Schulbücher aufbewahrte. Es war die Bibel, und ich nahm sie herunter ins Licht. Ganz wahllos öffnete ich das Buch und las die folgenden Zeilen aus dem Matthäus-Evangelium: *Nun aber sind auch eure Haare auf dem Haupt alle gezählt. Darum fürchtet euch nicht.* Ganz plötzlich hatte ich ein Gefühl der Sicherheit. Ich wußte nun, daß ich den Krieg und die Bombenangriffe überstehen würde. Nie wieder überkam mich diese schreckliche Angst, auch nicht, als unser Haus unter dem Bombardement schwankte, unser Garten voller Feuerbomben war und später die ferngesteuerten V-1 Raketen fast über unserem Haus stehenzubleiben schienen.

Ein großer Teil der Bevölkerung Londons begab sich in dieser Zeit allabendlich in die Gewölbe der U-Bahn, um den Angriffen zu entgehen. Anfangs ließen sie sich auf dem nackten Boden nieder, später stellte die Stadtverwaltung auf den Bahnsteigen Etagenbetten auf, in denen die schutzsuchenden Familien schlafen konnten. Andere wiederum, Abenteuerlustige, standen zwischen den Schlafenden und warteten auf die Züge, die sie ins West End bringen sollten, wo sie trotz explodierender Bomben und unter dem Lärm der Abwehrgeschütze ausgingen. Daß auch ich mich manchmal unter ihnen befand, verdankte ich dem Nerzmantel meiner Mutter.

Meine Eltern, die nicht wie ich eine solch »himmlische« Botschaft empfangen hatten, beschlossen nach ein paar Monaten Blitzkrieg, ebenfalls in die Untergrundbahn zu gehen, wo es zwar nicht sehr bequem war, aber doch einigermaßen sicher. Da sie fast alles in Deutschland zurücklassen mußten, wollten sie das, was sie noch hatten, möglichst retten. Mein Vater zog seinen pelzgefütterten Mantel mit dem Biberkragen an, meine Mutter trug ihren schon ältlichen Nerz und perlengeschmückte Ohrringe. So machten sie sich auf den Weg in die U-Bahn. Ich war auch einer dieser Schätze, die sie in Sicherheit bringen wollten. Weil Golders Green, unsere Station, auf einer Anhöhe lag, mußten wir den Zug bis zur tiefer gelegenen Station King's Cross nehmen.

Es muß seltsam angemutet haben, wie meine Eltern auf dem Bahnhof von King's Cross, wo sich die Arbeiterfamilien aus dem St. Pancras Bezirk täglich versammelten, langsam und vorsichtig die Abendzeitung ausbreiteten und sich auf die Sportseite setzten. Eingehüllt in ihre exotische Kleidung sprachen sie in unverkennbar deutschem Akzent miteinander, während über den Köpfen die deutschen Flieger ihr Bestes taten, um uns alle ins Jenseits zu befördern. Mir war es so peinlich, daß ich jedesmal auf den gegenüberliegenden Bahnsteig schlich und so tat, als hätte ich mit diesen »feindlichen Ausländern« nichts zu tun. Es sagt viel aus über die Gutmütigkeit der Bewohner von St. Pancras, daß sie nie ein böses Wort an meine Eltern richteten und sie friedlich in ihrer Mitte aufnahmen. Ich frage mich, ob es heutzutage, fünfzig Jahre später, noch genauso wäre. Nach einer Woche weigerte ich mich kategorisch, in die U-Bahn mitzukommen. Meine Eltern, die dorthin eigentlich nur meinetwegen gegangen waren, gaben schließlich nach, und wir schliefen die weiteren Nächte des Krieges zu Hause in unseren eigenen Betten.

»Zu Hause« war mittlerweile nicht mehr die Zweizimmerwohnung in Golders Green, sondern ein kleines Haus in einer Seitenstraße der Golders Green Road. Wir hatten einen hübschen Garten, in dem Vögel und Eichhörnchen von meiner Mutter gefüttert wurden. Dort hätte ich nun glücklich und zufrieden sein können, aber ich fühlte mich in all meinen Erwartungen enttäuscht. Ich hatte kaum die Schule verlassen, und nun kam mein Leben zum Stillstand, bevor es noch richtig begonnen hatte. Als »feindliche Ausländerin« bekam ich keine Arbeitserlaubnis, um Theater zu spielen, und konnte außer kleinen Hilfsjobs keine Stellung annehmen. Eines Tages bemerkte ich, daß in Golders Green ein »Citizen Advice Bureau«, eine Bürgerberatungsstelle, eröffnet worden war; ich beschloß hinzugehen. Zwar mochte ich eine »feindliche Ausländerin« sein, aber ich war auch eine freundliche Bürgerin und brauchte »advice«. Die Damen in dem Büro waren äußerst verständnisvoll, besonders Miss Callard mit ihrem großen schwarzen Hut. »Selbst für eine Engländerin wäre es schwierig, in diesem Augenblick unserer Geschichte zum Theater zu gehen«, sagte sie. Aber sie meinte, ich könne Stenografie lernen, gratis sogar, bei einer Dame aus ihrer Bekanntschaft. Wenn ich mich dafür revanchieren wolle, könne ich die Kinder in unserem Bezirk, deren Schulen bei Kriegsausbruch schnell geschlossen worden waren, versammeln und ihnen Unterricht geben, der Gemeindesaal nebenan stünde mir zur Verfügung.

Und so kam es, daß ich mich ernsthaft mit der Kurzschrift befaßte und zur gleichen Zeit Schulvorstand, Klassenlehrerin und Kindermädchen von zwanzig Kindern im Alter von zwei bis sechzehn Jahren wurde. Da ich selbst erst sechzehneinhalb war, mußte ich meine Haare zu einem Dutt aufstecken und den Lippenstift meiner Mutter benutzen, um in meiner Schule die Disziplin zu wahren. Jeden Freitag brachte ich eine Sparbüchse in die Stunde, und die Schüler steckten ihre Sixpence hinein. Das war mein Honorar, und ich weiß noch, wie stolz ich war, als ich meiner Mutter eine neue Toilettenbürste schenken konnte, die ich mit meinem ersten selbstverdienten Geld als Lehrerin gekauft hatte.

IV *Theater im Exil*

Es gibt Augenblicke im Leben, die der Ursprung aller weiteren Geschehnisse sind. Der Tag, an dem ich Miss Callard und ihre Helferinnen im Citizen Advice Bureau kennenlernte, war solch ein Moment.

Eines Tages forderten die Damen mich auf, bei einem Nachmittag, der für afrikanische Studenten arrangiert worden war, die Unterhaltung zu übernehmen. Damals hatte ich noch kein großes Repertoire. Kiplings berühmtes Gedicht *If* und ein paar Schlager waren alles, was ich darbieten konnte, aber meine lila Lippen und Fingernägel waren sensationell, und ich wurde von Egon Larsen entdeckt. Egon Larsen, früher hieß er Lahrburger, war ein Journalist und Schriftsteller aus Deutschland und verschaffte mir ein Vorsprechen bei Fritz Gotfurt – früher Gottfurcht –, einem Schriftsteller, der aus Berlin stammte und mit dem Egon gerade eine Revue für den Freien Deutschen Kulturbund, FDKB, zusammenstellte.

Der ursprüngliche Impetus für den FDKB kam von den Kommunisten. Die deutschen Flüchtlinge in England hatten keine Erlaubnis, politische Organisationen zu gründen, und so wurde der FDKB zuerst das Surrogat für politische Tätigkeiten. Schließlich aber wurde er der soziale und kulturelle Mittelpunkt der deutschen Flüchtlingsgemeinschaft in England bis zum Ende des Krieges.

Die Mitglieder des Kulturbundes waren Schriftsteller, Maler, Musiker und Schauspieler, ihr Präsident war Oskar Kokoschka.

Der Bund war in einem dreistöckigen Haus in der Upper Park Road in London untergebracht, das der Bischof von Chichester ihnen zur Verfügung gestellt hatte. Auf der winzigen Bühne, die in dem Gesellschaftszimmer aufgebaut worden war, führte eine Truppe von bekannten deutschen Schauspielern und Kabarettisten satirische Revuen auf. Fritz sagte immer, daß er mich nur engagiert hatte, weil ich so komisch aussah mit meinen lila Lippen und mich genauso komisch anhörte, als ich *If* – ein ernstes Gedicht – bei dem Vorsprechen aufsagte. Ich denke aber, er brauchte damals dringend eine »Jugendliche« für die Revue. Als einziges junges Mitglied der Truppe bekam ich sofort sehr anspruchsvolle Rollen, und ich sammelte viele Erfahrungen während der Jahre, in denen ich im Kulturbund auftrat. Es gab auch Abende, auf dem Höhepunkt der Blitzangriffe, an denen das Haus schwankte und bebte, unser Publikum sich aber kaum rührte, außer um zu applaudieren. Die meisten unserer Zuschauer waren Flüchtlinge, die alles bis auf ihr Leben verloren hatten und bereit waren, auch das für ein paar Stunden Unterhaltung in ihrer Sprache aufs Spiel zu setzten.

Die erste Produktion, an der ich teilnahm, hieß *Was bringt die Zeitung* und war eine satirische Kritik an der Presse, die wir in einer komischen Mischung aus Deutsch und Englisch – *Refugeespeak* genannt – spielten. Die Vorstellung war stets gut besucht, nicht nur von Emigranten, sondern oft auch von Prominenten aus dem Londoner Showbusiness. Alles, was ich heute über die Kunst, Chansons zu singen, weiß, habe ich von meinen deutschen Kollegen im FDKB gelernt. Manchmal schrieb ich auch meine eigenen Texte, wenn unsere Autoren keine Zeit dazu hatten. Das abendliche Auftreten war eine große Befreiung für diejenigen unter uns, die am Tage mit schwerer oder langweiliger Arbeit beschäftigt waren. »Kleines Theater« wurde es später genannt – unser Gehalt war auch nicht größer. Es war schon viel, wenn unsere Anteile zweieinhalb Shilling pro Woche ausmachten.

Abgesehen von der Übung, die mir der Kulturbund brachte, begegnete ich dort auch meiner besten Freundin, Dorothea Gotfurt, der Ehefrau von Fritz. Sie war 29, als wir uns trafen, also 13 Jahre älter als ich, und unwahrscheinlich schön. Sie war 1925 zur Miß Berlin gekürt worden, vielleicht die einzige und ganz sicher die letzte jüdische Schönheitskönigin in der Weimarer Republik. Nach einer frühen und unglücklichen Ehe war sie mit Fritz nach England ausgewandert. Sie waren 1936 nach London gekommen und hatten gehofft, Dorotheas kleinen Sohn vor den Nazis zu retten. Aber wenn man damals in einem Scheidungsprozeß schuldig gesprochen wurde, hatte man als Mutter kein Recht auf seine Kinder, und der Vater des Jungen weigerte sich zunächst, ihn ins Ausland reisen zu lassen. Nach einigen gefährlichen Deutschlandreisen war es Dorothea endlich gelungen, ihren ersten Mann davon zu überzeugen, das Kind auf eine englische Schule zu schicken. Sie war mit Fritz zum Bahnhof gegangen, um ihren Sohn abzuholen, aber er kam nicht an. Telefonanrufe nach Berlin blieben ohne Antwort. Erst viel später erfuhren sie, daß er mit seinem Vater eine Nacht vor der geplanten Reise in ein Konzentrationslager verschleppt worden war.

Fritz und Dorothea wohnten während des Krieges in Hampstead zur Untermiete, und ich erinnere mich noch genau an das Foto eines bildschönen Jungen mit schwarzen Augen an der Wand. Später, als Fritz beim Film Karriere als Drehbuchautor machte, zogen sie in eine Wohnung in St. John's Wood, und die Fotos verschwanden. Ich hatte nie den Mut, Dorothea danach zu fragen. Fritz erzählte mir einmal, daß er nach dem Kriege durch das Rote Kreuz erfahren hatte, daß beide, Vater und Sohn, in Auschwitz umgekommen waren. Dorothea hat nie davon gesprochen, erst in ihrem letzten Lebensjahr, 1995, hat sie es einmal erwähnt. Es war klar, daß dieses Ereignis sie das ganze Leben lang verfolgt hat.

In St. John's Wood, wo auch ich lange Zeit lebte, trafen wir uns fast täglich, und unsere Freundschaft wuchs über die Jahre. Wenn ich einen Rat brauchte, so war es Fritz, an den ich mich wandte und der ihn mir auf seine bärbeißige Art großzügig erteilte. Dorothea, die sich und Fritz in den Kriegsjahren durch die Anfertigung von Handschuhen über Wasser hielt, konnte später ihrem Talent folgen und Theaterstücke schreiben, die auch aufgeführt und selbst in Deutschland gespielt wurden. Sie wurde bekannt durch ihre Übersetzungen, insbesondere der Kriminalromane von Agatha Christie.

Ein anderes prominentes Mitglied des FDKB war John Heartfield – vormals Herzfeld – der Erfinder der Fotomontage. Er war klein, hatte ein verschmitztes Gesicht und machte sich über alles und jeden lustig. Oft organisierte er Abende beim FDKB mit komischen Stücken, in denen ich mitwirken durfte. Ich sehe ihn noch in einem weißen Nachthemd und einer blonden Perücke vor mir, das *Gebet einer Jungfrau* parodierend.

Nachdem ich ein paar sehr glückliche Jahre am Theater des FDKB verbracht hatte, war ich um so bestürzter, als mein Vater mir eines Tages verbot, bei der nächsten Produktion mitzumachen. In einer englischen Tageszeitung war ein Artikel erschienen, der den Kulturbund wegen seiner offenen Sympathie für die Sowjetunion angriff. Mein Vater hatte die schlechten Erfahrungen, die er mit den kommunistischen Gewerkschaften in Berlin gemacht hatte, nie vergessen. Er fürchtete, meine Verbindungen zum Kulturbund würden mir einmal schaden. Heute würde er sich sicher wundern, wie anders sich alles entwickelt hat. Keiner von uns konnte sich damals vorstellen, daß unsere Arbeit im Deutschen Kulturbund große Beachtung in der Nachkriegszeit finden würde.

Trotz meiner Tränen und Proteste weigerte sich mein Vater, seinen Entschluß zu ändern. Auch als Hans Fladung, ein ehemaliger kommunistischer Aktivist, der von den Nazis schwer gefoltert worden war, auf Krücken zu uns kam, um mit ihm zu diskutieren, blieb er hart. Fladungs größte Befürchtung war allerdings, daß ich fortan bei Peter Herz auftreten würde, der ein ziemlich laienhaftes Wiener Kabarett in unserer Nähe besaß und mich schon lange engagieren wollte. Genauso kam es dann auch: mein Vater blieb bei seiner Entscheidung, und ich trat bei Peter Herz auf. Ich schämte mich zwar ein wenig gegenüber meinen Kollegen, aber ich glaubte, nicht existieren zu können, ohne auf der Bühne zu stehen. Zu der Zeit war ich noch sehr unpolitisch.

In meiner Jugend bedauerte ich oft, daß ich in London niemanden kannte, der mir mit einem kleinen Stoß oder ein wenig Einflußnahme die Tür zur »großen weiten Welt« öffnen konnte. Mein Vater war zu stolz, um seine Verbindungen zu nutzen, und meine Mutter hatte zwar einmal den Versuch gemacht, etwas für mich zu tun, doch leider ging es vollkommen schief. Im Rückblick finde ich, daß ich etwas überreagiert habe, aber ich war noch sehr jung und konnte nicht anders. Richard Tauber gastierte mit dem *Land des Lächelns* im Hippodrome in Golders Green. Meine Mutter kaufte zwei Karten und führte mich zu ihm in die Garderobe, noch bevor sich der Vorhang hob. Er erinnerte sich an sie wie auch an meinen Vater. Sie sagte ihm, ich wolle unbedingt zur Bühne, und fragte, ob er mir nicht irgendwie helfen könne. Tauber war sehr charmant, lächelte sein bekanntes schiefes Lächeln und sagte, ich solle in der Pause wiederkommen, um mit ihm darüber zu sprechen. Sowie ich seine Garderobe betrat, griff er nach meinem Busen. Ich stieß ihn weg und floh zu meiner Mutter. Lange Zeit sprach ich nicht über dieses Erlebnis und dachte nur mit größtem Unbehagen daran zurück. Jahre später traf ich Tauber wieder und arbeitete sogar mit ihm. Er war der Kapellmeister in einer Inszenierung der *Fledermaus*, in der mein Vater Regie führte und ich die neuen Texte schrieb. Meine letzte Erinnerung an ihn ist sein Begräbnis in London.

Zu Beginn des zweiten Kriegsjahres wurden die Schulen in London wieder geöffnet. Meine Schüler brauchten mich nicht mehr, und ich mußte mich nach einer neuen Tagesbeschäftigung umsehen. Im Kulturbund, wo ich zu der Zeit noch spielte, konnte ich kaum etwas verdienen, und der Moment war gekommen, daß ich, alt genug, begann, meinen Eltern etwas unter die Arme zu greifen. Meinem Vater gelang es nicht, seine ihm aus Deutschland zustehenden Tantiemen nach England überwiesen zu bekommen, und das Theater an der Shaftesbury Avenue in London, in dem der *Tapfere Soldat* – auf englisch *Chocolate Soldier* – aufgeführt wurde, war kurz nach der Premiere von einer Bombe völlig zerstört worden. Meine Mutter mußte nun »Zimmer mit Vollpension« vermieten. Für Stenografie hatte ich nicht viel Talent gezeigt, was mich in eine peinliche Lage bei meiner Arbeitssuche brachte. Clarissa Davidson, eine gutherzige englische Gesellschaftsdame, nahm sich meiner an und arrangierte ein Vorstellungsgespräch mit einem Geschäftsfreund ihres Bruders, der eine Sekretärin brauchte. Um mich zu prüfen, diktierte er mir einen Brief, gespickt mit technischen Ausdrücken. Gummischläuche und Eisenwaren in allen möglichen Größen und Durchmessern kamen in Hülle und Fülle vor, und er diktierte mit rasender Geschwindigkeit. Ich konnte kaum folgen. Aber es kam noch schlimmer: Schon in der ersten Zeile hatte ich mich blamiert. Der Brief ging an Messrs – also Herren – Soundso, ich aber schrieb Mrs. Soundso. Ich warf Schreibblock und Bleistift hin und verließ ohne ein Wort das Büro. Ein paar Wochen lang traute ich mich nicht, Clarissa anzurufen. Trotzdem versuchte sie noch einmal, für mich eine Stellung zu finden. Sie verschaffte mir ein Vorstellungsgespräch im Dorchester Hotel bei Lady Kemsley, der Frau eines Pressezaren. Mein einziges Paar Strümpfe hatte Laufmaschen, und neue konnte ich mir nicht leisten. Im Fahrstuhl zu ihrer Suite fragte ich mich, ob sie merken würde, daß ich keine Strümpfe trug. Lady Kemsley suchte eine Begleiterin für ihre Tochter aus erster Ehe. Ghislaine war fast zwei Jahre älter und auch größer als ich, außerdem war sie sehr verwöhnt. Wie es ihrer Mutter in den Sinn kam, daß ausgerechnet ich auf ihre Tochter aufpassen und ihr Deutschstunden geben sollte, ist mir heute noch schleierhaft. Anscheinend wollte sie um jeden Preis die Verantwortung für die schöne, eigenwillige Ghislaine an jemand anders abgeben, denn sie engagierte mich trotz meiner nackten Beine. Ghislaine und ich kamen ganz gut miteinander aus, aber von Anfang an hatten wir ein komisches Verhältnis. Ich war zu jung, um ihre Gouvernante zu sein, und zu stolz oder vielleicht auch zu arrogant, um sie als Zofe zu bedienen. Auch weigerte sie sich, Deutsch zu lernen. Ich hatte keine besondere Autorität über sie und wurde zu Anproben von Modehaus zu Modehaus und vom Café Bendick zu Fortnum & Mason zum Tee mit Sahnebaiser geschleppt.

Zu der Zeit hatte ich viele junge Freunde mit denselben Ambitionen wie ich. Wir gründeten eine Theatergruppe, das Prospect Theatre, und planten Aufführungen von modernen Klassikern wie Kafka, Büchner und Brecht. Hätten wir damals das nötige Geld gehabt, wären wir den später so erfolgreichen Avantgarde-Theatern weit voraus gewesen.

Damals hatte ich mich wieder einmal in einen unerreichbaren Mann verliebt. Es war der junge Alec Clunes, der gerade dabei war, sein eigenes Theater zu eröffnen, das Arts Theatre in der Great Newport Street. Ich hatte ihn bei einem Wohltätigkeitskonzert kennengelernt, das ich in der Rudolf-Steiner-Halle in der Baker Street organisiert hatte. Die erste Hälfte des Programms hatten die Mitglieder des Prospect Theatres übernommen, für den zweiten Teil war es mir gelungen, die beliebte junge Pianistin Shulamit Shafir aus Israel – damals noch Palästina – zu verpflichten.

Als Conférencier war Alec ausgezeichnet – bis zur Pause. Shulamits Mutter, die zugleich ihre Agentin war, warf einen Blick auf den Klavierstuhl und sagte: »Auf dem kann Shulamit nicht sitzen, er ist viel zu niedrig, außerdem spielt sie nie, ohne vorher eine Tasse Tee zu trinken. Gibt es hier keine Möglichkeit, eine Tasse Tee zu bereiten?« Ich eilte hinaus auf die Baker Street – an einem Sonntag nachmittag mitten im Krieg, alles war geschlossen und kaum eine Menschenseele zu sehen. Wo sollte ich heißen Tee und einen höheren Klavierstuhl herbekommen? Ich weiß nicht, wie ich es fertigbrachte, aber binnen kurzem war ich schon auf dem Rückweg, einen Becher dampfenden Tees in der Hand. Ganz vorsichtig, um nichts zu verschütten, stieg ich die vielen Stufen hinauf zu den Garderoben; aber von Shulamit und ihrer Mutter keine Spur. Alec hatte sie inzwischen nach Hause geschickt. »Du kannst froh sein, daß du sie los bist«, sagte er mir. Vielleicht hatte er recht, aber wer sollte nun die zweite Hälfte übernehmen? Ich kann mich nicht mehr erinnern, wie das Problem gelöst wurde, die Blamage habe ich aus meinem Bewußtsein verdrängt. Irgendwie muß die Vorstellung aber weitergegangen sein, ich liebte Alec noch immer und nahm ihm die Geschichte nicht übel.

Im Gegenteil, als ich herausfand, daß er Katzen gern hatte, tat ich alles, um ein kleines schwarzes Kätzchen für ihn zu finden. Am Tag der Eröffnung seines Arts Theatre brachte ich es in einem Korb zum Bühneneingang. Dann rief ich Ghislaine im Dorchester an und bat sie, eine ganze Reihe für die erste Vorstellung von *Was Ihr Wollt* zu reservieren und ihre Freunde einzuladen. Ghislaine tat, was sie konnte, und am selben Abend kam ich stolz mit meiner großen Gesellschaft ins Theater, und wir setzten uns erwartungsvoll in die letzte Reihe, denn das waren die einzigen Plätze, die man noch bekommen konnte. Leider hört und sieht man dort nicht so gut, vor allem, wenn man von jungen Leuten umgeben ist, die sich eigentlich gar nicht für Shakespeare interessieren. Meine Gesellschaft schwatzte und kicherte während der ganzen Vorstellung, aber mir machte das nichts mehr aus. Der Abend war für mich sowieso schon gelaufen, denn als sich der Vorhang hob und der Herzog Orsino auf seiner Chaiselongue die berühmten Worte »If music be the food of love, play on…« sprach, antwortete ihm ein jämmerliches Miauen, und ein kleines schwarzes Kätzchen lief über die Bühne. Das Publikum brach in schallendes Gelächter aus, und ich zerfloß in Tränen. In der Pause verabschiedete ich mich für immer von Ghislaine und schlich aus dem Theater.

Ich hatte mehr Glück, als ich mich bei Charlotte Francis und Geoffrey Goodheart vorstellte. Sie waren mutig genug, das St. Martin's Theatre zu übernehmen. Mutig, weil es zu dem Zeitpunkt das einzige West End-Theater außer dem Windmill-Revuetheater und nun auch Alecs Arts Theatre Club war. Der Krieg hatte alle anderen Häuser im Zentrum verschwinden lassen.

Francis Goodheart Productions hatten wenig Geld und boten mir zwei Pfund die Woche, aber wenigstens hatte ich mein eigenes Büro mit Telefon. Charlotte Francis, die immer schnell diktierte, merkte bald, wie mangelhaft meine Stenokenntnisse waren, und kürzte mein Honorar auf anderthalb Pfund. Eigentlich brauchten sie mehr als ein »Tippfräulein«, aber weil sie sich nur eine Angestellte leisten konnten, wurde ich Sekretärin, Produktionsleiterin, Dramaturgin, Ersatzschauspielerin und Portiersfrau am Bühneneingang in einem. Das paßte mir sehr gut. Ich lernte alle weiblichen Rollen in unseren Stücken. Leider hatte ich nie Gelegenheit, sie zu spielen. Die Schauspielerinnen waren wegen der Kriegsdiät einfach zu gesund. Ich nahm immer ein oder zwei Theaterstücke mit nach Hause und brachte mein Gutachten, sauber getippt, schon am nächsten Morgen ins Büro. Während wir Herbert Marshalls *Thunder Rock* spielten, wartete ich jeden Abend am Bühneneingang auf den jungen Cyril Cusack, der oft zu spät kam, und schmuggelte ihn in seine Garderobe. Bei den Premieren war es meine Aufgabe, die Kritiker zu betreuen und ihre Gläser zu füllen. Bei einer Premiere mußte ich sogar bei einem der bekanntesten und einflußreichsten Kritiker sitzen und ihn bei Laune halten. Es war der gefürchtete James Agate, der ein Stück oder einen Schauspieler mit einer einzigen bissigen Zeile vernichten konnte. Ganz gegen meine Erwartungen war er sehr nett und verständnisvoll. Er wußte sicherlich, wie nervös ich war, und stellte mir Fragen über unsere Produktion, die ich leicht beantworten konnte, und noch bevor wir die anderen Kritiker in der Pause an der Bar trafen, waren wir Freunde. Es war kein Wunder, daß ich diesen Job über alles liebte. Ich war ein wichtiger Teil in der Theatermaschinerie, es war mir ganz egal, wieviele Stunden ich arbeiten mußte.

Während *Thunder Rock* auf unserem Spielplan stand, gingen Cyril und ich oft zusammen nach Hause, denn wir wohnten beide in Golders Green. Eines Abends, als wir durch die menschenleere Hauptstraße gingen, gerieten wir in einen Luftangriff. Ein Schrapnell schlug direkt neben uns ein. Noch viele Jahre bewahrte ich in meinem Nähkasten ein zackiges Metallstückchen auf, das uns nur knapp verfehlt hatte.

Leider überlebten Francis Goodheart Productions den Krieg nicht. Solange sie keine Konkurrenz hatten, konnten sie sich durchschlagen, aber die anderen West End-Theater öffneten eines nach dem anderen wieder ihre Pforten, und eines schönen Tages war Francis-Goodheart pleite und ich wieder arbeitslos.

Während der ganzen Zeit hatte ich Schauspielunterricht genommen. Elisabeth Bergner, die meinen Vater aus Berlin kannte, hatte mich zu ihrer eigenen, sehr genialen Sprachlehrerin gebracht. Flossie Friedmann, eine mollige kleine Frau mit aquamarinfarbenen Augen und rotem Haar, hatte ein gutes Herz und arbeitete unentgeltlich mit mir, weil ich ein Flüchtlingskind war. Sie war es, die es schaffte, die letzte Spur eines deutschen Akzents aus meinem Englisch zu beseitigen. Unermüdlich übte sie mit mir Vokale und Konsonanten, lehrte mich Szenen für eventuelle Vorsprechen und brachte mir bei, *Over the rainbow* zu singen.

Obgleich ich damals noch nicht ernsthaft an ein Gesangsstudium dachte, bot mir ein italienischer Gesangslehrer, Maestro Mario, an, mich umsonst zu unterrichten. Doch schon bei meiner ersten Stunde drückte er mich auf sein Sofa und wollte sich auf mich werfen. Als ich mich heftig sträubte, verlor er seine Perücke. Der Anblick des Maestros ohne Haare war so komisch, daß ich laut lachen mußte. Ich ging nie wieder zu ihm.

Meine Stimme war auch ohne Training gut genug, um Chansons und populäre Lieder zu singen, und so nahm ich Inky Stevens' Vorschlag an, beim Nightlight Club am Leicester Square vorzusprechen oder besser: vorzusingen. Inky Stevens war einer der besten Public Relations-Manager im West End. Wir hatten uns während meiner Zeit am St. Martin's Theatre angefreundet. Er meinte: »Es ist eine Schande, daß ein so junges und hübsches Mädchen wie du sein Leben hinter einer Schreibmaschine verschwendet!« Ich erklärte ihm, warum ich keine Arbeitserlaubnis zum Theaterspielen bekommen konnte, er aber versicherte: »Die brauchst du auch nicht für den Nightlight Club.« Er stellte mich der Besitzerin Violet Dean vor, der Schwester des berühmten Theaterdirektors Basil Dean. Ich hatte inzwischen ein kleines Repertoire aus Schlagern und Gedichten zusammengestellt – If war schon lange nicht mehr darunter. Die älteren Damen und Herren der verschiedenen Emigrantengruppen engagierten mich von Zeit zu Zeit für Solovorstellungen. So war ich inzwischen ein »Nachwuchs-Star« geworden. Warum sollte ich den Nightlight Club nicht einmal ausprobieren?

Nach dem Vorsingen meinte Violet Dean, ich hätte zwar Talent, mein Repertoire sei für einen Nachtklub jedoch nicht passend. Es bestand aus Liedern, die man in jedem Musikgeschäft an der Tottenham Court Road kaufen konnte. »Kommen Sie wieder, wenn Sie ein eigenes Repertoire haben, und ich engagiere Sie. Und einen Rat möchte ich Ihnen noch geben: Sie sollten Ihren Namen ändern, wenn Sie vorhaben, zum Theater oder Film zu gehen. Bernauer kann hier doch kein Mensch aussprechen.« Und so wurde aus mir, obwohl ich es ein wenig bedauerte, Agnes Bernelle.

Ein eigenes Repertoire – leichter gesagt als getan. Fritz und Egon schrieben selten und ungern auf Englisch, Inky Stevens hatte keine Zeit, und ich hatte kein Geld, mir Chansons zu kaufen. Ich schrieb meine Songs also selbst. Ein paar Mal war ich in einem Nachtklub gewesen und wußte ungefähr, was man dort so sang. Es waren meist satirische oder »anrüchige« Lieder. Das sollte für mich doch kein Problem sein. Ich begann mit einem Jüngling, der mit mir nicht schlafen wollte, weil er mit seinem Cousin in Middle-sex lebte (einer Grafschaft bei London). Nachdem ich ein halbes Dutzend solcher Chansons geschrieben hatte, borgte ich mir Mutters langes Abendkleid, nähte glitzernde Pailletten drauf und trat im Nachtklub auf. Kein Mensch lachte!

»Machen Sie sich nichts draus, mein Kind«, sagte Violet Dean beschwichtigend. »Sie sind zu jung, viel zu jung für solche Lieder.« »Aber Sie haben mir doch gesagt, ich brauche solche Lieder«, protestierte ich. »Ja, aber sie passen noch nicht zu Ihnen. Lassen Sie sich Zeit.«

Ich weinte fast den ganzen nächsten Tag, dann jedoch beschloß ich, den Abend zu vergessen. Als Nachtclubsängerin war ich durchgefallen, nun mußte ich halt weiter nach Arbeit suchen. Ich brauchte eine Stellung, die nicht zuviel von meiner Zeit einnahm. Ich war wieder zu meinem Kulturbund zurückgekehrt und sollte eine Hauptrolle in der nächsten Aufführung, einem Musical namens *Gulliver Goes to School*, spielen.

Della Kempinsky, die Frau meines Kollegen Gerhard und Schwiegertochter des berühmten Berliner Hoteliers, kam mir zu Hilfe. Sie war Empfangsdame im Esplanade Hotel in Maida Vale und stellte mich dem Besitzer vor. Westermann war ein richtiger russischer Bär mit einer lauten Stimme und einem starken slawischen Akzent. Er war ein liebenswerter Schuft mit einem goldenen Herzen, der sich aber nicht schämte, nach einem Abendessen, zu dem er seine Kumpanen eingeladen hatte, diesen am nächsten Tag die Rechnung zu schicken. Er stellte mich als Telefonistin ein, und ich lernte sehr schnell, die große alte Telefonanlage zu bedienen. Ich war erstaunt darüber, welch ein Machtgefühl es mir gab, Menschen zu verbinden und voneinander zu trennen. Ich konnte sie freundlich bitten, einen Moment zu warten, oder sie auch am Telefon hängenlassen, wenn mir der Ton ihrer Stimme nicht paßte.

Die gesamte polnische Exilregierung wohnte damals im Esplanade Hotel, ebenso Louis de Wohl, ein deutscher Astrologe, dessen parapsychologische Talente von der englischen Regierung in Anspruch genommen wurden. Jeden Tag mußte er das Horoskop Adolf Hitlers erstellen, denn da Hitler an Horoskope glaubte, wollte man so seine nächsten Schritte voraussehen.

Paul Stockhammer, der einmal eine große Flotte in Polen besessen hatte und jetzt eine Fischfabrik in London leitete, war auch ein ständiger Besucher des Esplanade Hotels. Er blieb gern bei mir in der Telefonzentrale, um zu plaudern. Er machte mir oft den Vorschlag, meine Stellung aufzugeben, um in seiner Fischfabrik zu arbeiten. Er würde mich besser bezahlen als dieser Schurke Westermann. Ich wies ihn regelmäßig ab mit der Entschuldigung, daß ich Westermann nicht im Stich lassen könne, aber Stockhammer war nicht der Mann, der seine Pläne ohne weiteres aufgab. Eines Morgens, als ich zur Arbeit kam, empfing mich Westermann mit trauriger Miene und schaute mich an wie ein geschlagener Hund. Das Hotelgeschäft liefe nicht gut im Moment. Das erstaunte mich. Viele Gäste hätten ihre Rechnungen nicht bezahlt. Das konnte ich schon eher glauben. So sehr es ihn auch schmerze, er müsse mich entlassen. »Aber machen Sie sich keine Sorgen«, sagte er wohlwollend, »ich habe für Sie schon eine andere, bessere Stellung gefunden. Ihr neuer Chef wartet auf Sie in der Halle. Gehen Sie doch gleich und sprechen Sie mit ihm.« Mein neuer Chef war niemand anderes als Paul Stockhammer. Ich habe mich oft gefragt, wieviel er Westermann für mich wohl bezahlt hat.

Ich war fest entschlossen, nicht in der Fischfabrik zu arbeiten, schon gar nicht den ganzen Tag. Wir einigten uns darauf, daß ich morgens für Stockhammer in seiner Wohnung in St. John's Wood arbeitete. Paul besaß ausgezeichnete Sprachkenntnisse, und da ich kein Polnisch sprach, diktierte er mir seine Briefe auf deutsch, und ich schrieb sie gleich auf englisch nieder. Er war ein großzügiger Mann, sehr beliebt und geachtet in der polnischen Gemeinschaft in London. Viele schrieben ihm und baten um Geld, aber viele baten auch nur um seinen persönlichen Rat. Nach kurzer Zeit vertraute er mir seine ganze Korrespondenz an, und ich beantwortete sie in seinem Namen.

Einmal gab er eine Gesellschaft, zu der viele unserer Korrespondenzpartner eingeladen waren. Es war interessant, sie nun persönlich kennenzulernen. Da war das junge Paar, dessen Ehe ich retten wollte, hier die jungen Leute, die ich ermutigt hatte, sich zu verloben, und dort der junge Student, dem ich zu seinem ersten Liebesabenteuer Ratschläge erteilt hatte. Keiner von ihnen hatte die geringste Ahnung, was ich alles über sie wußte. Paul dagegen war völlig verwirrt und konnte kaum verstehen, wovon eigentlich die Rede war.

Ich hatte Paul von meinen Schwierigkeiten mit den Behörden erzählt, und er wollte mir helfen, eine Arbeitserlaubnis zu bekommen. Er kannte einen Geschäftsmann aus Palästina, der einmal Pauls Nichte eine allgemeine Arbeitserlaubnis verschafft hatte. Vielleicht würde er für mich das Gleiche erreichen können. Er stellte ihn mir vor, aber leider fühlte sich Mr. Gee sofort zu mir hingezogen und tat sein Bestes, um mich zu verführen. Als das fehlschlug, hielt er mich mit Versprechungen hin, ohne wirklich zu versuchen, mir zu einer Arbeitserlaubnis zu verhelfen. Wenn er sich mit Geschäftsfreunden traf, gab er mich als seine Geliebte aus. Mich irritierte das alles sehr, aber ich traute mich nicht, diese Bekanntschaft abzubrechen, so lange noch Hoffnung auf eine Arbeitserlaubnis bestand.

Ich ging nun zum Vorsprechen in die neu eröffnenden Theater und bekam eigenartigerweise auch immer die Rollen. Leider hatte ich davon, außer einer gewissen Genugtuung, überhaupt nichts, denn meine Arbeitserlaubnis hatte ich noch immer nicht. Um diese nun endgültig zu erhalten, brauchte ich einen sehr energischen Antrag der Theaterdirektion an das Arbeitsministerium. Den wiederum konnte ich aber nicht bekommen, weil ich für die Arbeitgeber nicht wichtig genug war. Das deprimierte mich so, daß ich sogar an Gelbsucht erkrankte. Schließlich wurde mir, als ich wieder gesund war, die Rolle von Irma Pottasch in *Pottasch und Perlmutt* angeboten. Das Stück sollte auf eine längere Tournee gehen. Ich erklärte dem Produktionsleiter mein Problem, und er sagte, er wisse genau, was er dem Ministerium schreiben müsse. Er gab mir dann einen verschlossenen Brief, den ich selbst zum Ministerium bringen sollte. Ich trug ihn drei Tage mit mir herum, dann öffnete ich den Umschlag über heißem Wasserdampf und las ihn. Alle meine Ängste bestätigten sich. Meine Direktion bat das Ministerium, nein, es flehte die Beamten fast an, »dieser jungen Schauspielerin, die Arbeit so dringend benötigte, zu helfen.« Ich wußte, daß es sinnlos war, diesen Brief abzugeben. Ich wanderte stundenlang in der Stadt herum, den wieder verschlossenen Brief in der Hand. Dann ging ich in eine Telefonzelle und rief Mr. Billinghurst im Arbeitsministerium an. Ich sagte ihm, ich sei die Assistentin von Mr. Killick, Killick Productions, und wir müßten dringend eine Arbeitserlaubnis für eine ungarische Schauspielerin haben, die bei uns die jugendliche Hauptrolle spielen solle und ohne die wir das Stück nicht aufführen könnten. Mr. Billinghurst meinte, daß wir dann wohl die falsche Schauspielerin ausgesucht hätten. »Sie hat doch kein Talent und noch nie eine Rolle in einem englischen Stück gespielt.« »Natürlich nicht, Sie haben ihr ja auch noch nie eine

Erlaubnis erteilt«, antwortete die »Direktion« mit großem Nachdruck. Als Billinghurst mir sagte, daß diese Schauspielerin sich jede Woche bei der Polizei melden müßte, wurde mir klar, warum meine Arbeitsangebote mir immer wieder so schnell entzogen wurden. Ich änderte meine Taktik. »Ich bin sicher«, flötete ich mit verführerischer Stimme, »daß Sie ein einsichtiger Mensch sind, Mr. Billinghurst, ohne die Bernelle müssen wir die Tournee absagen, und Sie wollen doch sicher nicht so viele englische Künstler auf die Straße setzen? Ich schicke Ihnen jetzt unsere Schauspielerin, und um mir einen Gefallen zu tun, werden Sie ihr die Erlaubnis geben.«

In dem Augenblick, in dem Billinghurst die Dokumente gestempelt hatte, schnappte ich sie mir und lief, so schnell ich konnte, aus dem Gebäude den »Strand« entlang. Ich keuchte vor Angst, daß er mir folgen könnte, um sie mir wieder wegzunehmen.

Nun hatte ich endlich eine englische Rolle, aber bevor ich auf die Reise gehen konnte, mußte ich noch eine Formalität erledigen.

Die Engländer führten 1940 die Internierung ein. Da es aber unmöglich war, alle Deutschen und Ungarn einzusperren, führte die Regierung Anhörungen durch, in denen entschieden wurde, wer ins Lager auf der Isle of Man geschickt wurde und wer vertrauenswürdig genug war, in Freiheit zu bleiben. Wir hatten einige unserer Schauspieler im Kulturbund auf diese Weise verloren, und nun hatten meine Eltern den Bescheid erhalten, sich zur Anhörung einzufinden, die in der gleichen Straße, sogar in dem gleichen Gebäude und in dem Raum stattfand, in der ich vor kurzem noch meine Schule hatte. In der Zeit hatte ich oft die kleine Küche genutzt, die zu der Halle gehörte, in der auch unsere Polizeibeamten ihre Nachmittagspause verbrachten. Zu unserer Erleichterung waren es die gleichen Polizeibeamten, die unsere Anhörung durchführten. »Das ist doch unsere Lehrerin«, sagten sie erstaunt, als sie mich sahen, »was machen Sie denn hier?« Ich erklärte es ihnen, und schnell wurde in unsere Ausweise der Buchstabe B gestempelt, was bedeutete, daß wir nicht ins Lager mußten. Zwei Einschränkungen gab es allerdings für »B«-Bürger: man durfte kein Radio besitzen und sich nicht weiter als fünf Meilen von seiner Wohnung entfernen. Letzteres bereitete mir nun Kopfzerbrechen.

Ein paar Tage nach unserer Anhörung erschien einer der Polizeibeamten bei uns zu Hause und bat meinen Vater um meine Hand. Er war der Meinung, daß für mich als Frau eines Polizeibeamten alles leichter werden würde. Mein Vater war sehr gerührt, sagte ihm aber, daß ich noch zu jung für die Ehe sei. Nun mußte ich aber meine Reiseerlaubnis für die bevorstehende Tournee beim Revier abholen und hoffte, daß er nicht gerade Dienst hatte, denn ich wollte ihn nicht in Verlegenheit bringen. Glücklicherweise war er nicht da, und ich füllte die Formulare aus. Einige Fragen waren geradezu absurd, wie z. B.: »Bewahren Sie Kampfwaffen in Ihrem Hause auf?« »Ja«, schrieb ich, »ich halte ein Unterseeboot in meiner Badewanne.« Vielleicht war das ein bißchen frech, aber die Londoner Polizei verstand Spaß, und ich erhielt meine Reiseerlaubnis.

Ich war glücklich! Wir probten in einem West End-Theater, und ich stand endlich auf einer großen Bühne! In der Mittagspause konnte ich durch die Charing Cross-Gegend schlendern – Theaterland damals wie heute –, in den vielen antiquarischen Buchhandlungen stöbern, prominente Schauspieler auf dem Weg zum Lunch im Restaurant Ivy beobachten oder mich bei Rules in Covent Garden von Humphrey Jennings zum Essen einladen lassen, einem bekannten Dokumentarfilmer, der bald danach an die Front mußte und nie mehr zurückkam. Manchmal traf ich mich auch im Café Royal, Stammtisch vieler Künstler, mit Jack Bilbo, dem schwarzbärtigen Maler. Jack, der wie ich aus Berlin stammte, wollte mich unbedingt malen. »Aber es muß ein Akt sein«, sagte er. Ich war, ehrlich gesagt, ziemlich verklemmt. Aber ich dachte mir, es würde mich auf das Leben vorbereiten, und willigte ein. Nach den Proben ging ich nun direkt zu Bilbo, der in der Nähe des West End wohnte, und saß für ihn Modell. Ich kam mir dabei sehr tapfer vor, auch ein wenig unbehaglich, und war immer froh, wenn seine Frau Anna mit zwei Tassen dampfendem Kaffee hereinkam und mir einen Schal umlegte. Jack wollte mir das Bild nicht zeigen, solange er noch daran arbeitete, aber eines Tages legte er seine Pinsel beiseite und drehte die Leinwand um. Das war es nun, mein Portrait. Lebensgroß! Drei bunt bemalte Würfel! So fing die letzte Woche der Proben an, ich glaubte mich auf das Leben vorbereitet und wußte zudem nun alles über die Eigentümlichkeiten der modernen Kunst.

Was ich fühlte, als ich zum ersten Mal als Schauspielerin durch den Bühneneingang kam, kann ich nicht beschreiben. Noch heute, nach so vielen Jahren am Theater, fühle ich ein Kribbeln in der Magengegend bei dem Gedanken, wieder einmal Mitglied einer Truppe zu sein und »dazuzugehören«. Ich weiß, daß es den meisten Schauspielerinnen und Schauspielern genauso geht.

Nun gingen wir endlich auf Tournee. Nach einiger Zeit kannte ich Crew Station sehr gut, weil wir dort meistens umsteigen mußten. Ich verliebte mich in jedes männliche Mitglied unserer Truppe, in einen nach dem anderen. Sie waren sehr lieb zu mir, wollten mir aber doch nicht zu nahe kommen, weil sie wohl ahnten, daß ich noch Jungfrau war. Alle, außer einem, meinem jugendlichen Liebhaber, der siebzehn und selbst noch unschuldig war. Bei jedem größeren Luftangriff sprangen wir zusammen ins Bett, legten uns nebeneinander und nahmen uns in die Arme. Natürlich gab es ein bißchen Fummeln und Schmusen, aber unsere Unschuld bewahrten wir uns bis zum Ende der Tournee.

Ich hatte eine Menge englischer Provinzstädte kennengelernt. Coventry war fast völlig zerstört, als wir dort ankamen.

Dort, ebenso wie in Hull, ging ich nachts auf langen Spaziergängen durch die furchtbar verwüstete Gegend. Als wir in Cardiff spielten, waren die Soldaten, die die Abwehrgeschütze bedienten, gerade in die Nachbarstadt zu einem Dart-Wettkampf gefahren. Die deutsche Luftwaffe hatte irgendwie Wind davon bekommen und nutzte die Gelegenheit zu einem besonders schweren Bombenangriff, bei dem sie so niedrig fliegen konnte, wie sie wollte. Die Sturzflüge erschreckten sogar mich. Ich suchte Zuflucht im Gartenbunker unserer Hauswirtin und saß dort die ganze Nacht, überzeugt davon, daß weder Haus noch Theater den nächsten Tag erleben würden. Ob ich wohl meine Kostüme wiederfinden würde? Oft denkt man in den gefährlichsten Situationen an solche Lappalien. Zu meinem Erstaunen waren Haus und Theater unversehrt, und die Reise ging weiter. Nach Exeter kam der Abschied. Ich wußte damals noch nicht, daß man sich, ist die Tournee erst einmal vorbei, aus den Augen verliert, wie eng auch immer der Kontakt unter den Schauspielern gewesen sein mag. Man schließt stets aufs neue »Freundschaften fürs Leben«, und dann verliert man »die Familie« wieder. Das ist die Schattenseite des Komödiantenlebens, und ich habe lange gebraucht, mich daran zu gewöhnen.

Mein junger Held ging zurück zu seiner Freundin, die älter war als er, und ich machte mich auf den Weg zu meinen Eltern nach Golders Green. Schon wenige Woche später hatte ich ein neues Angebot. Diesmal in Huddersfield, einer kleinen Provinzstadt mit einem Repertoiretheater, das jede Woche einen anderen Spielplan hatte. Die zweite Arbeitserlaubnis im gleichen Beruf war leichter zu erhalten, und ich saß bald, das Manuskript eines Agatha Christie-Stücks in der Hand, im Zug. Leider hatte man mich erst im letzten Moment nach Huddersfield verpflichtet, eigentlich für die Hauptrolle in *Love Lies Bleeding*, nun aber sollte ich zunächst eine Rolle in dem Kriminalstück übernehmen. Für Proben war überhaupt keine Zeit. Der Regisseur, der mich von der Bahn abholte, erklärte mir alle Auftritte auf dem Weg zum Theater. Es ist mir glücklicherweise immer leicht gefallen, Texte zu lernen, aber leider gilt das nicht für Namen und Zahlen – besonders Namen kann ich mir überhaupt nicht merken.

Als ich ankam, waren alle sehr nervös. Würde ich ihnen die Stichworte richtig geben? Ich gab sie ihnen alle, ich spielte fehlerlos bis zur allerletzten Szene, dem Moment, in dem es meine Aufgabe war, das ganze verwirrende Durcheinander der Vorgänge zu erklären. Meine Sätze lauteten ungefähr so: »Als Steven merkte, daß Albert Betty absichtlich nach Brighton gelockt hatte, um Richard irrezuführen und ihn zu überzeugen, daß Oliver Valerie nie etwas verraten hatte über den Mord von Albert und Geneviève…« und so weiter. Ich erinnerte mich an keinen einzigen Namen. Die ganze Truppe lauschte mit atemloser Verwunderung, wie ich die Personen in dem Stück mit hochtrabend exotisch klingenden Namen ersetzte. Das Publikum war nicht so begeistert. Die Zuschauer verließen das Theater in völliger Verwirrung. »Ich habe das Stück zum Schluß überhaupt nicht verstanden, und Du?« hörte man sie sagen. »Komische Alte, die Christie, war wohl betrunken, als sie das schrieb.«

V Desmond Leslie

Ich arbeitete zusammen mit meinem Vater in einem neuen Kabarett, By Candlelight. Es war wieder ein Emigrantenunternehmen, hatte aber ein anständiges Restaurant, und das Publikum bestand aus gut betuchten Mitgliedern der Exilantengemeinde. Man verdient etwas mehr als bei den anderen Kabaretts dieser Art. Trotzdem machte ich mir Sorgen über Vaters Rolle im Candlelight. Er führte Regie und schrieb die Texte gemeinsam mit dem Besitzer, einem Journalisten aus Österreich, der den unpassenden Namen Rudolf Steiner trug.

Vater, noch nicht einmal siebzig, hatte es schon seit längerem vorgezogen, in seinem bequemen Lehnstuhl zu sitzen, unsere Katze auf dem Schoß, ein Buch in der Hand und seine Pfeife neben sich im Aschenbecher. In den letzten Jahren hatte er diesen Platz nur einmal verlassen, um bei Somerset Maughams Stück *Rain* Regie zu führen, in einer fremden Sprache mit Schauspielern, die in dem schwerhörigen alten Herrn mit dem deutschen Akzent nicht den genialen ehemaligen Regisseur erkennen konnten. Er hatte dabei keine guten Erfahrungen gemacht. Im Candlelight lief es etwas besser. Die Künstler kannten seinen Ruf und folgten seinen Anweisungen, aber ich fand, es sei nicht das richtige Milieu für ihn. Eigentlich war er nur ein Angestellter bei Rudolf Steiner. Ich hätte es lieber gesehen, wenn er sein eigenes kleines Theater gehabt hätte, und sprach darüber mit Mr. Gee, mit dem ich in der Zwischenzeit befreundet genug war, um ihm meine Probleme anzuvertrauen. Er meinte, er könne Geld für ein solches Vorhaben auftreiben. Ich wollte ihm so gern glauben und versuchte sogar, ein passendes Stück für die Eröffnung dieses Unternehmens zu finden.

Eines Tages erhielt ich einen dringenden Telefonanruf von Gee. Ich eilte in die Stadt, um ihn zu treffen. Seine Mutter in Palästina war gestorben, und er war völlig niedergeschlagen. Er tat mir schrecklich leid, und als er mich bat, ihn auf einer Geschäftsreise nach Manchester zu begleiten, sagte ich zu. Im Candlelight spielten wir nur am Wochenende, und so brauchte ich keine Entschuldigung, um London für einen Tag zu verlassen. Seine geschäftliche Unterredung sollte früh am Morgen stattfinden, und so verbrachten wir die ganze Nacht in einem trostlosen, verdunkelten Zug. Gee konnte kaum seine *Financial Times* lesen, und ich hatte ähnliche Schwierigkeiten mit dem Manuskript des Theaterstücks, das er für meinen Vater finanzieren wollte. Wir kamen im Bahnhofshotel um fünf Uhr morgens an. Es war kalt und finster in Manchester. Gee hatte ein Doppelzimmer für uns reserviert. Ich schloß mich sofort in die Toilette ein, wo ich eine Ewigkeit mit meinem Manuskript verbrachte, bis Gee anfing, an die Tür zu hämmern und laut meinen Namen zu rufen. Ich öffnete, und zu meinem Entsetzen war er gänzlich unbekleidet. Ich hatte noch nie einen nackten Mann gesehen und brach in Tränen aus. Gee versuchte, mich zu beruhigen und mich zu überreden, ins Bett zu steigen, aber es gelang ihm nicht. Bei Tageslicht gab er es auf und ging zu seinem Geschäftstermin. Manchester war eine schlechte Idee, darüber waren wir uns auf dem Rückweg einig. »Das nächste Mal bringe ich Dich in ein gutes Hotel in London.« Ich stimmte ihm zu, aber ohne viel Enthusiasmus. Ich war nur froh, als sich herausstellte, daß Gee, trotz all seiner guten Verbindungen, in der Kriegszeit kein Zimmer in einem »guten Hotel« bekommen konnte.

Ein paar Wochen später rief er mich wieder an und fragte, ob ich mit ihm zu einer Gesellschaft in Mayfair gehen wolle. Die Party sollte in dem Haus von Lady Elwes, der Mutter des Malers Simon Elwes, stattfinden. Ich war noch nie auf einer Party in Mayfair gewesen und wußte nicht, was man dazu anzog. Das lange schwarze Abendkleid meiner Mutter wurde noch einmal von den Mottenkugeln befreit. Meine Tante Martha hatte etwas Schmuck bei uns zur sicheren Aufbewahrung gelassen – meine Mutter hatte ihren schon längst verkaufen müssen –, und von Kopf bis Fuß in schwarzem Samt, mit den Juwelen meiner Tante geschmückt, kam ich bei Lady Elwes an. Alle anderen anwesenden Damen trugen kurze Röcke. Ich fühlte mich übertrieben herausgeputzt und verschwand im Badezimmer, um meinen langen Rock über die Hüften hinaufzuziehen, bis er kurz genug war. Er war glücklicherweise so eng, daß er auch ohne Sicherheitsnadel an der richtigen Stelle steckenblieb. Als ich aus dem Badezimmer kam, konnte ich Mr. Gee nirgends entdecken, sonst kannte ich keine Menschenseele. Ich bahnte mir meinen Weg zaghaft durch die Menge und gelangte schließlich ans Büffet. Ein großer junger Mann in Luftwaffenuniform fiel mir auf. Er war gerade dabei, seinen Teller zu füllen. Aus Verlegenheit bot ich ihm Spaghetti an. »Nein danke«, lehnte er ab, »die sind doch ganz kalt.« Wir plauderten ein wenig miteinander, und es stellte sich heraus, daß keiner von uns beiden direkt eingeladen war. Diese Tatsache schuf eine Verbindung zwischen uns, und der junge Mann wich den ganzen Abend nicht von meiner Seite.

Er sagte, er sei Spitfirepilot, und gab ein paar aufregende Geschichten über die englische Luftwaffe zum Besten: »... und hier war ich nun – auf dem Kopf fliegend und nicht einen Tropfen im Tank!« Wie schrecklich! Damals wußte ich noch nicht, daß das Erzählen solch unwahrscheinlicher Geschichten während der Kriegszeit ein beliebtes Gesellschaftsspiel war. Ich nahm alles, was er mir erzählte, eifrig in mich auf, sogar die etwas anrüchigen Witze, die folgten. Mr. Gee fand uns auf dem Sofa im Musikzimmer. Er beugte sich zu mir herunter und zischte mir ins Ohr, daß mein Gesprächspartner ein Neffe von Winston Churchill sei. Da ich ihm offensichtlich gut gefiel, sollte ich ihn auffordern, später mit uns in Gees Wohnung mitzukommen. Er hätte noch ein paar wichtige Leute eingeladen, und die Party würde fröhlich weitergehen. Desmond Leslie, so hieß mein Spitfirepilot, war gern bereit, und wir hätten uns nun gleich von unserer Gastgeberin verabschieden können. Viele Gäste waren schon gegangen, und das Musikzimmer war fast leer. Aber genau das war mein Problem. Als wir dann als letzte übriggeblieben waren, mußte ich schließlich doch zur Tür gehen. Desmond folgte mir, und ich konnte es nicht länger vermeiden, daß er meine durch die vielen Stofflagen schrecklich breiten Hüften sah. Später sagte er mir einmal, daß er ganz entsetzt war und es kaum glauben konnte, daß das schlanke Mädchen, mit dem er so schön geschmust hatte, sich in ein Ungeheuer mit einem riesigen Hintern verwandelt hatte. Nun war er aber verpflichtet, mich zu begleiten.

Als wir in Gees Wohnung angekommen waren, lief ich schnurstracks ins Badezimmer und zog mein Kleid wieder hinunter. Desmond war sprachlos. Was war das nur für eine ungewöhnliche Frau, die ihre Figur in wenigen Minuten völlig verändern konnte! Ganz verwirrt setzte er sich ans Klavier und spielte Jazz. Mir aber war es, als ob ich eine Stimme hörte, die mir zuflüsterte: »Den wirst du heiraten!« »Unsinn«, dachte ich, »ich werde nicht heiraten, bevor ich nicht im Theater etwas erreicht habe.«

Ein paar Stunden und etliche Flaschen Champagner später gab Mr. Gee Desmond das Geld für ein Taxi, mit dem er mich nach Hause bringen sollte. Im Auto schloß Desmond mich in die Arme. »Willst du mit mir leben?« flüsterte er in mein Ohr. Ich ließ meiner romantischen Phantasie freien Lauf. Wir würden zusammen in einer eleganten Wohnung in Mayfair woh-

Desmond Leslie, der Spitfire-Pilot

nen. Im Salon, vor dem Kamin, würde Desmond sich in einen Sessel lehnen, seine aristokratischen schmalen Füße in Samtpantoffeln würden auf einem weißen Pelzteppich ruhen. Ich würde ihm eine schwarze Sobranie-Zigarette anzünden, während er mir sanft durchs Haar strich – so wie er es im Moment auch tat. »Ja«, seufzte ich und schloß die Augen.

Wir sahen uns fast täglich in der nächsten Woche, um jeden Moment seines Urlaubs auszukosten. Zu Hause tauften sie mich schon »Unterseeboot«, weil ich nur hier und da auftauchte. Desmond wohnte in einem Hotel bei Marble Arch, und an dem Tag, an dem wir dort zusammen Mittag aßen, hielten wir uns unter dem Tisch an den Händen. Wir sprachen sogar vom Heiraten und meinten, wir könnten uns verloben, sollten wir beide den Krieg überleben. Plötzlich wurde Desmond ans Telefon gerufen. Als er wiederkam, grinste er mich an. »Dein Freund, Mr. Gee, ist ein ›dirty old man‹. Er will, daß ich hier im Hotel meine Beziehungen nutze, um ihm ein Zimmer für ein ›dirty weekend‹ mit einem Flittchen zu besorgen. Aber jetzt will er noch mit dir sprechen.« Als ich ans Telefon kam, war

Gee sehr aufgeregt. Er wollte wissen, warum ich in Desmonds Hotel war und mit ihm Mittag aß. »Genau deswegen bin ich hier. Ich esse zu Mittag«, sagte ich und legte auf.

Ich weiß nicht mehr, wie ich es fertigbrachte, ruhig weiter zu essen. Anschließend folgte ich Desmond aufs Zimmer. Und ich war vor Schreck noch immer halb betäubt, als Desmond – nun in einem seidenen Morgenrock – aus dem Badezimmer kam und langsam anfing, mir meine dunkelblaue Unterwäsche, die meine Mutter für mich so sorgfältig genäht hatte, auszuziehen. »Das nennt man Liebestöter«, sagte er dabei mit einem belustigten Lächeln. Er tat, was er tun konnte, aber ich reagierte kaum. Ich werde ihn sowieso verlieren, wenn er herausfindet, daß ich Gees Flittchen bin, dachte ich.

Ich schlug vor, London für ein paar Tage zu verlassen. Bestimmt würde sich alles zum Guten wenden, wenn ich erst einmal die Probleme hier zurücklassen konnte. »Was für Probleme?« fragte Desmond. »Frag nicht, du kannst mir glauben, ich habe welche!«

Wir beschlossen, nach Henley-on-Thames zu fahren, und wählten einen Tag, an dem ich nicht im Candlelight auftreten mußte. In der selben Woche wartete eines Abends, nach der Vorstellung, ein Mietwagen vor der Tür. Ein gewisser Mr. Gee hatte ihn bestellt, und ich war entsetzt, als er mich zu Desmonds Hotel brachte. Gee wartete schon in der Halle, und als er mich zum Fahrstuhl führte, wäre ich am liebsten gestorben. Ich war überzeugt davon, Desmond auf dem Weg zum Fahrstuhl zu treffen, aber wir kamen ohne Zwischenfälle in Gees Zimmer an. Mein Erleichterung darüber hielt Gee für die Begeisterung, die er sich schon immer gewünscht hatte, aber erneut wurde er enttäuscht. Wieder hatte er es mit einem schluchzenden Mädchen zu tun. Ich weiß nicht mehr, wie ich ihm damals entkam, aber wenigstens sah mich Desmond nicht bei meiner Flucht aus dem Hotel.

Meine Freundin Georgette spielte an einem Theater in Henley-on-Thames, und ich hatte meinen Eltern erzählt, daß ich sie besuchen wollte. Als ich, meine Sachen gepackt, auf dem Weg zur Tür war, wollte meine Mutter mich plötzlich nicht gehen lassen. Sie machte eine Szene, die erste – aber nicht die letzte – dieser Art. Bis zu dem Moment hatte ich nicht geahnt, daß sie wahnsinnig eifersüchtig auf alle meine Freundinnen war. Sie blieb es ihr ganzes Leben lang. Ich werde noch den Zug versäumen, dachte ich, und in meiner Verzweiflung rückte ich mit der Wahrheit heraus. »Ich fahre gar nicht zu Georgette, ich fahre zu einem Mann!« stieß ich hervor. Zu meiner großen Verblüffung beruhigte sich meine Mutter sofort. Sie ließ mich gehen, erleichtert, daß ihr kleiner Liebling lediglich seine Unschuld verlieren wollte.

Im letzten Moment erreichte ich den Bahnhof. Desmond erwartete mich mit einer Orchidee in der Hand. Unsere Reise in der Abenddämmerung war sehr romantisch. Wir schmusten und küßten uns die ganze Zeit, und Desmond umarmte mich mit solcher Leidenschaft, daß die arme Orchidee völlig zerdrückt wurde. Bei unserer Ankunft in Henley-on-Thames reichte Desmond dem Mann an der Sperre ein Stück Papier, dann nahm er mich bei der Hand und rief: »Los, wir müssen laufen!« Wir rannten so schnell wir konnten und blieben erst stehen, als wir den Mann am Ausgang, der hinter uns herrief, nicht mehr hören konnte. »Ich habe ihm meinen Wäschereizettel gegeben«, sagte Desmond, als wäre es das Selbstverständlichste der Welt, »das mache ich immer so, wenn ich verreisen will.«

Ich wußte nicht, ob ich lachen oder weinen sollte. Die Sonne war untergegangen, die Abendluft war plötzlich kühl, und es war mir gar nicht mehr romantisch zumute. Im Gegenteil, ein Gefühl der Panik überkam mich. Hier war ich nun an einem fremden Ort mit einem Mann, den ich kaum kannte, der sich nicht einmal eine Fahrkarte nach Henley-on-Thames leisten

Desmond Leslie

konnte. Aber meine Zweifel und mein Mißtrauen verschwanden, als wir das reizende kleine Hotel am Fluß erreichten. Dieses sollte doch meine Hochzeitsnacht werden und – verdammt noch mal – ich wollte sie genießen.

Ich erwachte bei hellem Sonnenschein, warm und geborgen in Desmonds Armen. Das Telefon auf dem Nachttisch klingelte schrill. Wer konnte das sein? Es war sicher nicht für uns, keiner wußte, wo ich war.

Die Stimme am anderen Ende der Leitung gehörte Gee. Er hatte mich von Detektiven beobachten lassen und verlangte von mir, sofort nach London zurückzukehren. »Du kannst dir das Theater und die Arbeitserlaubnis aus dem Kopf schlagen«, sagte er zornig, »wenn du nicht gleich nach Hause kommst, wird es dir und deiner Familie übel ergehen. Ihr seid feindliche Ausländer, und ich habe meine Beziehungen!« »Wer ist das und was will er?« fragte Desmond noch halb im Schlaf. Ich schrie ihn fast an: »Es ist Gee, du Idiot, ich bin doch sein Flittchen. Er hat mich ertappt und jetzt droht er mir mit seinen Beziehungen.«

Desmond war plötzlich ganz munter. Er nahm mir den Hörer aus der Hand. »Wie können Sie es wagen, meine Verlobte zu bedrohen«, stieß er ins Telefon, »wenn es um Drohungen geht, hat meine Familie bessere Beziehungen als Sie!« Das war das Ende des Gesprächs.

Ich seufzte schwer, nicht nur aus Erleichterung, daß ich Gee endlich los war, sondern weil ich sicher war, daß Desmond mich nun verlassen würde. »Sei doch nicht blöd«, sagte er, »wie kannst du denn ein Flittchen sein, mit *der* Unterwäsche!«

Von nun an waren Desmond und ich fast immer zusammen. Wenn er Urlaub hatte, kam er in die Sneath Avenue, sooft meine Eltern nicht zu Hause waren, und dann liebten wir uns leidenschaftlich. Manchmal war es wie in einer französischen Liebeskomödie, wenn Desmond schnell mein Zimmer verlassen mußte und mit der Uniform über dem Arm im Badezimmer verschwand, Minuten bevor meine Eltern die Treppe hinaufkamen. Wieviel sie von allem mitbekamen, wußte ich nicht. Sie ließen sich jedenfalls nichts anmerken und – Gott sei Dank – sie mochten Desmond sehr gern.

Das konnte ich von Desmonds Verwandten mir gegenüber nicht sagen. Nur wenige von ihnen hatten mich kennengelernt. Seine Mutter, Lady Marjorie, das Familienoberhaupt, lebte getrennt von ihrem Mann, Sir Shane, und verbrachte die meiste Zeit in Irland, im Castle Leslie, dem Stammsitz der Familie. Sein älterer Bruder Jack, der Haus und Titel erben würde, war Kriegsgefangener in Deutschland, und seine

Schwester Anita war bei der Armee als Fahrerin einer Ambulanz im Mittleren Osten. Er hatte auch einen Onkel in London, Seymour Leslie, der »Prinz der Bettler« genannt wurde, weil es sein Beruf war, Geld für Krankenhäuser zu sammeln. Seymour liebte nichts mehr als Klatsch, und er berichtete der armen Marjorie alles, was er über uns herausfinden konnte. Er war ein totaler Snob und sehr gegen Desmonds Liaison mit einem verarmten Flüchtlingsmädchen, Halbjüdin, noch dazu beim Theater! Auf Marjorie in ihrem einsamen Schloß mußten die Erzählungen von mir den Eindruck einer gewissenlosen Abenteurerin erwecken.

Desmond hatte sich von seiner letzten Freundin im Streit getrennt, und unsere Begegnung bedeutete endgültig das Ende der Beziehung. Sie war die einzige Tochter und Erbin von Lord Queensborough, und Desmonds Familie, die diese reiche Erbin natürlich als besonders gute Partie betrachtet hatte, trauerte um ihren Verlust.

Wann immer Desmond nach London kam, landeten wir am letzten Abend trotz Bombenangriffen in irgendeinem Nachtlokal, saßen uns dann stundenlang wehmütig gegenüber und tranken Wasser aus Krügen, die die Direktion gratis auf die Tische gestellt hatte. Da wir unseren letzten Penny für das Eintrittsgeld ausgegeben hatten, konnten wir uns keine alkoholischen Getränke mehr leisten.

Die Bars schlossen gegen vier Uhr morgens, dann hatten wir noch eine Stunde, bis Desmonds Zug nach Taunton abfuhr, wo er stationiert war. Sehr oft verbrachten wir diese Stunden auf einer Bank im Hyde Park, in ernste Gespräche vertieft, während Scheinwerfer den Himmel kreuzten und um uns herum die Bomben fielen.

Bei diesen Besuchen brachte Desmond meistens seine Wäsche mit, und ich wusch sie für ihn in unserem Badezimmer in der Sneath Avenue. Einmal übergab er mir den Beutel mit den schmutzigen Hosen, Hemden und Socken in der Eingangshalle des Churchill Clubs. Plötzlich löste sich der Verschluß, und alles flog über den Teppich. Äußerst verlegen kniete ich nieder, um alles aufzusammeln und in den Beutel zu stopfen. In dem Moment kam ein junges Paar auf dem Weg zum Ausgang an mir vorbei. »Enid«, rief Desmond, »laß mich dir Agnes vorstellen!« Ich blickte hoch aus meiner erniedrigenden Haltung, direkt in das Gesicht einer großen, schlanken Blondine in einem eleganten Pelzmantel, die mit kaum verhohlener Mißbilligung auf mich herabsah. Es war natürlich die so ersehnte Erbin, von der Desmond mir schon viel erzählt hatte. Ich hoffte nur, daß man auf dem irischen Schloß von dieser Begegnung nichts erfahren würde, aber da hatte ich wohl zu viel erwartet. Als wir ein paar Monate später unsere Verlobung bekanntgaben, wurde Desmonds Mutter prompt in ein Sanatorium eingeliefert.

Immer wenn ich genug Geld hatte, fuhr ich nach Taunton und übernachtete in einer Pension in der Nähe des Militärflugplatzes. Manchmal gab es Tanzabende im Kasino, und ich lernte dort Desmonds Vorgesetzte kennen und tanzte sogar mit dem Staffelführer.

Eines Tages rief dieser mich in London an und teilte mir mit, Desmond sei bei einer Parade ohnmächtig geworden. Er riet mir, das Kriegsministerium zu benachrichtigen. »Es könnte gefährlich werden«, meinte der Staffelführer. »Was ist, wenn er in der Luft einen Herzanfall bekommt und abstürzt. Wissen Sie, diese Spitfires sind wertvolle Maschinen.« Ich lehnte ab. Natürlich war ich um Desmond besorgt, aber er war ganz vernarrt in die Fliegerei. Es würde ihm das Herz brechen, wenn er das Fliegen aufgeben müßte. Das konnte ich ihm nicht antun! »Es tut mir leid«, sagte ich dem Staffelführer, »aber das sollten Sie selbst erledigen. Es liegt doch wohl eher in Ihrer Verantwortung als in meiner.«

Kurz danach bekam ich den Befehl, mich in einer Waffenfabrik zu melden. Ich wußte, daß ich in diesem Krieg Wichtigeres tun konnte, als Schrauben zu drehen. Ich konnte Deutsch,

Englisch und noch immer etwas Französisch und Italienisch, das würde mir aber in der Fabrik wenig nützen. Ich sah mich schon am Fließband stehen wie Charlie Chaplin in *Modern Times*.

Mein Hausarzt hatte Verständnis für mich und gab mir eine Bescheinigung, die bestätigte, daß ich an den Folgen einer Gelbsucht litt und meine Nieren und die Galle nicht mehr richtig arbeiteten. Nun mußte ich mich jede Woche mit einer neuen Bescheinigung auf dem Arbeitsamt melden. Das war alles sehr umständlich, und nach ein paar Wochen beschloß ich, mich von einem Arzt im Militärkrankenhaus in Mill Hill untersuchen zu lassen. Wenn der sagt, ich bin gesund, dann geh ich eben in die Fabrik und mache Waffen, sagte ich mir. Im Warteraum bei Dr. Ling saßen schon zwei junge Soldaten. Man gab uns einen Fragebogen, den wir ausfüllen mußten. Es war eher ein Lese- und Schreibtest und bereitete mir keine Schwierigkeiten. Trotzdem schrieb ich in einer Anmerkung, daß ich Ausländerin sei und erst seit drei Jahren Englisch spräche. Obgleich es die Wahrheit war, war es wohl ein wenig unfair den Soldaten gegenüber. Die schwitzten immer noch über den Fragebögen, während Dr. Ling mich schon eingehend untersuchte. Danach unterhielt er sich eine ganze Weile mit mir über meine Familie, das Theater und meine Ambitionen.

Ich weiß nicht, was Dr. Ling in seinem Bericht an das Arbeitsamt geschrieben hat, aber man befand mich als »untauglich für die Fabrikarbeit«, und ich durfte nun ohne jegliche Arbeitserlaubnis am Theater arbeiten. Ich dankte Gott und Dr. Ling und nahm den Zug nach Birmingham, um dort in Terence Rattigans *French without Tears* aufzutreten. Als ich mich beim Alexandra Theatre vorstellte, sagte der Regisseur: »Wenn die Kleine hier die Jacqueline spielen soll, dann kann Joan auf keinen Fall Diana spielen. Die hier ist nicht simpel genug. Wir müssen die Rollen tauschen.«

Ich war entsetzt. Ich hätte viel lieber das einfache junge

Mädchen gespielt und nicht die Hauptrolle. Ich wollte meinen Weg im Theater als ernste Schauspielerin machen und nicht als eine idiotische Verführerin, die im Badeanzug herausfordernd über die Bühne trippelt. Joan Miller nahm den Rollenwechsel ohne Einwand an. Sie war sehr freundlich und hilfsbereit und kam manchmal in meine Pension, um sich meinen Fön zu leihen oder die Haare in meinem Waschbecken zu waschen. Ich war mehr denn je davon überzeugt, daß ich es zum größten Teil meinem eigenen langen, welligen Haar zu verdanken hatte, daß ich die unerwünschte Hauptrolle spielen mußte. Trotzdem blamierte ich mich nicht als Diana. Die Kritiken waren gut, und ich war glücklich am Alexandra Theatre. Leider hatte ich recht mit meinen Bedenken gegen den Rollentausch; am Ende war er nicht zu meinem Vorteil. Man hatte mir von vorneherein eine feste Stellung in Aussicht gestellt, wenn ich im ersten Stück Erfolg hätte. Sie brauchten noch eine jugendliche Charakterdarstellerin. Nun hatte ich zuviel Erfolg in der falschen Rolle. Das Theater hatte für zwei Hauptdarstellerinnen keinen Platz. Ich habe es Joan Miller nicht übel genommen – es war nicht ihre Entscheidung. Aber nach sieben herrlichen Wochen war meine Arbeit in Birmingham zu Ende.

VI *Soldaten-*
sender West

Nach meiner Rückkehr wollte ich zur Armee. Ich hatte das Arbeitsamt überlistet und war um die Fabrik herumgekommen, es war Zeit, dem Theater für eine Weile den Rücken zu kehren und England im Krieg zu helfen. Aber die Armee wollte nichts von mir wissen. Auch der St. John-Ambulanzdienst lehnte mich ab. »Wir brauchen keine Ausländer«, sagte man mir von allen Seiten. Die einzige Organisation, die mich akzeptierte, war der Luftschutz, und ich verbrachte viele Nächte damit, mit der Handspritze unterm Arm die Sneath Avenue auf und ab zu patrouillieren. Zumindest war es besser, als hilflos unterm Küchentisch zu kauern. Trotzdem war es sehr erniedrigend, nichts anderes machen zu dürfen, als seine eigene Straße zu bewachen und die Nachbarn in ihren improvisierten Bunkern zu informieren, daß ihre Häuser brennen. Meine Situation änderte sich dramatisch, als die Vereinigten Staaten in den Krieg eintraten und Colonel Dave Winton vom »Office for Strategic Services« in London eintraf.

Er hatte eine in Hollywood angefertigte Liste von prominenten und vertrauenswürdigen Künstlern bei sich, die aus Deutschland geflüchtet waren, und rief zunächst meinen Vater an. Anfangs versuchte er, die Bedeutung und wahre Absicht des Unternehmens nicht zu stark zu betonen, aber dann bot er meinem Vater ganz nebenbei eine Stellung im OSS an, en passant wurde auch eine Rundfunkstation erwähnt. Außer Schriftstellern suchte er noch ein paar Sängerinnen und Schauspielerinnen, die perfekt Deutsch konnten und politisch zuverlässig waren. Mein Vater erwähnte mich, ebenfalls ganz nebenbei. Ich wurde zu einem Vorstellungsgespräch ins Savoy Hotel eingeladen, bei dem ich dem Orchesterleiter Carroll Gibbons ein paar englische Schlager vorsingen mußte. Später traf ich dann Dave Winton persönlich in seinem Büro am Grosvenor Square. Er sagte, er hätte eine Stellung beim amerikanischen Rundfunk für mich. Schon am nächsten Wochenende sollte ich in einem Studio in der Nähe von Bletchley in Buckinghamshire ein paar Probeaufnahmen für eine Schallplatte machen. Er sagte mir, es wäre besser, wenn ich mit niemandem außer meinen Eltern darüber reden würde.

Ich machte mich auf den Weg nach Bletchley und wurde am Bahnhof von einem amerikanischen Soldaten in einem Militärjeep abgeholt und zu einem ziemlich abgelegenen reizenden Landhaus gefahren, wo ich die Nacht verbringen sollte. Bis zum heutigen Tag habe ich den Namen meines Gastgebers nicht herausgefunden, aber aus den Bemerkungen, die meine amerikanischen Kollegen später fallen ließen, wurde mir klar, daß es sich dabei um den damaligen Chef vom MI 6 – dem britischen Geheimdienst – gehandelt haben muß. Weil unser Quartier in dem benachbarten Newton Longville noch nicht bewohnbar war, gab es keinen anderen Platz, an dem der »geheime Gastgeber« mich, seinen »geheimen Gast«, unterbringen konnte.

Ich war gerade dabei, mein Waschzeug auszupacken, als ein Jeep mit amerikanischen Offizieren vorfuhr. Sie waren gekommen, um mich einzuladen. Mein Gastgeber warnte mich, mit niemandem außer meinen Begleitern zu sprechen. Ich hatte natürlich damals nicht die geringste Vorstellung, was mein Erscheinen in dem »verbotenen« Buckinghamshire für sie bedeutete. Der ganze Bezirk war Sperrgebiet für die Zivilbevölkerung, soweit sie nicht dort ansässig war. Die Offiziere waren Experten des amerikanischen Geheimdienstes, die an dem berühmten ENIGMA-Projekt mit den Engländern zusammenarbeiteten, um den deutschen Chiffrierschlüssel zu knacken. Sie hatten seit ihrer Ankunft vor sechs Monaten mit keinem weiblichen Wesen auch nur ein Wort gesprochen. Kein Wunder, daß sie unseren Abend so lange wie möglich in die Länge zogen, so daß bei unserer Rückkehr das Landhaus völlig im Dunkeln lag. Die Offiziere trauten sich nicht zu klingeln, und mir wäre es peinlich gewesen, die Bewohner mit lautem Klopfen aufzuwecken. Ich stieg also wieder in den Jeep, und meine neuen Freunde fuhren zu dem Landhaus, in dem sie alle einquartiert waren. Dort gab es nur ein einziges Einzelzimmer, das der Quartiermeister persönlich in Beschlag genommen hatte. Alle übrigen waren in den Schlafsälen untergebracht, die in den Gesellschaftsräumen dieses früher einmal sehr eleganten Hauses eingerichtet waren. Der Quartiermeister überließ mir sein Bett und riet mir, die Tür fest zu verschließen. »Hier gibt es zu viele hungrige Wölfe«, meinte er. Ich befolgte seinen Rat und schlief ungestört die ganze Nacht durch. Anscheinend war ich die einzige Frau, die jemals in dieser geheimen Festung untergebracht war. Am nächsten Morgen klopfte ein junger Adjutant an die Tür. »Ja – wer da?« fragte ich schläfrig. Der junge Soldat ließ das Frühstückstablett mit einem Krachen zu Boden fallen und floh in die Küche zurück. »Der hat ein Frauenzimmer da drin!« rief er mit puterrotem Kopf.

Eine Stunde später wurde das Frauenzimmer in dem Jeep zum Studio gefahren, um dort die erste Sendung aufzunehmen. Wir fuhren durch ein riesiges Tor und durch einen großen Park, bis wir schließlich an dem schloßartigen Landhaus ankamen. Das Studio selbst war offenbar früher einmal eine Kapelle gewesen, wie die Glasmalereien in den Fenstern vermuten ließen. Nun erfuhr ich, daß wir uns auf dem Landsitz Woburn Abbey des Herzogs von Bedford befanden. Jahre später, als mich die BBC zu einem Interview wieder nach Woburn Abbey einlud, konnte ich das Studio nicht finden. Ich kam mir dumm vor, bis ich erfuhr, daß der ganze Flügel, einschließlich der

Kapelle, abgerissen worden war. Aber 1943 stand er noch, und ich war dort, um mein erstes Schallplatten-Wunschprogramm über den Äther zu schicken. Anschließend erhielt ich von Charles Kebbe, dem Produzenten, und von seinem Kommandanten Ira Ashley die ersten Anweisungen. Sie klärten mich über die Rolle auf, die ich für Radio Atlantik, auch »Soldatensender West« genannt, von nun an spielen sollte.

Ich war »Vicky«, das Mädchen mit den drei Küssen, mit denen ich jedesmal das Wunschprogramm für deutsche Soldaten einleiten sollte. Ebenso sollte ich auf deutsch übersetzte englische und amerikanische Schlager auf Schallplatten aufnehmen. Diese Platten wollten wir in unserem eigenen Studio im Keller des Quartiers in Newton Longville produzieren, sobald es renoviert war und die anderen Sängerinnen angekommen waren. Ira meinte, er sei mit meinem ersten Versuch als »Discjockey« sehr zufrieden. Ich hätte so eine »blonde Stimme«. Sie wollten mich also anstellen, und – Bingo! – schon war ich beim Militär! Nun wurde ich von Ira schnell in alles, was mit unserer Sicherheit zu tun hatte, eingeweiht. Ich durfte niemandem sagen, was ich tat und für wen ich arbeitete, außer meinen Eltern, die auch für den OSS arbeiten sollten. Mein Vater würde die Manuskripte für die Sendungen schreiben und englische Liedtexte übersetzen. Meine Mutter sollte die »Anstandsdame« in unserem Haushalt sein. Drei junge Sängerinnen wurden erwartet: Hilde Palmer, die Schwester der berühmten Schauspielerin Lilli Palmer, Lisl Ullman, eine Wiener Schauspielerin, und Trudi Benar aus der Tschechoslowakei – allesamt Flüchtlinge wie ich. Dann wurden noch der englische Klavierspieler Pat O'Neill und einige waschechte Offiziere erwartet, Stefan Schnabel, der Sohn des berühmten Pianisten, sowie ein Tonmeister aus Hollywood und natürlich Charles und Ira.

Wir sollten die meisten Wochenenden zu Hause in London verbringen, um den Schein zu wahren, in unserem Leben ginge

Agnes als Vicky *mit ihrem Vater Rudolf Bernauer und Charles Kebbe bei einer Aufzeichnung für den Soldatensender West*

nichts Außergewöhnliches vor sich. Es war uns untersagt, mit den Einwohnern von Newton Longville über mehr als das Wetter zu sprechen. Auch durften wir keine Briefe in den örtlichen Briefkasten werfen. Falls die Polizei oder das Militär uns anhalten sollten, hätten wir uns einen glaubhaften Grund auszudenken, was wir in diesem Sperrgebiet zu suchen hätten. Denn als Ausländer – ob Freund oder Feind – hatten wir kein Recht, uns dort aufzuhalten. Im Falle einer Festnahme würden weder der OSS noch das Kriegsministerium zugeben, uns zu kennen. Wir durften sie unter keinen Umständen erwähnen oder sie im Falle irgendwelcher Unannehmlichkeiten um Hilfe bitten. Keine sehr beruhigende Aussicht, aber wir hatten Glück, daß niemand von uns jemals Schwierigkeiten hatte – bis auf einmal, als wir gerade noch davonkamen: Eines Morgens bemerkte unser Fahrer, daß eine britische Militärkontrolle uns sehr argwöhnisch beobachtete. Vier junge Mädchen in Zivilkleidung in einem Militärauto sahen eher nach einer Vergnügungsfahrt aus als nach einem Militärtransport. Sie beschlossen, uns auf ihren Motorrädern zu folgen. Unserem Fahrer machte es anscheinend Spaß, denn er begann so schnell zu fahren, wie es die Landstraße nur zuließ. Wir spielten mit und warfen verstohlene Blicke nach hinten. Schließlich überholten uns die Soldaten und stoppten mit kreischenden Bremsen vor unserem Wagen. Sie verlangten den Ausweis unseres Fahrers. Er weigerte sich, um diesen Spaß weiter in die Länge zu ziehen. Wir hatten mittlerweile aufgehört zu kichern und beteten im Stillen, daß sie uns nicht auch nach den Ausweisen fragen würden. Aber nun hielt der Fahrer unseren Verfolgern ein Dokument unter die Nase, das es ihnen offenbar unmöglich machte, uns weiter zu befragen. Wir durften weiterfahren, aber es war klar, daß sie uns nicht eine Sekunde in militärischen Angelegenheiten unterwegs glaubten.

Wir hatten uns gut in unserem Haus in Newton Longville eingelebt. Der OSS hatte uns sogar mit einer ausgezeichneten Köchin versorgt. Meine Mutter hatte alle Hände voll zu tun, dafür zu sorgen, daß der Anstand zwischen den sexhungrigen Offizieren und den jungen Mädchen gewahrt blieb. Trotzdem gab es viele temperamentvolle Auseinandersetzungen und auch leidenschaftliche Liebesaffären, die den häuslichen Frieden störten. Ich stand außerhalb des Geschehens, weil ich zu sehr mit Desmond beschäftigt war. Er war noch immer in Taunton stationiert, aber es dauerte nicht lange, bis er meine häufige und unerklärliche Abwesenheit von London bemerkte. Er stellte nicht viele Fragen, aber eines Tages, als ich in Bletchley aus dem Zug stieg, stand er an der Treppe.

»Nun hab ich dich aber erwischt!« triumphierte er. »Tu um Gottes Willen so, als kennen wir uns nicht!« zischte ich und sah in die entgegengesetzte Richtung. Aber es war zu spät, der Fahrer, der gekommen war, um mich abzuholen, hatte uns schon bemerkt. Ich wußte nicht, wie ein Verstoß gegen die Sicherheitsvorschriften bestraft wurde. Das beste, was ich tun konnte, war, die Wahrheit zu sagen. »Wie hast du mich denn gefunden?« fragte ich Desmond. »Es war nicht schwer«, sagte er, »ich habe in deiner Handtasche herumgestöbert und fand eine Rückfahrkarte nach Bletchley in deinem Portemonnaie.«

Es sah so aus, als wären Iras Sicherheitsanweisungen doch nicht vollständig gewesen. Charles Kebbe und Ira Ashley hatten eine Unterredung mit unserem Kommandanten, und weil Desmond ein Luftwaffenpilot war, beschlossen sie, ihm zu vertrauen. Er durfte sogar einen Teil seines Urlaubs in Buckinghamshire verbringen, sodaß wir uns hie und da treffen konnten. Er kaufte zwei Fahrräder und nahm sich ein Zimmer im Gasthaus im nächsten Dorf. Wann immer ich ein paar Stunden frei hatte, fuhr ich mit dem Fahrrad zu ihm, und meine sexuelle Aufklärung machte Fortschritte. Wenigstens konnte ich jetzt mit den anderen Mädchen mithalten. In unserem Haus teilte ich mir ein Zimmer mit Hilde Palmer, und wir wurden gute Freundinnen. Wir plauderten Nächte hindurch über die intimsten Dinge. Der sehr attraktive Kebbe hatte sich anscheinend in Hilde verliebt. Er arbeitete sehr viel und hatte während der Woche kaum Zeit, ihr den Hof zu machen. Am Wochenende war sie meist in London und er bei unseren Vorgesetzten auf der anderen Seite von Bletchley, um ihnen von unserer Arbeit zu berichten. Dort bekam er neue Instruktionen. Eines Tages hatte auch Kebbe Wochenendurlaub bekommen und lud Hilde zum Abendessen ins Savoy Hotel ein.

Ich wollte ihm einen Rat geben: »Wenn Sie auf Hilde einen guten Eindruck machen wollen, kaufen Sie ihr eine Orchidee, sie liebt Orchideen.« »Wie kann ich das denn machen?« fragte er, »ich komme von hier bis zum letzten Augenblick nicht weg, habe kaum noch Zeit, mich im Hotel umzuziehen!« Ich hatte eine Idee. Desmond war gerade auf Urlaub in London. Ich würde ihn bitten, eine Orchidee für Kebbe zu besorgen und sie im Hotel beim Portier abzugeben. Kebbe war sehr dankbar, und ich rief Desmond an und sagte, er solle die allerschönste Orchidee kaufen, die er finden könne.

Ich hatte an dem Wochenende nicht frei und konnte kaum bis Montag warten, um zu erfahren, wie der Abend verlaufen war. Hilde war sehr zurückhaltend und wollte nicht darüber sprechen. Schließlich gab sie zu, daß Kebbe ihr sogar einen Heiratsantrag gemacht hatte, aber sie könne sich nicht entscheiden. »Aber warum denn nicht?« fragte ich fassungslos. »Er ist doch himmlisch und hat dir doch immer gefallen!« »Ach ja, das schon«, meinte Hilde, »aber am Samstag, als wir an unseren Tisch kamen, reichte er mir eine Schachtel, und was glaubst du, was drin war? Eine Orchidee – ganz aus Federn! Kannst du dir so etwas vorstellen? Ich mußte das blöde Ding anstecken und den ganzen Abend tragen. Wie kann ich einen Mann heiraten, der Orchideen aus Federn kauft?« »Hilde, du kannst dich beruhigen«, sagte ich schließlich, »nicht du wirst den Mann heiraten, der Federorchideen kauft, das werde wahrscheinlich ich sein!«

Bei einem meiner London-Besuche sagte mir mein Agent, daß Gabriel Pascal, der ungarische Filmdirektor, gerade dabei war, einen Film mit Vivien Leigh und Claude Rains zu besetzen. So wie ein anderer Ungar vor ihm – mein Vater – hatte er Bernard Shaw überredet, ihm die Rechte für eines seiner Stücke zu verkaufen. Mein Vater hatte *Arms and the Man* zu der Operette *Der tapfere Soldat* gemacht, und Pascal war nun dabei, *Cäsar und Cleopatra* in einen gigantischen Film umzusetzen. Ich bat Kebbe um einen freien Tag und fuhr zu dem Filmatelier in Denham, um mich bei Pascal vorzustellen. Desmond, der mich begleitet hatte, mußte in der Kantine auf mich warten, weil er kein Schauspieler und somit auch kein Mitglied unserer Gewerkschaft war. Ich verabschiedete mich von ihm am Studioeingang. »Drück' mir die Daumen«, sagte ich zu ihm und reihte mich ein in die Schlange der vielen hoffnungsvollen

Schauspieler, die alle an Gabriel Pascal vorbeimarschieren sollten. Pascal saß auf einem riesigen Sessel, der aussah wie ein ägyptischer Thron, umgeben von seinen Assistenten. Von Zeit zu Zeit zeigte er mit dem Finger auf einen von uns, und ein Assistent notierte den Namen. Als ich an der Reihe war, sah ich plötzlich Desmond, der neben Pascal saß. Ich konnte hören, was er sagte, als er auf mich zeigte: »Die da, die Rundliche mit den fleischigen Lippen.« Pascal nickte, dann wurde ich nach meinem Namen gefragt. Zuerst war ich empört, denn ich wußte noch nicht, daß Desmond das Talent hatte, sich überall einzuschleichen. Ein bißchen färbte es später auf mich ab. Ich mußte ihm natürlich verzeihen, als klar wurde, daß ich in dem Film eine Rolle bekommen sollte.

Ich war eine von Vivien Leighs »Sklavinnen«. In den nächsten Monaten wurde viel Aufhebens um uns Sklavinnen gemacht. Wir waren die Auserwählten unter den jungen unbekannten Schauspielerinnen. Wir machten viele Probeaufnahmen und noch mehr Anproben. Oliver Messel hatte besonders schöne Kostüme für jede von uns entworfen. Ich erinnere mich noch genau, wie er mir meines direkt auf den Körper modulierte und mich dann mit der Schere herausschneiden mußte. Die Perücken waren ein Problem. Ein Freund von Oliver hatte sie erfunden. Sie waren sehr auffallend und ungewöhnlich, aber Pascal wollte, daß wir unsere eigenen Haare zeigten. Das sei sexy, meinte er, aber Oliver machte immer eine große Szene, wenn die Perückenfrage aufkam. Andauernd hieß es »Rauf mit den Perücken«, »Runter mit den Perücken«, es hing nur davon ab, wer an einem bestimmten Anprobetag das letzte Wort hatte. Wir wurden oft nach Denham gerufen, und ich mußte immer wieder um freie Tage bitten. Glücklicherweise hatten Ira und Kebbe nichts dagegen. Meine Anwesenheit in Denham war eine gute Tarnung.

Nach einigem Durcheinander kam es endlich zu unserem ersten Drehtag. Ich hatte mir in einem Gasthof in Uxbridge, in

120

der Nähe des Studios, für zwei Wochen ein Zimmer gemietet. Desmond hatte auch Urlaub genommen und erwartete mich dort. Ich kam kurz vor dem Abendessen aus Newton Longville. Desmond, der schon einen Tag dort war, sah erschreckend bleich aus. Seine Staffel war einer Staffel von polnischen Exilpiloten zugeteilt, und einer von ihnen hatte sich kurz zuvor umgebracht. Er war Desmond im Traum erschienen und wollte ihm »seine Botschaft an die Welt« mit einem glühenden Stift auf die Haut schreiben. Im Traum hatte Desmond versucht, ihm zu entkommen, aber der polnische Flieger hatte ihn mit dem Stift in der Hand verfolgt. »Du hast gestern zu viel zum Abendbrot gegessen und einen Alptraum gehabt«, sagte ich beschwichtigend, »bestell dir heute abend etwas ganz Leichtes, und du wirst dich besser fühlen. Du stehst unter zu großem Druck mit all den Nachtflügen und mußt dich entspannen. Ich werde ein bißchen mit dir kuscheln, wenn wir im Bett sind.«

Ein bißchen kuscheln war auch alles, was wir an dem Abend fertigbrachten, denn Desmond war noch immer sehr verstört. Ich war gerade eingeschlafen, als ich ihn laut stöhnen hörte. »Er hat mich erwischt! Er hat mich erwischt!« Ich knipste die Nachttischlampe an und sah ihn halb aus dem Bett hängen, mit Gesicht und Händen auf dem Boden.

Ich versuchte, ihn zu beruhigen, und streichelte seinen Arm an der Stelle, wo der polnische Flieger ihn angeblich mit dem Stift verbrannt hatte. Es war nichts zu sehen oder zu fühlen, und ich löschte das Licht wieder. Ich streichelte die Innenseite seines Arms und fühlte plötzlich, wie seine Haut sich veränderte. Es fühlte sich an wie eine Reihe von Blasen. Ich fing vor lauter Angst an zu beten – und zwar seltsamerweise auf französisch. Dann lag ich ganz still, ohne mich zu rühren. Etwas ist nicht in Ordnung mit der ganzen Leslie-Familie, dachte ich. Sir Shane, sein Vater, ist auch völlig verrückt. Ich muß diese Beziehung beenden, auf keinen Fall darf ich ihn heiraten und womöglich Kinder von ihm bekommen.

Am nächsten Morgen ließen wir uns das Frühstück aufs Zimmer bringen. Wir sprachen kaum miteinander. Ich wollte Desmonds Arm überhaupt nicht sehen, aber schließlich konnte ich es doch nicht lassen und warf einen Blick darauf. Auf der Haut hatte sich eine Reihe blutiger und eitriger Buchstaben gebildet, die aussahen, als ob jemand sie mit einem Messer eingeritzt hätte. Die Buchstaben ergaben das französische Wort »MERDE«. Sollte das die Botschaft an die Welt sein?

Ich mußte sehr früh im Studio sein und versuchte, nicht mehr an die Ereignisse zu denken. Ich wollte meinen ersten Drehtag so normal wie möglich beginnen, holte mein Kostüm aus der Garderobe, meine Perücke vom Friseur und setzte mich gehorsam auf den Stuhl in der Maske. Der Maskenbildner legte ein Handtuch um mich und begann, mich zu schminken. Mein Kopf schmerzte, als würde mein Gehirn bersten. Meine Augen tränten. »Geht es Ihnen nicht gut?« fragte der Maskenbildner. »Ihre Stirn ist ja ganz heiß.« Sie mußten mich in die Pension zurückbringen. Ein Arzt wurde gerufen. Ich hatte 42 Grad Fieber und wurde sofort nach Hause geschickt. Ich weiß nicht mehr, wie wir in unser leeres Haus nach Golders Green gekommen sind. Meine Eltern waren in Newton Longville. Desmond rief unseren Hausarzt an, der sich bemühte, eine vernünftige Erklärung für dieses merkwürdige Phänomen zu finden. »Es ist wahrscheinlich das Produkt einer zu lebhaften Phantasie«, sagte er schließlich und erzählte uns von einem Experiment, von dem er gelesen hatte. Jemandem war ein glühender Feuerhaken gezeigt worden, dann wurden ihm die Augen verbunden. Als man jetzt seine Haut mit einem Stück Eis berührte, bildeten sich Brandblasen. »So muß das auch mit Desmond gewesen sein«, meinte er, »er war so überzeugt davon, daß sein polnischer Kamerad ihn mit einem flammenden Stift berührt hatte, daß er Brandblasen bekam und sie dann im Schlaf zerdrückt hat.«

Ich war etwas beruhigt. Alle anderen Erklärungen wären unvorstellbar gewesen. Langsam erholte ich mich von meiner Nervenkrise. Auch vergaß ich völlig, daß ich vorhatte, Desmond zu verlassen, denn er pflegte mich liebevoll und brachte mich zum Lachen, wie kein anderer es vermochte. Als ich wieder gesund war, waren alle meine Filmszenen mit Vivien Leigh längst abgedreht, so daß ich in diesem berühmten Film nicht mitspielte. Enttäuscht kehrte ich zum Soldatensender West zurück.

Erst nach einiger Zeit wurde uns klar, wie wichtig und interessant unsere Arbeit dort war. Wir waren Teil eines Freiheitssenders, der in Deutschland oder irgendwo anders im besetzten Europa seinen Standort haben sollte. Die amerikanischen und britischen Geheimdienste halfen uns mit allen Mitteln, natürlich auch mit schmutzigen Tricks, und gaben uns so unzählige Möglichkeiten, die Nazis irrezuführen, und wir wiederum unterstützten auch unsere Geheimagenten bei ihren Aufgaben. Die Radiowellen wurden von einem großen Radarschirm, der irgendwo an der englischen Küste stand, eingefangen und von dort nach Deutschland gesendet. Auf diese Weise konnte niemand mit Sicherheit feststellen, wo sie herkamen, und es war fast unmöglich, die Sendungen zu stören. In Deutschland gab es verschiedene Vermutungen: Man sprach von einem Lastkahn auf dem Rhein, einem Keller in Dortmund, auch von einem Sender in einem Wohnwagen im Schwarzwald war die Rede.

Wir erfuhren, daß die Idee mit dem Sender von General Eisenhower kam, der sie gemeinsam mit unserem mysteriösen Chef ausgebrütet hatte. Wir sollten seinen Namen nicht kennen, man sprach von ihm nur als »the Beard« – der Bart –, aber es dauerte nicht lange, bis wir genügend Informationen aus unseren amerikanischen Kollegen gequetscht hatten, um zu wissen, daß er Sefton Delmer hieß. Er hatte vor dem Krieg als Journalist beim *Daily Express* gearbeitet, war auch in Berlin gewesen und sprach perfekt Deutsch. Um unsere Rundfunksendungen so echt wie möglich erscheinen zu lassen, hatte er einen mürrischen deutschen Feldwebel erfunden, der der Chef dieses Senders sein sollte. Der Feldwebel wollte natürlich den Sieg für sein Vaterland. Das war das Schlaue daran. Die übliche Kriegspropaganda, die wir ihnen boten, überzeugte viele davon, daß sie auf einen echten deutschen Sender gestoßen waren, und so glaubten sie auch alles andere, was wir sendeten. Wir erwähnten zum Beispiel höhere Nazibeamte, die Extrarationen an Nahrung und Kleidung bekamen und sogar Geld aus dem Land schmuggelten. Der alte Sauertopf war immer sehr patriotisch und der Meinung, daß die Nazis die Chancen seines Vaterlands, den Krieg zu gewinnen, völlig zunichte machten, was ja auch nicht weit von der Wahrheit lag. Unser Sender verursachte erheblichen Aufruhr in Nazikreisen, und die Gestapo suchte nach uns in ganz Deutschland.

Unsere größte Attraktion war die Jazzmusik. Jazz war damals in Deutschland von Hitler verboten worden, der ihn für undeutsch und dekadent hielt. Natürlich liebten die deutschen Soldaten unsere Programme, weil wir zwischen den Tagesnachrichten unsere Jazzplatten mit deutschen Texten spielten. Außer meinem Vater sorgte mein alter Freund Egon Larsen für die Übersetzungen, und Schriftsteller in Amerika arbeiteten für Marlene Dietrich, die ihre bekanntesten englischen Schlager dort in deutscher Fassung auf Platten sang, die ich oft für meine Hörer spielte. Ansonsten spielten wir im Kellerstudio in Newton Longville die deutschsprachigen Fassungen selbst ein: »Tout va très bien, Madame la Marquise« wurde zu »Alles geht gut, Frau Obergruppenführer« und »Bewitched, bothered and bewildered« hieß nun »Warum muß ich denn so keusch sein bei dir?« Es ist eigentlich schade, daß diese oft witzigen Platten nach dem Krieg nicht mehr gespielt werden durften. Wahrscheinlich lag es am internationalen Copyright. Egon Larsen aber war es gelungen, zwei seiner eigenen Übersetzungen auf Tonbändern zu retten, und er hat mir noch kurz vor seinem

Tod Kopien davon gegeben, so daß ich diese Lieder später auch in Deutschland singen konnte.

In meiner Schallplatten-Wunschsendung durfte ich einige Späße treiben. Einmal riet ich den braven deutschen Bürgern, ein Fläschchen Urin an das Gesundheitsministerium in Berlin zu schicken. Wochenlang waren die Postkästen verstopft. Hier und da erwähnte ich auch, daß bestimmte Kleidungsstücke und Lebensmittel sehr knapp seien, und kritisierte diejenigen, die sie so selbstsüchtig aufgekauft hatten – die Geschäfte waren in kurzer Zeit leer.

Es dauerte nicht lange, bis wir ganze Truppenkonzerte zusammenstellten. Es hörte sich wirklich so an, als ob diese Übertragungen, von Soldaten und Krankenschwestern aufgeführt, direkt von der Front kamen, während wir die Sketche und Lieder in unserem Kellerstudio in rührend amateurhafter Weise auf Platten aufgenommen hatten. Einmal hatten wir sogar einen Soldaten auf dem Weg zur Bühne in die »Trommel« fallen lassen, natürlich mit viel Lärm und Gelächter. Dabei waren wir doch nur eine kleine Truppe, vier Sängerinnen, ein Pianist und der Tonmeister aus Hollywood.

Auch unsere Tagesnachrichten waren oft viel genauer als die der Deutschen, und nach kurzer Zeit wurden sie sogar von echten Deutschen – Kriegsgefangenen – verlesen, die sich freiwillig dafür gemeldet hatten. Sie kamen mit verbundenen Augen in unser Studio in Woburn Abbey. Einer von ihnen war ein ausgezeichneter Musiker und durfte mich oft auf der Geige begleiten. Die deutsche Feldpost wurde manchmal von unseren Geheimagenten abgefangen, und so hatten wir Namen und Details von deutschen Soldaten und Bürgern und konnten in meinem Wunschprogramm deutschen Frauen Informationen über ihre Männer und Söhne an der Front übermitteln. Ebenso erfuhren Soldaten im Feld von mir, wie es ihren Familien zu Hause bei schweren Luftangriffen ergangen war. Soldaten, die sich in einer hoffnungslosen Situation befanden und nicht wußten, daß ihr Bataillon völlig vom Rest der Armee abgeschnitten war, sagte ich die Wahrheit und gab ihnen die Chance, ihre Waffen niederzulegen, solange sie es noch konnten.

Schließlich kamen die ersten echten Wünsche bei uns an. Die Briefe waren an »Vicky – Soldatensender West« adressiert und irgendwo in einem besetzten Land in den Briefkasten geworfen worden. Mir war ganz unheimlich zumute, wenn ich diese Briefe erhielt. Man sagte mir, daß sie von der schwedischen Gesandtschaft weitergeleitet worden waren, aber ich konnte mir nicht erklären, wie sie dort angekommen waren und uns dann erreichten.

Nach der Landung der Alliierten in Frankreich gab es beim Soldatensender West noch mehr zu tun. Viele verschlüsselte Nachrichten gingen an unsere Agenten in Europa, als Schallplattennummern und Etiketten getarnt. Die Zahlen und Ziffern wurden mir von unserem Chef Sefton Delmer und seinem Stab zugestellt. Kebbe und Ira Ashley waren unsere einzige Verbindung zu ihnen, und sie mußten nun täglich zum Hauptquartier fahren, um neue Anweisungen für mein Wunschprogramm einzuholen. Ich habe mich oft gefragt, wieviel Einfluß mein Programm im Krieg tatsächlich hatte.

Einmal soll ich sogar ein Unterseeboot erobert haben. Zur damaligen Zeit habe ich nichts davon gewußt. Erst nach dem Krieg las ich davon in einem Buch mit dem Titel *Undercover Girl*, zu dem unser oberster Chef, General Donovan, ein Vorwort geschrieben hatte und in dem ich namentlich genannt worden war. Ein deutscher U-Boot-Kommandant soll lange Zeit an der schottischen Küste auf dem Meeresgrund gelegen haben. Eines Tages tauchte er dann auf und behauptete, es sei Vickys Programm gewesen, daß ihn zu diesem Schritt veranlaßt hatte. Ich hatte ein Lied für ihn gespielt – *Yes Sir, that's my baby* – und ihm zur Geburt eines strammen Jungen gratuliert. »Und ich bin doch zwei Jahre nicht mehr zu Hause gewesen«, meinte der Kommandant zornig.

Aber nicht alles, was mich an den OSS erinnert, ist amüsant. Einige Jahre nach dem Krieg war ich zu Besuch in Paris und wurde von amerikanischen Freunden zum Mittagessen eingeladen. General Donovan, der Gründer des OSS, war auch dabei. In der Zwischenzeit war der Geheimdienst unter seiner Führung in die gefürchtete CIA umgewandelt worden. Ich hatte bis zu diesem Tag nie persönlich mit ihm gesprochen. Nach dem Essen wanderten wir bei hellem Sonnenschein die Champs Elysées hinauf. Überraschend zog der General einen Brief aus seiner Brusttasche und gab ihn mir zu lesen. Ich konnte ihm entnehmen, daß die Amerikaner beabsichtigten, sich in das Schicksal eines kleinen Landes einzumischen, um mit ihren Truppen ein korruptes Regime zu unterstützen. Ich bekam eine Ahnung dessen, was noch bevorstand und mußte in den folgenden Jahren anläßlich zahlreicher Interventionen und Unternehmungen der Amerikaner oft an diesen Moment denken. Warum Donovan gerade mich ausgesucht hatte, um diesen Augenblick mit ihm zu teilen, ist mir nie klar geworden. Ich gab ihm den Brief zurück, ohne irgend etwas zu sagen.

Noch größer war meine Bestürzung bei einer anderen Gelegenheit. Ich nahm an einer Rundfahrt durch Berlin und Umgebung teil, und unser Reisebus hielt an der Gedenkstätte Plötzensee, einem ehemaligen NS-Zuchthaus. Zuerst führte man uns in den Raum, in dem die deutschen Generäle, deren Attentat auf Hitler 1944 fehlgeschlagen war, an Fleischerhaken aufgehängt worden waren. Anschließend gingen wir in einen Raum, in dem das Schicksal von zwei einfachen deutschen Bürgern dokumentiert war, die dort hingerichtet worden waren. Die Urkunden und Beweisschriften hingen an den Wänden. Wir hatten nicht viel Zeit, und ich konnte nur einen der Berichte studieren. Mit Entsetzen las ich, daß der junge Mann umgebracht worden war, weil er verbotene Rundfunkübertragungen gehört hatte. War es etwa mein Soldatensender West gewesen? Wie oft hatte ich meine Bekannten mit humorvollen Geschichten unterhalten? *Yes Sir, that's my baby*, die Urinfläschchen, die erfundenen Truppenkonzerte! Hier nun wurde ich mit der grausamen Wirklichkeit konfrontiert, die hinter dem Lachen verborgen geblieben war.

Nicht lange nach der ersten Landung machten die alliierten Truppen unerwartete Fortschritte in Europa. Die Deutschen griffen jetzt England mit neuen Raketen an, den V2. Sie waren eine besonders grausame Waffe, weil man die Bevölkerung nicht vor ihnen warnen konnte. Sie flogen schneller als der Schall, und man hörte sie erst nach ihrer Explosion. Wegen dieser Raketen konnte man am Morgen nicht sicher sein, ob man sich abends wiedersehen würde, weil sie auch am Tage abgeschossen wurden. Die meisten Londoner machten sich allerdings zunächst keine großen Sorgen. So hielt auch ich es trotz der Tatsache, daß Desmond fast jede Nacht fliegen mußte. Wenn ich zuviel darüber nachgedacht hätte, wäre ich wahrscheinlich krank geworden. Dennoch war ich sehr erleichtert, als die Royal Air Force ihn aus gesundheitlichen Gründen nach Hause schickte. Er ging nicht gleich nach Irland, sondern stand plötzlich vor unserer Tür, inmitten eines besonders heftigen Luftangriffs. Der Lärm war so groß, daß wir kaum verstehen konnten, was er sagte, als wir die Tür öffneten. »Na, da bin ich also«, muß es gewesen sein.

Da war er also wirklich – in unserem kleinen Häuschen in Golders Green und nicht in der eleganten Wohnung in Mayfair, in der ich ihn mir auf unserer ersten Taxifahrt vorgestellt hatte. Er lungerte nun bei uns in Pyjama und Morgenrock bis zur Mittagszeit herum und verärgerte meinen Vater – was würden die Nachbarn dazu sagen? Das war nicht die Einstellung, die ich von meinem sonst so liberalen Vater erwartet hatte. Ich war doch von ihm als Freigeist erzogen worden, und nun war er auf einmal von einer altmodischen Rechtschaffenheit, der sicherlich auch ein wenig Eifersucht innewohnte. Ich liebte Des-

mond von ganzem Herzen und hatte mich ihm für immer ver-
schrieben, aber ich liebte auch meinen Vater und wollte ihn
nicht verletzen.

Desmond war nun nicht mehr bei der Luftwaffe, sondern
arbeitete bei einem offiziellen amerikanischen Sender, für den
er die Nachrichten zusammenstellte. Für die Amerikaner war
das Benzin nicht rationiert, und so nutzte er deren Kraftfahr-
zeuge schamlos für unser Privatvergnügen. Unsere Arbeit fand
mit dem Einzug der Alliierten in Berlin ein Ende. Desmond
verlor seinen Job von einem Tag zum anderen, und ich verabschiedete mich von Ira, Kebbe und den anderen Kollegen beim
Soldatensender West. Als letzte Geste wurde ich noch einmal
zum Essen eingeladen, und zwar in das Landhaus, in dem ich
meine erste Nacht beim OSS verbracht hatte.

Als ich mit meinen Eltern nach London zurückkehrte, saßen
der deutsche Geigenspieler vom Sender und zwei weitere
Kriegsgefangene auf den Stufen vor unserem Haus. Sie sollten
in ihre Heimat zurückgeschickt werden, waren jedoch ihren
Bewachern entkommen und hatten irgendwie unsere Adresse
herausbekommen. Bis die Angelegenheit mit den Behörden
geklärt war, versteckten wir sie in unserer Mansarde. Wir konnten die Leute im Innenministerium davon überzeugen, ihnen
eine Aufenthaltsgenehmigung zu erteilen, und so fand mein
Geigenspieler eine Anstellung beim National Symphony
Orchestra.

VE Day, der Tag des »Victory Europe«, wie das Ende des Krieges genannt wurde, war ein herausragender Tag. Churchill sollte einen großen Siegesmarsch durch London anführen. Doch
trotz aller Vorbereitungen mußte man lange auf ihn warten.

Am Vorabend der Feierlichkeiten schien es, als ob sich die
ganze Bevölkerung Londons am Piccadilly Circus versammelt
hätte. Nach vielem Hurrageschrei, Fahnenschwenken und Singen marschierte die Menge los in Richtung Hyde Park Corner,
um dort weiterzufeiern. Desmond und ich befanden uns plötz-

lich hinter einer Gruppe von »linken Medizinern«, die mit einer riesigen roten Fahne zum St. George-Hospital marschierten. Dort angekommen, blieben die Ärzte nicht etwa am Eingang stehen, sondern liefen die Treppen hinauf und durch alle Abteilungen, angefeuert von den Beifallsrufen der Patienten, bis unsere ganze Truppe völlig erschöpft und vom Alkohol benebelt in die tiefen Sessel des Chefarztzimmers sank.

Am nächsten Morgen waren Desmond und ich trotzdem in aller Frühe auf den Beinen. Während die meisten Bewohner Londons sich zu Hause von ihrem großen Kater erholten, radelten wir durch die fast leeren Straßen, unsere Körbe voller Gläser und Flaschen, und verteilten Getränke an jeden, der uns über den Weg lief. Nur eine Flasche bewahrten wir sorgfältig auf. Es war ein Liter Wein der feinsten deutschen Auslese, die mein Arzt, Dr. Witkowsky, auch ein deutscher Flüchtling, mir anvertraut hatte. »Ich habe die Flasche während des ganzes Krieges für diesen Tag aufgehoben«, sagte mein alter Freund und bat mich, sie Winston Churchill persönlich zu übergeben.

Als wir an Churchills Haus in Downing Street Nr. 10 ankamen, hatte sich dort schon eine riesige Menschenmenge versammelt. Wir schlossen unsere Fahrräder am Gitter fest. Desmond bestand darauf, seinen Cousin Winston persönlich zu sprechen. Die Tür zur Nummer 10 öffnete sich, und man führte uns in den Salon. Winstons jüngste Tochter Mary erschien nach einigen Minuten und begrüßte uns. Sie sagte, ihr Vater sei viel zu ergriffen von diesem Moment, um mit irgend jemandem reden zu können. Er weine Tränen der Freude, und sie wisse gar nicht, wie sie ihn dazu bringen solle, sich zu beruhigen, um die Siegesparade anzuführen. Wir überreichten ihr die Flasche und machten uns nach Erledigung des Auftrags wieder auf den Weg zu unseren Rädern. Wie zu erwarten, hörte Desmonds Mutter von diesem Besuch und war fortan überzeugt, daß Desmond und seine Schauspielerfreundin es gewesen waren, die den Siegesmarsch aufgehalten hatten.

Nun war ich wieder einmal auf Arbeitssuche. Desmond riet mir, mich an die BBC zu wenden. Ich war doch »Vicky, the girl with the pinup voice«, und auch wenn ich das noch nicht erwähnen durfte, würde meine Stimme mir sicher eine Stellung beim Rundfunk verschaffen. Ich bat um ein Vorsprechen bei der deutschen Abteilung der BBC und bereitete vier kurze Stücke vor, auf englisch, deutsch, französisch und italienisch. Nach dem Vorsprechen war ich sicher, daß alles gut gegangen war. Als der Brief schließlich kam, riß ich ihn in freudiger Erwartung auf.

»Liebe Miss Bernelle«, las ich, »wir danken Ihnen für Ihr Vorsprechen. Leider müssen wir Ihnen mitteilen, daß es zwecklos ist, sich je wieder bei uns zu bewerben, da Ihre Stimme sich überhaupt nicht für den Rundfunk eignet.« Der Brief war unterzeichnet von Marius Goring, dem damaligen Leiter der deutschen Abteilung der BBC.

VII *Marjorie*

Desmond beschloß, seine Mutter in Glaslough zu besuchen. Seine beiden Großeltern, Sir John und Lady Leonie Leslie, waren während des Krieges gestorben. Leonie, eine der berühmten Jerome-Schwestern aus New York, war auch die Tante von Winston Churchill gewesen. Marjorie, Desmonds Mutter, war somit Lady Leslie geworden und lebte fast allein in dem großen Landhaus im abgelegenen County Monaghan.

Desmond reiste nach Glaslough und schrieb mir fast täglich, aber Monate vergingen, und er kam nicht zurück. Ich wurde nervös. Es war klar, daß seine Mutter ihn absichtlich von mir fernhielt und ihn mit vielen Aufgaben und Ablenkungen in Irland band, und er schien nichts dagegen zu haben. Vielleicht hatte ich mich in eine hoffnungslose Beziehung verrannt? Seine Familie konnte mich nicht akzeptieren. Wie kam ich, eine Ausländerin und Außenseiterin, zudem noch sehr jung, dazu, in eine adelige, in einem Schloß lebende Familie einheiraten zu wollen?

Nur Desmonds Vater hatte mich in London einige Male zum Tee eingeladen und war stets sehr liebenswürdig gewesen, aber ich merkte bald, daß er ebenfalls ein Außenseiter war, das schwarze Schaf der Familie. Sein Vater hatte ihn zugunsten seines ältesten Enkelsohnes enterbt. Wollte ich denn wirklich einen Mann gegen den Wunsch seiner Mutter heiraten?

Ich dachte lange und viel darüber nach, schrieb dann an Desmond und löste unsere Verlobung. Desmond antwortete sofort, daß man eine Verlobung nicht per Brief lösen könne. Das sei ein Zeichen schlechter Manieren, so etwas müsse man persönlich tun, und deshalb hätte er die irischen Behörden gebeten, mir die Erlaubnis für einen Besuch in Irland zu geben. Er hatte seine berühmten »Beziehungen« endlich einmal nutzen können und erwartete mich in Kürze in Dublin.

Die Versuchung war zu groß, um abzulehnen. Irland war neutral, aber England lag noch im Krieg mit Japan. Ich hatte meine ganze frühe Jugend unter Kriegsbedingungen gelebt. Ich kannte nur verdunkelte Städte, Luftangriffe, Zuteilung von Lebensmitteln und Kleidung. Das normale Leben als Erwachsene kannte ich überhaupt nicht.

Desmond erwartete mich am Kai. Er schloß mich in die Arme und gab mir keine Zeit, unsere Verlobung »persönlich zu lösen«, sondern brachte mich schnell in einem Taxi zum Gresham Hotel, wo eine große Zahl seiner Freunde im Speisesaal auf uns wartete. Eine von ihnen, Jojo O'Reilly, die heutige Gräfin Sliwinska, hatte ich schon in London kennengelernt: eine begabte Malerin und Schriftstellerin, die über die nächsten Jahre zwölf Kinder von verschiedenen Vätern zur Welt bringen sollte und mit der mich bis jetzt eine enge Freundschaft verbindet.

Das Abendessen im Gresham Hotel war ausgezeichnet, und vieles war neu für mich, zum Beispiel hatte ich noch nie Mayonnaise gegessen. Die Geschäfte sah ich erst am nächsten Tag, aber ich erinnere mich, daß ich gleich zehn Paar pelzgefütterter Stiefel kaufte, die es in England nicht gab. Neun davon verkaufte ich später mit Gewinn an meine Freundinnen in London. Die Nelson-Säule, die an meinem 42. Geburtstag von der IRA in die Luft gesprengt wurde, beherrschte damals noch die O'Connell Street. Man konnte gut und billig im Green Rooster essen und sich ein Meeresfrüchte-Pie im Red Bank-Restaurant bestellen, nicht zu vergessen die »Melancholy Babies« in der Eisdiele in Grafton Street.

Natürlich war es nicht nur das Essen, das ich aufregend fand. Ich sah viele schöne Gebäude, die Four Courts, das Customs House, das General Postoffice, die bezaubernden unveränderten Plätze aus dem 18. Jahrhundert mit den leicht verblichenen Backsteinfassaden und den berühmten Eingangstüren, den »Georgian Doors«, mit ihren besonders gestalteten Oberlichtern. Ein leichter Torfgeruch durchzog die Straßen Dublins, und ich bedaure es, daß dieser Geruch nach und nach aus ihnen verschwunden ist. Es gab so viel zu sehen und zu erleben, daß keine Zeit blieb, um unsere Verlobung aufzukündigen. Ich werde das auf den letzten Tag verschieben, dachte ich.

Desmond stellte mich interessanten Leuten vor. Wir gingen ins Gate Theatre und sahen dort Mícheál Liammóir, der mit Cyril Cusacks Frau Maureen als Partnerin in Housmans *Prunella* auf der Bühne stand. Ich hatte noch nie einen jungen Schauspieler gesehen, der sich so leicht und geschmeidig auf den Brettern bewegte wie Mícheál und war begeistert, als Desmond mich mit in seine Garderobe nahm. Er saß vor seinem Spiegel und schminkte sich ab. Ich konnte es nicht glauben, daß dieser zwar attraktive, aber doch ziemlich beleibte ältere Herr derselbe war, der mich auf der Bühne so bezaubert hatte. Wir gingen zum Pferderennen in Leopardstown und in den Phoenix Park, und ich wurde dem irischen Präsidenten Seán T. O'Kelly vorgestellt. Er war ein sehr kleiner Mann, bei der Bevölkerung sehr beliebt, und es störte mich nicht, daß er mich während unserer Begegnung in den Po kniff.

Desmonds Mutter, die die die ganze Zeit mit keinem Wort erwähnt wurde, hatte gerüchteweise erfahren, daß ich in Dublin war. Nun war sie neugierig geworden, und ich wurde eingeladen. Schon saßen wir im Zug nach Glaslough. Ich nahm mir vor: »Ich werde höflich zu ihr sein – sonst nichts!« Sie saß in Glaslough und dachte das gleiche. Es war nur gut für uns beide, daß keine von uns sich daran hielt, nachdem wir uns kennengelernt hatten.

Lady Leslie hatte kaum Benzin für ihr Auto – auch das neutrale Irland war im Krieg unterversorgt –, und Dawson, der Butler, holte uns mit einem eleganten Pferdewagen von der kleinen Dorfstation ab. Dawson sah wunderbar aus in seiner Kutscheruniform mit Zylinder und Kokarde. Desmond bestand darauf, daß er einen Umweg durch die Wälder, an den Seen vorbei, nahm, damit ich alles bewundern konnte.

Castle Leslie ist ein großes Landhaus, das im 19. Jahrhundert von dem berühmten irischen Architekten Lynn direkt an dem Standort des ursprünglichen Schlosses erbaut wurde. Innen war es viel heller und luftiger, als man es vom düsteren Äußeren erwartete. Die hohen Fenster ließen das Sonnenlicht herein und gewährten fast jedem Zimmer einen Ausblick auf den märchenhaften See. Die Decken und Kamine im italienischen Stil stammten aus einem Haus, das früher am See gestanden hatte, ebenso die Möbel und Bilder. Sie waren von »Old Sir John« – einem Maler – von einer Italienreise mitgebracht worden. Er mußte ein gutes Auge gehabt haben, denn ein Stück aus einem echten Della-Robbia-Altar war in einen Kamin verwandelt worden. Es hieß, daß Sir John es auf einem Karren entdeckt und äußerst preiswert erworben hatte.

Wir gingen durch die holzgetäfelte Eingangshalle, die »long gallery« entlang und von dort hinaus auf die Terrasse, um einen Blick auf den See zu werfen. Ich war wie verzaubert, und eine Schicksalsahnung überkam mich, so daß ich die alte Dame, die abseits auf der Terrasse saß, das Gesicht von einem großen braunen Hut fast ganz verdeckt, gar nicht bemerkte. Sie aber hatte uns beobachtet.

Nun stand Lady Leslie auf und nahm meine Hand. »Ich weiß nicht, was dem blöden Onkel Seymour nur eingefallen ist«, sagte sie, »Sie sehen überhaupt nicht aus wie das Mädchen, das er mir aus London in all seinen Briefen beschrieben hat. Da

Agnes und Desmond Leslie auf Glaslough

hätte ich mir wirklich einige angstvolle Augenblicke ersparen können.«

Von nun an tat sie alles, mich willkommen fühlen zu lassen. Ich sollte sie Marjorie nennen. Sie schämte sich für den winzigen Verlobungsring, den Desmond sich gerade noch hatte leisten können, suchte nach ihrem Hochzeitsschleier, den ich mit nach London nehmen sollte, wollte, daß wir den Hochzeitstermin festlegten, aber ich erfand lauter Ausreden und sagte, der Krieg dauere noch an und solange wolle ich nicht heiraten. Wir verbrachten eine wunderschöne Woche in Glaslough. Marjorie hatte mir das blaue Zimmer gegeben, von dem aus man den See am besten sehen konnte. Dem See und der Lage des Hauses verdankte Glaslough seine einmalige Schönheit. Von meinem Toilettentisch aus konnte ich die ständig wechselnde Stimmung des Sees beobachten, die sich darin spiegelnden Wälder und die Schwäne, die auf ihm trieben. Ich hatte Desmond noch immer nicht den Verlobungsring zurückgegeben. Je länger ich es aufschob, desto weniger dringlich schien es mir. Hatte ich mich aufs Neue in ihn verliebt? Oder war es nur der Reiz, den das Haus und der See auf mich ausübten?

Eines Abends kam Desmond in mein blaues Zimmer und forderte mich auf, ihm in den Ziergarten zu folgen. Er wollte mit mir dort nackt um den japanischen Baum tanzen. Marjories Fenster überblickten den Garten, und ich fürchtete, daß sie aufwachen, uns sehen und schockiert sein könnte. Ich beschloß, es zu riskieren. Da tanzten wir nun wie zwei Elfenkinder, vollkommen nackt, unsere Körper silbern im Mondlicht, um den Baum herum. Alle Furcht und Zweifel waren vergessen. Ich liebte Desmond und würde ihn heiraten!

Zu meiner Erleichterung erwähnte am nächsten Morgen niemand unser nächtliches Treiben, und wenn auch Bridget, die Haushälterin, die immer alles sah und alles hörte, uns beobachtet hatte – sie ließ sich nichts anmerken.

Das Ende des Krieges mit Japan war abzusehen. Die Alliierten hatten eine Atombombe auf Hiroshima geworden; sie hofften, daß die Japaner jetzt um Frieden betteln würden. Dann fiel noch die zweite Atombombe – auf Nagasaki. Ich fühlte damals nur Entsetzen und Verzweiflung, für diesen furchtbaren Akt der Unmenschlichkeit, der in unser aller Namen begangen wurde, kann es keine Entschuldigung geben.

Während meines Aufenthaltes in Irland hatte mein Vater sich verpflichtet, eine neue Version von Johann Strauß' *Zigeunerbaron* zu inszenieren. Die Produktion sollte auf eine längere Tournee gehen. Eine neue Rolle war in das Stück eingebaut worden, die der Kaiserin Maria Theresia von Österreich. Sie hatte zwei gute Auftritte im zweiten Akt, mußte aber nicht singen. Ich ging zum Vorsprechen und wurde engagiert. Auch sollte ich neue Texte für die Lieder schreiben und war sehr stolz darauf. Die Tournee war auf fünf Monate geplant, wir hatten vor, in den meisten englischen Provinzstädten ein paar Wochen zu gastieren.

Ich fragte unseren Produktionsleiter, ob ich meinen Verlobten mit auf die Tournee nehmen dürfe. Er war schockiert und sagte, er würde Unmoral in seiner Truppe auf keinen Fall billigen. Wenn ich wirklich mit diesem Mann verlobt sei, dann solle ich schleunigst heiraten, bevor wir auf die Reise gingen.

Wir wollten nicht so lange voneinander getrennt sein. Es blieb uns also nichts anderes übrig, als den Hochzeitstag festzulegen. Aus purem Zufall wählten wir den 18. August 1945. Es war der erste Friedenstag! Ich heiratete in einem Kleid aus Satin und Brokat. Desmond hatte es in einer alten Truhe in Glaslough gefunden. Marjorie brachte den Schleier aus Irland mit. Zwei Schulfreundinnen und Hilde Palmer waren meine Brautjungfern, und Jack, Desmonds Bruder, der aus der Kriegsgefangenschaft heimgekehrt war, wurde unser Trauzeuge.

Desmond hatte seinen ehemaligen Lehrer vom Ampleforth College gebeten, uns in St. James Church am Spanish Place zu trauen. Als ich von meinem Vater zum Altar geführt wurde, dachte ich, wie gut es sei, seinen besten Freund zu heiraten, und war sicher, daß er mich nie verletzen würde.

Einer unserer Hochzeitsgäste hatte eine Filmkamera dabei, mit der er schon am Abend zuvor die Siegesfeiern aufgenommen hatte. Er filmte nun auch uns, als wir aus der Kirche kamen, und gab uns dann die Filmrolle als Geschenk. Desmond schnitt später den Film so, als ob all die Menschen, die Luftschlangen aus den Fenstern warfen und Siegeshymnen sangen, sich nur wegen unserer Hochzeit versammelt hätten. Man sah einen Jungen, der auf einen Laternenpfahl geklettert war, um besser sehen zu können, wie ich in das Hochzeitsauto stieg. Unsere Kinder glaubten jahrelang, daß alle diese überschwenglichen Szenen nur unserer Hochzeit gegolten hatten. Nach der Trauung gingen wir in Marjories Wohnung in South Lodge zu Champagner und Geflügelsandwiches. Das war alles, was der Partyservice Searsley Tansley aus der Sloane Street wegen der Rationierung bieten konnte. Am Abend vorher hatten wir ein kleines, aber feines Familienfest im Claridge Hotel arrangiert, damit die Leslies und Bernauers sich besser ken-

Agnes heiratet Desmond

nenlernen konnten. Mein Vater war sehr großzügig gewesen, ich glaube, er hat seinen letzten Pfennig für die ungewohnte Eleganz ausgegeben. Ich sollte doch eine gute Figur machen!

Wir verbrachten unsere offizielle Hochzeitsnacht im Hotel Berkeley, wo auch Marjorie und Jack abgestiegen waren. Nach etlichen Monaten sexueller Enthaltsamkeit hätte diese Nacht

eine Sensation sein müssen, aber ich hatte eine schlimme Bla-
senentzündung, wahrscheinlich verursacht durch die Aufre-
gungen vor der Hochzeit. Diese spielverderbende Flitterwo-
chenkrankheit dauerte viele erbärmliche Monate, war aber
nicht unser einziges Hindernis zu Beginn der Ehe. Desmond
hatte gleich nach unserer Rückkehr aus Glaslough entschieden, bis zu unserer Hochzeit völlige Enthaltsamkeit zu üben.
Wir sollten rein in den Stand der Ehe treten, sagt er. Dabei lebten wir sehr nahe beieinander und begehrten uns, wie junge
Liebespaare sich begehren. Diese erzwungene und unnatürli-
che Zurückhaltung konnte nicht gut ausgehen. Ich war davon
überzeugt, daß Desmonds Leidenschaft und Hingabe, die mich
vor der Ehe immer überwältigt hatten, nie wieder so stark sein
würden. Tugend und Keuschheit zahlen sich nicht immer aus,
und so ist es auch bei uns gewesen.

Zu sagen, daß der erste Tag unserer Ehe ein denkwürdiger
war, ist schon fast eine Untertreibung. Alle Familienmitglieder
wurden ihrem Ruf gerecht. Wir waren gerade dabei, Wasser in
die Badewanne einzulassen, als Marjorie anrief und Desmond
bat, ihr Zigaretten zu holen. Als wir wieder ins Bett gehen wollten, erschien meine Mutter mit einem riesigen Eßkorb. Sie war
sicher, wir würden im Berkeley Hotel verhungern. Kaum war
sie gegangen, rief Jack an und schlug vor, sich an der Bar auf
ein Plauderstündchen zu treffen. Zu guter Letzt platzte, ohne
anzuklopfen, der gute Sir Shane in unser Zimmer, ein Hochzeitsgeschenk von einer seiner zahlreichen Damenbekannt-
schaften unter dem Arm. Er hatte vergessen, es uns zu überrei-
chen. Wir waren nur froh, daß weder Anita noch mein Vater
uns an dem Morgen besuchte.

Nach ein paar Tagen zogen wir nach South Lodge in
St. John's Wood. Marjorie hatte einen langfristigen Mietvertrag
für diese Wohnung abgeschlossen, bevor das Haus gebaut worden war. Als der Krieg ausbrach und sie nach Glaslough zog,
hatte sie die Wohnung nicht aufgegeben, sondern an Freunde

vermietet. Die Wohnung war gerade frei, und sie hatte sie uns für die Flitterwochen zur Verfügung gestellt. Gleich nach dem Einzug krempelte ich die Ärmel hoch, band eine Schürze um und begann, die Wohnung erst einmal gründlich zu reinigen. Überrachend erschien Marjorie. Ich hatte vergessen, daß ich sie zum Tee eingeladen hatte. Ich stand oben auf der Leiter – im Begriff, die abwaschbaren Wände zu schrubben. Sie setzte sich auf einen Stuhl und sah mir zu. »Du würdest die Wohnung sicher sehr gut in Schuß halten«, sagte sie nach einer Weile. »Ich gehe zurück nach Glaslough, und vielleicht ist es besser, wenn ich sie nicht mehr weggebe. Sie wird nur wieder herunterkommen. Ich sollte sie euch überlassen. Ihr braucht lediglich die Miete zu bezahlen, dann könnt ihr sie haben, wie sie ist.« Die Miete war allerdings ziemlich hoch, Desmond hätte das Angebot beinahe abgelehnt. Wir hatten nicht einen müden Penny in der Tasche und keine andere Bleibe als in Sneath Avenue bei meinen Eltern. Nun bot seine Mutter uns diese Wohnung in einer der besten Gegenden Londons an, voller antiker Möbel und mit allen Haushaltsgeräten, die das Leben angenehm machen. Alles in allem war das Angebot nicht schlecht, und es gelang mir, Desmond davon zu überzeugen. Die Miete würde ich schon aufbringen, ich wollte einfach zwei Zimmer untervermieten. An eine solche Möglichkeit hatten weder Desmond noch seine adelige Familie gedacht, die die Wohnung in St. John's Wood von nun an vielmehr als das Londoner Quartier für den gesamten Leslie-Clan betrachteten. Die Urlaubsbesuche meiner Schwägerin Anita glichen einer Militärinvasion. Sie war noch nicht aus dem Militärdienst entlassen und kam zu uns mit Seesack, Tornister, Militärstiefeln, Pferdedecken und hin und wieder auch männlicher Begleitung, die sie ihre Beaux nannte. Beau A und B waren vorläufig noch bei der Armee. Da sie nicht wußten, wo sie bleiben würden, stellten sie erst einmal ihre Ausrüstung bei uns ab. Beau C tat noch Dienst auf einem Unterseeboot und tauchte erst später auf, aber Beau B brachte öfter seinen halbwüchsigen Sohn mit nach London, der dann überall Kleidung und Socken auf dem Boden liegenließ, besonders gerne im Salon. Seine Socken waren grau, eine gelungene Abwechslung zu dem ganzen Khaki. Aber all das mußte aufhören, als meine beiden Mieter einzogen.

Marjorie war nicht sehr begeistert, als sie von Anita erfuhr, daß ich ihre elegante Wohnung zu einer ganz gewöhnlichen Pension gemacht hatte. Sie konnte allerdings nichts dagegen tun, denn wir zahlten regelmäßig unsere Miete. Ich liebte unser neues Leben in der Wohnung, die eine Etage unter der von Paul Stockhammer lag. Es störte mich nicht, daß ich für meine Mieter die Betten machen und das Abendessen kochen mußte. Jeden Freitag saß ich am Küchentisch und erledigte meine Abrechnung. Ich hatte ein Buch, in das ich jede Ausgabe eintrug, und zum Schluß errechnete ich die wöchentliche Endsumme. Ich konnte nicht verstehen, warum Desmond immer über mich lachte. Da ich mich nie erinnern konnte, was ich wirklich für die verschiedenen Lebensmittel bezahlt hatte, mußte ich mir immer die Preise ausdenken, deren Endsumme ich dann dem Haushaltsgeld anpaßte. Diese Selbsttäuschung gab mir das stolze Gefühl, daß ich unseren Haushalt brav und ordentlich führte.

Aber bevor wir uns gänzlich in diese geordneten Verhältnisse eingelebt hatten, mußte ich meinen Vertrag mit Bertram Montague, dem Produzenten vom *Zigeunerbaron* erfüllen. Die Proben fanden in einer umgebauten Kirche ganz in unserer Nähe statt. Nach einigen Wochen gingen wir dann auf die Tournee, die unsere Hochzeit beschleunigt hatte. Diesmal kamen wir sogar bis Schottland. In Glasgow blieben wir drei Wochen und wohnten in »digs«, wie die Theaterpensionen genannt werden. Bei der Premiere in Liverpool reichte man uns Schauspielern am Schluß Blumen auf die Bühne. Ich bekam nicht weniger als sechs Sträuße, was mir schrecklich peinlich war, weil ich keine Hauptrolle spielte und das jüngste Mitglied der

Truppe war. Natürlich waren alle sechs von Desmond, obwohl einer der Sträuße ein Kärtchen trug, auf dem stand: »Von der Aghabog Boys Brass Bugle Band«. Desmond versäumte nie eine Vorstellung, und manchmal saß er ganz vorn im Parkett mit irgendeiner fremden Frau. Zu meinem Erstaunen fand ich heraus, daß er diese Damen immer auf der Straße aufgelesen hatte. Er erzählte ihnen nie, daß die Kaiserin von seiner Frau gespielt wurde. Er fand es aufregend, wenn sie mir ganz ahnungslos applaudierten. In den nächsten zwanzig Jahren hat er nur einen meiner Auftritte versäumt und war fast besessen von meiner Karriere. Es ist eine Ironie des Schicksals, daß am Ende er es war, der sie beinahe ruinierte.

Die meisten Schauspieler werden mir zustimmen, wenn ich sage, daß unser Leben oft sehr paradox verläuft. Da können wir zum Beispiel Monate, manchmal Jahre arbeitslos sein, und plötzlich kommen zwei oder drei Angebote zur gleichen Zeit, und wir wissen nicht, welches das richtige ist und welches wir ablehnen sollen. Vor meiner Ehe hatte ich immer nur kleine Rollen im Film gespielt, und als ich dann heiraten wollte und auf eine lange Tournee gehen mußte, richteten die Götter es ein, daß ich zwei Angebote aus Hollywood bekam und ein drittes aus England von Alexander Korda. Die Probeaufnahmen für Korda sollten drei Tage nach unserer Hochzeit stattfinden. Ich habe diese Chancen zu der Zeit nicht erkannt und auch nicht genutzt, ich bin nie nach Hollywood gegangen und auch kein Filmstar geworden. Vielleicht ist es besser so, aber manchmal habe ich es doch bedauert und meine Kollegen beneidet, die es »geschafft« haben. Aber selbst wenn ich dort mit einem Filmvertrag in der Tasche als unbekannte Schauspielerin gelandet wäre – hätte ich es dort schaffen können? Und wenn ja, was wäre dann gewesen? Dann hätte ich viel Interessantes versäumt, viel Wichtigeres nicht kennengelernt, viele lohnenswerte Projekte nicht durchgezogen und hätte wahrscheinlich meine Ehe aufs Spiel gesetzt, die viele Jahre sehr glücklich war und mir drei Kinder geschenkt hat, die ich abseits von allem Trubel aufziehen konnte.

Als die Tournee zu Ende war, kehrten wir nach London zurück. Ich brauchte einige Zeit, bis ich mich daran gewöhnte, daß man mich nun Mrs. Leslie nannte, aber ich kochte eifrig für meinen Mann und gab Dinnerparties wie andere Ehefrauen auch. Zu meiner Mutter hatte ich immer ein sehr gutes und liebevolles Verhältnis, aber jetzt fingen wir an zu streiten. Sie wollte nicht anerkennen, daß auch ich häusliche Talente besaß, und mischte sich regelmäßig in meine Haushaltsführung ein. Als ich ihr einmal kurz und deutlich mitteilte, daß ich in meinem Haus machen könne, was ich wolle, war sie natürlich sehr gekränkt.

Es gab noch andere Probleme, die mich irritierten. Mein Vater, der mich wie einen Sohn behandelt hatte, übte einen starken Einfluß auf mich aus, aber die »weibliche« Erziehung meiner Mutter prägte mich ebenfalls sehr. Der Begriff »Feminismus« war in meinen Jugendjahren nicht bekannt, geschweige denn anerkannt, auch nicht von Frauen. Ich war eine Feministin, ohne mir dessen bewußt zu sein. Was ich fühlte, erschien mir beschämend und tadelnswert, und es fiel mir schwer, mir einzugestehen, daß Ehe und Kinder allein mir nicht genügten. Ich brauchte meinen Beruf. Ich wollte im Theater Karriere machen, nicht allein um Geld zu verdienen, sondern weil ich ohne diese Arbeit einfach kein ganzer Mensch war. Ich betrachtete mich Gott gegenüber als undankbar, und als ich dann mit fast dreißig Jahren andere Frauen kennenlernte, die ihre Situation, ebenso beurteilten ohne Scham zu empfinden, war ich grenzenlos erleichtert. Die jungen Frauen von heute werden das vielleicht schwer verstehen. Sie sind sich oft gar nicht bewußt, wie ihre Mütter kämpfen mußten, damit sie es einmal leichter haben sollten, von ihren Großmüttern ganz zu schweigen. Wenn ich an meine Mutter denke, die während ihrer Jugend in einer äußerst prüden Gesellschaft ein selbständiges und abenteuerlustiges Mädchen war, aber am Ende ihres Lebens eine schwierige, neurotische alte Frau, dann glaube ich, daß die Jahre der Unterwerfung und des Kampfes um Akzeptanz sie dazu gemacht haben. Ein frühes Beispiel für meine Neigung zum Feminismus ist ein Erlebnis auf einem Kindergeburtstag meiner Schulfreundin in Berlin. Ich war damals acht Jahre alt. Es gab Geschenke und Süßigkeiten, und ihr Bruder war für unsere Unterhaltung verantwortlich. Nachdem wir lange genug Versteck gespielt hatten, nahm er eine Schale mit Bonbons und warf sie uns vor die Füße, wie man Vögeln Krümel hinwirft. Die Mädchen kreischten und versuchten, auf dem Boden kriechend die Bonbons zu greifen, ich aber war vor Abscheu fast gelähmt. Ich stand da, ganz an die Wand gepreßt, und es schien mir, daß der Junge uns nicht erfreuen, sondern erniedrigen wollte.

Kurz nach der Hochzeit beschloß Marjorie, uns in die Londoner Gesellschaft einzuführen, wobei sie mit »Gesellschaft« ihren eigenen Kreis meinte. Zunächst sollten wir die Chelsea-Clique kennenlernen, und es bot sich auch schnell eine Gelegenheit dazu. Zwei Antiquitätenhändler, mit denen sie befreundet war, luden sie zu einer Cocktailparty ein und waren sehr erfreut, daß sie uns mitbringen wollte. Sie wohnten in einem kleinen Haus in der King's Road, vollgestellt mit unbezahlbaren Antiquitäten. Wir waren die letzten, die kamen, und der Lärm, der uns beim Eintritt entgegenschlug, war unbeschreiblich – wie immer bei Cocktailparties. Wir blieben in der Tür stehen. An meinem Arm hing ein großer Samtbeutel, ein hochgeschätztes Hochzeitsgeschenk. Als ich einen Schritt in das Zimmer tat, klirrte es plötzlich. Eine der unersetzlichen Ming-Vasen, die jeweils seitlich der Tür standen, war durch einen Stoß mit meinem Beutel zu Bruch gegangen. Tausend Scherben lagen auf dem Boden, im Raum wurde es im Nu ganz still. Die Gäste drehten sich zu mir um und starrten mich entsetzt an. Noch heute, wenn ich an diesen Moment denke und ihn beschreibe, fühle ich den eiskalten Schauer, der mir den Rücken entlanglief. Die Tatsache, daß meine Schwiegermutter mich dann doch noch weiteren Bekannten vorstellte, spricht für sie. Sie war immer warmherzig, zu Späßen aufgelegt und keinen Deut arrogant oder eingebildet, wie man es vielleicht von der Tochter eines Botschafters aus Neu-England hätte annehmen können. Sie hatte viele faszinierende Freundinnen, besonders unter den älteren Damen der Gesellschaft. Diese teilten sich in zwei Gruppen: in diejenigen, die respektiert wurden, und die mit einer »Vergangenheit«. Letztere waren natürlich viel amüsanter, und einige, die keine großen Vasen besaßen, beehrten uns in den folgenden Jahren mit ihrer Gastfreundschaft und wurden Freunde. Da war zum Beispiel die Marquise von Headfort, die ehemalige Rosie Boot, das erste Chormädchen, das in den englischen Adel geheiratet hatte. Sie war eine charmante Frau, in deren Herzen meine Theaterambitionen einen Widerhall fanden. Bei meinen Premieren trommelte sie jedesmal viele Freunde zusammen, und einmal erlaubte sie uns sogar, ein paar Szenen in ihrem Haus zu drehen für einen Film, den Desmond später produzierte.

Wir machten die Bekanntschaft von Emily Grigsby, die mit ihren mehr als achzig Jahren noch immer flammend rotes Haar hatte und wie eine Einsiedlerin in ihrem Haus mit Ausblick auf den Hyde Park wohnte. Wir saßen gern an ihrem Bett und ließen uns von ihr Geschichten erzählen. Sie war eine große Kurtisane gewesen und einst die Geliebte von General Kitchener, dem Helden des 1. Weltkriegs. Einmal, bei einem unerwarteten Besuch, war der General auf einen Rivalen getroffen. Emily, die den Frieden bewahren wollte, hatte blitzschnell ihre Perlenkette zerrissen, und beide Männer fielen auf die Knie und sammelten die Perlen emsig zusammen.

Vivienne Woollie Hart, eine weitere Freundin Marjories, hatte eine Reihe von Ehemännern und eine noch größere Zahl von Facelifting hinter sich, als wir sie kennenlernten. Sie sah nicht älter als fünfunddreißig aus, war aber schon über siebzig und immer noch unermüdlich. Gemeinsam mit ihr machte ich einmal eine Reise nach Venedig. Wir gingen jeden Abend tanzen, wobei sie mich immer an Ausdauer übertraf, um mich am nächsten Morgen per Telefon mit der Frage zu wecken, warum ich noch nicht angezogen sei, um mit ihr zum Strand zu gehen. Sie hätte schon eine Ewigkeit in der Hotelhalle auf mich gewartet. Ich hatte dann über zwanzig Jahre lang keinen Kontakt zu ihr und war glücklich, sie in New York wiederzutreffen. Ich besuchte sie in ihrem Apartment. Sie war mittlerweile einundneunzig Jahre alt und lag im Bett. Sie versicherte mir, daß ihr junger Arzt, für den sie schwärmte, sie nur im Bett festhielte, um vor ihr sicher zu sein.

Desmond und ich verbrachten unser erstes Weihnachtsfest in Glaslough. Marjorie gab uns das lilafarbene Zimmer, das für wichtige Gäste reserviert war. Der arme Desmond wurde leider sehr krank, er hatte eine Virusinfektion, und ich pflegte ihn. Seine Behandlung erforderte einige peinliche Dienste. Marjorie, eine begabte Amateurdichterin, erfand dazu den folgenden Vers:

> *In the bridal suite, instead of flirting,*
> *the bride is giving the groom a squirting.*

Was auf deutsch ungefähr heißt:

> *In dem Ehebett, anstatt zu küssen,*
> *hat sie dem Bräutigam 'nen Einlauf geben müssen.*

Ich erinnere mich an andere Versuche von Marjorie, die Familienexzentrik in Reimen festzuhalten. Mein Schwiegervater hatte eine Vorliebe für Priester und Nonnen. Nach einem Besuch am Totenbett eines Kardinals hatte Shane die Totenmaske gezeichnet und das Bild vervielfältigen lassen, um es als Weihnachtskarte zu benutzen. Marjorie fügte heimlich Worte dazu, die folgendermaßen begannen:

Here lies the cardinal on his bier,
bringing you a wealth of Xmas cheer.

Hier liegt er nun auf seiner Bahre
und wünscht Euch viele frohe Jahre.

Diese Weihnachtswoche war vielleicht die schönste, die ich erlebt habe. Als junge Braut wurde ich stolz dem ganzen Dorf präsentiert. Für alle Gutsarbeiter wurde eine Party in der alten Dienstbotenhalle im Untergeschoß des Gutshauses veranstaltet. Die Feier dauerte bis in den frühen Morgen, wie es in Irland üblich war. Es gab zu essen und zu trinken, auch Musik fehlte nicht. Anita sah in ihrem langen Chiffonkleid ganz bezaubernd aus und tanzte mit allen Gutsarbeitern. Onkel Lionel, Shanes jüngster Bruder, der extra aus Schottland gekommen war, unterhielt uns alle mit Geschichten über das Monster von Loch Ness, von dessen Existenz er restlos überzeugt war. Der alte Torwächter Wiggins, ein aufrechter Protestant, gab eine Ballade in 18 Versen zum Besten, die alle mit den Worten endeten: »Er starb für die Königin am Weihnachtstag.«

Das Wort »Königin« bezog sich auf Königin Victoria von England und sollte die anwesenden Katholiken ärgern. Der katholische Schafhirt antwortete dann mit dem bekannten Rebellenlied: »Das Meer, ach, das Meer – wie gut, daß es zwischen mir und England liegt!«

Mir entging die tiefere Bedeutung von alledem, weil ich überhaupt noch nichts von der irische Politik wußte. Glücklicherweise bekämpften sich beide Seiten damals noch mit Musik und nicht mit Gewehren. Heute würde ein solches Fest nicht mehr möglich sein, auch nicht unter Nachbarn.

Am 26. Dezember, in Irland Saint Stephen's Day genannt, erwachte die vorsintflutliche Zentralheizung mit lautem Zischen und Rasseln, und die Gutsarbeiter und Dorfbewohner kamen, um sich ihre Geschenke abzuholen und den Kindern den großen Weihnachtsbaum zu zeigen. Es gab Kuchen und Limonade. Es war, als hätte ich mich in einen Roman des 18. Jahrhunderts verirrt. Der 2. Weltkrieg sollte zwar alle alten Gebräuche und traditionellen Rituale der Vorfahren hinweggefegt haben, aber ich hatte das Glück, die letzten Überreste eines verschwundenen Zeitalters mitzuerleben.

In den nächsten Tagen verbrauchte Marjorie ihr lang aufgespartes Benzin, um mich zu den benachbarten Gütern zu fahren. Dort wohnten damals noch die anglo-irischen Familien, »ascendancy« genannt. Ein Nachbar war ein Nachbar, auch wenn er mehr als 50 Meilen entfernt lebte. Die Menschen fuhren die Nacht durch, um bei Bällen und Wochenendparties dabeizusein. Die Zofen der Gastgeberinnen standen noch bereit, um die Koffer der Gäste auszupacken und ihnen ein Bad einzulassen, nach dem sie sich für das Abendessen umzogen. In Oonagh Guiness' Haus »Luggala«, das nicht weit von Dublin im County Wicklow lag, traf man immer viele Schriftsteller und Künstler. Da waren Brendan Behan und Lucien Freud mit seiner schönen Frau Caroline Blackwood, die eine erfolgreiche Romanautorin geworden ist und später den Dichter Robert Lowell heiratete. Ich kam gern nach Luggala, auch wenn es beängstigend war, den steilen Weg ins Tal hinunterzufahren, der zu dem Haus führte. Oonaghs Sohn Garech Browne wurde unser Freund. Er war ein junger Mann mit frischem rundem Gesicht, der nur irische handgewebte Tweeds trug mit einem traditionellen, ebenso handgemachten bunten *crios* um die Taille. Er war meistens von Musikern und Malern umgeben, denn er hatte das Geschick seiner Mutter geerbt, Talente zu entdecken. Am engsten war er mit den zwei Eddies verbunden, Eddie Delaney und Eddie Maguire, zwei der hervorragendsten Künstler im modernen Irland. Er förderte damals auch die Chieftains, später gründete er dann mit Paddy Moloney die Claddagh Records. Er sollte auch einen Teil meines ersten Soloabends finanzieren, aber das lag noch weit in der Zukunft. Als wir ihn kennenlernten, lebte er mit der Tochter von Oonaghs

Köchin zusammen. Ich weiß nicht, ob Oonagh darüber besonders erfreut war, sie hat sich öffentlich nie dazu geäußert, aber ich bin überzeugt, daß ihr Entsetzen nur halb so groß war wie das ihrer Köchin und der anderen Angestellten, besonders von Patrick, dem Butler, der ein sehr vornehmer Gentleman war. Jetzt ist Garech mit einer indischen Prinzessin verheiratet.

Keiner von uns hat je genau gewußt, wie alt Marjorie eigentlich war. Mit ihren blonden Haaren und ihrer aufrechten Haltung hätte sie Anfang sechzig sein können, als ich sie kennenlernte, aber anscheinend war sie viel älter. Sie sehnte sich sehr nach Enkelkindern und beobachtete mich immer prüfend, um ein Zeichen zu entdecken. Das Zeichen – ein Schwindelanfall – machte sich schließlich bemerkbar, als ich gerade auf einer besonders hohen Leiter auf halbem Weg zum Glockenturm der Glaslough-Kirche stehenbleiben mußte und nicht weitersteigen konnte. Glücklicherweise stand Desmond hinter mir auf der Leiter und konnte mich noch auffangen.

Ich hatte eigentlich nicht vorgehabt, so schnell Kinder zu bekommen, aber Jack machte keine Anstalten zu heiraten, und ich stand unter dem Druck, der Leslie-Familie einen Erben zu schenken. So trafen wir keine Vorsichtsmaßnahmen. Ich freute mich auf das Baby und dankte dem Schicksal, daß mir morgens nie schlecht wurde und ich auch sonst gesund war, wie auch bei meinen zwei späteren Schwangerschaften. An dem Tag, als ich vom Arzt kam, war gerade meine Schwägerin Anita bei uns zu Besuch. Ich konnte es kaum erwarten, ihr die freudige Mitteilung zu machen. »Wie schrecklich für dich, meine Liebe«, sagte sie mitleidsvoll, »sag nur noch nichts zu meiner Mutter.« Ich war wie vor den Kopf gestoßen, aber sie hatte es eigentlich gut gemeint. Zu der Zeit mochte sie Kinder nicht besonders gern und konnte sich nicht vorstellen, wie aufgeregt ich vor Freude war. Sie wußte auch, daß wir uns Kinder kaum leisten konnten. Wir lebten von dem, was unsere zwei Mieter uns zahlten und würden nun einen von ihnen verlieren. Sein Zimmer wurde für das Baby gebraucht. Desmond schrieb gerade seinen ersten Roman, *Careless Lives*, und verdiente noch nichts. Ich würde bald nicht mehr arbeiten können – es gab nicht viele Rollen für Schwangere. Zuletzt kam uns Anita zu Hilfe. Sie überredete Marjorie, Desmond erneut, wie vor unserer Ehe, eine Unterstützung zu überweisen, auch wenn Desmond ein unabhängiger und verantwortungsvoller Ehemann sein wollte, der Frau und Kind allein unterhalten konnte. Aber das allerbeste, was Anita für mich tat, war, mich zu Dr. Grantly Dick Reid zu schicken. Heutzutage ist jede schwangere Frau informiert über Entspannungsübungen, tiefes Atmen und die Vorgänge einer Geburt. Im Jahre 1947 war das noch nicht der Fall. Um seine revolutionären Ideen einer schmerzlosen Geburt zu verbreiten, mußte Dr. Reid Bücher schreiben, die diese Methode erklärten. Bücher zu schreiben ist Reklame, behaupteten die anderen Ärzte, und Reklame zu machen widersprach der Standesethik der Mediziner. Um ihn für sein Vergehen zu bestrafen, wurde er aus jedem Krankenhaus Englands verbannt. Nur in einer Privatklinik in Woking half ihm die Oberschwester und ermöglichte ihm dort eine Behandlung seiner Patientinnen. Am Ende mußte Dick Reid England verlassen und nach Südafrika gehen, wo er eine eigene Klinik aufmachte. Ich hatte das Glück, ihn noch rechtzeitig kennenzulernen.

Unlängst habe ich einen Brief gefunden, den Seán seiner Großmutter Majorie schrieb, als er sechs Wochen alt war, und weil ich nicht glaube, daß ich ihn besser schreiben könnte, will ich ihn im Folgenden wörtlich wiedergeben:

20. Juli 1947

Liebe Omi,

ich denke, Du wirst über meine Geburt vielleicht Genaueres von mir selbst erfahren wollen.

Ich weiß nicht, wie weit Du über Dr. Grantly Dick Reid informiert bist, aber ich versichere Dir, wir haben es nur ihm zu verdanken, daß ich nicht ganz zerknautscht auf die Welt gekommen bin.

Ich muß auch gestehen, daß ich es neun Monate lang so bequem hatte, daß ich gar keine Lust hatte, umzuziehen, und ließ deshalb drei Wochen auf mich warten. Mami war glücklicherweise die ganze Zeit o.k., aber bei der schrecklichen Hitze im Mai und Juni ging sie schließlich ganz aus dem Leim. Ihre Füße waren so geschwollen, daß sie in keinen Schuh mehr paßten, und ihre Beine sahen, voller giftiger Mückenstiche, nicht viel besser aus. Du kannst Dir vorstellen, daß ich wenig Lust hatte, von einem solchen Ungeheuer auf die Welt gebracht zu werden.

Am 1. Juni machte ich dennoch einen Versuch, der aber schlug fehl. Vati hatte uns in die Klinik nach Woking gebracht, aber da unser Zimmer längst vergeben war, mußten wir auf dem Gang schlafen. Die Krankenschwestern schickten Vati heim, obwohl man uns versprochen hatte, er könne bei meiner Geburt dabei sein. Er flüsterte Mami ins Ohr, er bliebe draußen im Auto. Mami schlüpfte aus dem Bett, fand ein offenes Fenster, uns so konnten sie sich die ganze Nacht hindurch unterhalten, während ich wieder eingeschlafen war.

Am nächsten Tag brachte man uns auf eine Station, in der fünf Frauen mit ihren neuen Babies furchtbar angaben. Mami konnte sie nicht ausstehen, weil sie doch selbst noch kein Kind hatte, und lief ganz schnell den Gang auf und ab, um mich aus meiner Stellung zu schütteln. Die Oberschwester nahm sich meiner an und fand für uns beide ein privates Zimmer.

Nun konnten Vati und Omi uns besuchen. Ich löste noch einmal falschen Alarm aus. Wer zuletzt lacht, lacht am besten, dachte ich. Doktor Dick Reid war an dem Tag nicht in Woking, sondern in Paris, um einen Vortrag zu halten. Wenn ich an dem Tag auf der Welt hätte erscheinen wollen, hätte ich es ohne seine Hilfe machen müssen. So riskierte ich es erst am 4. Juni und machte mich auf den Weg.

Dick Reid hatte Mami so gut vorbereitet, daß sie bei meiner Ge-

burt sehr lange entspannt blieb, aber nach zwölf Stunden war sie sehr erschöpft, und Du solltest, wenn ich sage, daß sie ein paar unfeine Ausdrücke gebrauchte, mir die Widergabe des genaueren Wortlautes ersparen.

Der Doktor, der genauso entsetzt über ihren Wortschatz war, brachte sie schließlich mit einer Spritze zum Schweigen. Vati massierte stundenlang ihren Rücken, aber schließlich wurde er ins Hotel geschickt, um sich zu erholen.

Wir mußten weitermachen, und um sechs Uhr in der Früh war es dann soweit: Man brachte uns in den Kreißsaal. Vati kam zurück und setzte sich zu mir. Er hatte sicher vor, als erster meine Hand zu schütteln, aber Mami kam ihm letztlich zuvor.

Kurz vor sieben erschien mein Kopf, und ich hörte, wie Vati sagte, ich sähe reizend aus. Zwei Minuten später wurden meine Schultern und ein Arm geboren, und Doktor Reid hielt Mami meine Hand entgegen. Sie war ganz verschüchtert und sagte: »Oh – how do you do?« Na also, ich bitte Dich – wie kann man in dieser Situation nur eine so idiotische Frage stellen?

Dann ging alles schnell vorbei, und Vati und Doktor Reid wurden im Nebenraum nach ihren furchtbaren Anstrengungen mit Tee erfrischt.

Als man mich auf die Waage legte, wog ich elf Pfund. Ich habe eine gesunde Gesichtsfarbe, strahlende Augen, lange Wimpern und Omis hübschen Mund. Ich erfreue meinen Vati jeden Tag aufs neue, besonders, wenn es mir gelingt, von meiner Wiege aus dem Fenster zu pinkeln, ein angeborenes Talent, wie Vati immer sagt ...

Am ersten Morgen nach meiner Rückkehr aus der Klinik in Woking wurden Desmond und ich von einem kräftigen Schrei geweckt. Wir waren an einen solchen Laut in unserem Schlafzimmer nicht gewöhnt und brauchten einen Moment, um uns zu orientieren. Wir sahen uns erschrocken an, dann lachten wir. Es war natürlich unser Baby, das hungrig war.

In den nächsten Wochen erhielten wir Blumen und Geschenke. Unsere Freunde kamen, um unseren Sohn zu bewundern. Marjorie schickte mir ein diamantenes Armband, und Opa Shane stand an der Wiege und verkündete: »Hier liegt ein Kind, das Schönheit und Genie besitzt.« Dann verschwand er wieder für sehr lange Zeit. Er war ein Mensch voller Widersprüche. Vor allem war er Schriftsteller und Dichter, ein Freund von Tolstoi und Redakteur der *Dublin Review*. Nachdem er als Student in Cambridge zum Katholizismus übergetreten war, versetzte er seinen anglo-irischen Eltern einen weiteren Stoß, als er sich als Kandidat für die Nationale Partei in Derry aufstellen ließ. Von seiner Familie hörte ich eine Unmenge Geschichten über ihn. Die arme Marjorie hatte zu spät erkannt, daß er niemals ein verläßlicher Ehemann und Vater sein würde. Schön und intelligent wie er war, hatte er sie bezaubert, als sie sich in New York kennengelernt hatten. Er wollte eigentlich Geistlicher werden. In der Hochzeitsnacht war er mit einem Weihrauchgefäß um das Bett herumgelaufen und hatte dabei Litaneien gemurmelt, um seine Braut zu »reinigen«, bevor er zu ihr stieg. Später ließ er sie den Haushalt leiten, die Kinder aufziehen, ohne das Geringste dazu beizutragen. Einmal, als er dem kleinen Desmond auf der Treppe begegnete, sah er ihn überrascht an und fragte: »Wer bist du denn, mein Kleiner?« Er machte seinen Kindern nur selten Geschenke. An unserem Hochzeitstag überreichte er mir feierlich ein Meßbuch. Auf der Innenseite hatte er den Namen »Anita« ausgestrichen und »Agnes« darunter geschrieben. Andererseits hörte man oft, wie großzügig er zu Fremden war, und einigen talentierten jungen Leuten soll er das Studium ermöglicht haben. Wenn ihn auch die Familienmitglieder etwas spöttisch »der gute Sir Shane« nannten – für viele entsprach es der Wahrheit.

Sein Benehmen mir gegenüber war immer sehr ritterlich, aber manchmal wußte er nicht, was er machen sollte, wenn man ihn um Hilfe bat. Als ich 21 Jahre alt war, bekam ich das zweite Mal die Masern. Desmond rief seinen Vater von seiner Luftwaffenstation in Taunton an und bat ihn, bei mir in seinem Namen ein paar Rosen abzugeben. Am nächsten Tag erhielt ich anstelle der Rosen ein mir unverständliches Telegramm: »Flowers by Daddy« – Blumen von Papi. Zu unserer größten Überraschung schenkte er uns das Geld für unser erstes Auto. Wir fanden einen klapprigen alten Austin mit einem Schiebedach, das so undicht war, daß wir es bei Regen immer nur mit einer Hand lenken konnten. Die andere brauchten wir, um das Wasser in einem Becher aufzufangen. Trotzdem waren wir unheimlich stolz auf unseren Wagen. Keiner von unseren Freunden hatte damals ein Auto. Ich stürzte mich völlig unbesorgt in den schlimmsten Londoner Verkehr und versetzte meine Beifahrer in Panik, indem ich ununterbrochen mit ihnen plauderte und mich dabei zu ihnen umdrehte.

Nun hatten wir ein eigenes Auto und eine schöne Wohnung in St. John's Wood, einen Mieter weniger, aber dafür einen kleinen Hausbewohner mehr, den wir durchfüttern mußten. Ich arbeitete, wo und wann ich konnte. Am Abend Theater zu spielen war kein Problem, aber Proben am Tage brachten Schwierigkeiten mit sich. So hatten wir natürlich wenig Geld. Clarissa Davidson schenkte mir eines Tages eine teure Eintrittskarte für eine Wohltätigkeitsveranstaltung im Globe Theatre. John Gielgud, einer unserer berühmtesten Schauspieler, kam in den Zuschauerraum, um persönlich das Geld einzusammeln. Ausgerechnet bei mir fing er an, weil ich am Ende einer Reihe saß. Ich kramte verlegen in meiner Tasche, das einzige Sixpence-Stück, das ich im Portemonnaie hatte, war für die Heimreise mit der U-Bahn gedacht, und mein Baby wartete noch auf seine Amme. Es war mir natürlich schrecklich peinlich, als ich dem vergötterten Mann ins Gesicht sehen mußte, ohne etwas in seinen Teller werfen zu können.

VIII *Vor der*
Kamera

Im Jahre 1947 heiratete Anita ihren Beau C, und Desmond schrieb seinen zweiten Roman, *Pardon My Return*, der, in verschlüsselter Form, seine Familie zum Gegenstand hatte. Onkel Seymour wurde zu Onkel Zombie, und die Heldin war eine Mischung aus mir und Jojo. Nachdem das Buch erschienen war, gründete Desmond seine eigene Filmgesellschaft. Von seinen Mitarbeitern war ich nicht sehr beeindruckt, denn es schien mir, daß sie nur deshalb zu ihm hielten, weil sie glaubten, daß er leicht Geld auftreiben konnte. Ich erkannte schnell die Schmeichler unter ihnen, und besonders wenn Desmond zu mir sagte: »Das verstehst du nicht – er ist doch mein bester Freund«, wußte ich, daß es nicht gut enden würde.

Als einzige in unserer Filmgesellschaft, die überhaupt schon einmal ein Drehbuch in der Hand gehalten hatte, mußte ich in Dublin, wo wir unseren Film drehen wollten, erst einmal Ordnung in das schreckliche Durcheinander bringen, das sich Manuskript nannte. Viele Stunden verbrachte ich in unserem Zimmer im Shelbourne Hotel, während der arme Seán im Badezimmer nebenan brüllte. Als unser Regisseur anfing zu arbeiten, war seine erste Tat, mein Drehbuch auf den Müll zu werfen. Der Film hieß *My Hands are Clay* – Meine Hände sind aus Ton – und auf tönernen Füßen stand das ganze Projekt.

Ich traf Maureen Aherne, die eine so wichtige Rolle in meinem Leben spielen sollte, das erste Mal während unseres Aufenthalts in Dublin. Ihr Vater Richard war der Hauptdarsteller in unserem Film, und er brachte mich in das Haus seines Bruders, um mir dort seine kleine Tochter vorzustellen. Sie war keine zwei Jahre alt, stand in ihrem Laufstall und starrte mich mit großen himmelblauen Augen an. Ihre Mutter, Lady Patricia Moore, hatte sich kurz nach ihrer Geburt aus einem Hotelfenster gestürzt, und nun wurden Maureen und ihr älterer Bruder Patrick von Richards Familie aufgezogen. Sie bezauberte mich sofort, aber wir trafen uns erst zehn Jahre später wieder, als sie bei mir an einem Wochenende im Shelbourne Hotel zu Besuch war und wir dort eine verhängnisvolle Entscheidung für ihre Zukunft trafen.

Im Shelbourne Hotel stieg meine Schwiegermutter ab, wann immer sie in Dublin war. Wir kamen ebenfalls dort unter, wenn wir es uns leisten konnten, und manchmal auch, wenn wir es nicht konnten.

Einmal schickte mich Desmond allein nach Dublin, um Harry Clifton, einen Multimillionär, zu überreden, in unsere Filmgesellschaft zu investieren. Ich war noch nie geflogen. Es war ein Erlebnis für mich, leider kein gutes. Zu der Zeit flog man noch tief unter der Wolkendecke und konnte einem Sturm nicht entgehen. Unser Flugzeug wurde von Windböen geschüttelt, und mir wurde ganz schlecht vor Angst. Neben mir saß ein deutscher Industrieller und beruhigte mich während des Flugs. Deswegen, aber auch, weil ich dachte, er sei sicher gut betucht, verabredete ich mich mit ihm zum Abendessen im Shelbourne – für den Fall, daß ich bei Harry Clifton keinen Erfolg haben sollte. Ich traf Harry in einem Hotel in Portmarnock, außerhalb Dublins. Es war meine erste Begegnung mit diesem exzentrischen, aber gutherzigen Sonderling. Er empfing mich auf seinem Zimmer in einem seidenen Morgenrock. Mit seinem schwarzen Bart und den durchdringenden blauen Augen sah er genau so aus, wie ich mir Rasputin immer vorgestellt hatte. Er behauptete, daß ich die Wiedergeburt von

Lucrezia Borgia sei und schickte mich weg, ohne eine unserer Aktien zu kaufen.

Zurück in Dublin verabredete ich mich mit dem belgischen Botschafter, Graf de Lalaing, ein Freund Marjories und ein sehr charmanter älterer Herr. Zu spät fiel mir ein, daß ich mich mit dem deutschen Industriellen am gleichen Abend verabredet hatte und gar nicht wußte, wie ich ihn erreichen konnte. Auch hatte ich nicht den Mut, dem netten alten Botschafter abzusagen. Es blieb mir nichts anderes übrig, als mit beiden zur gleichen Zeit Essen zu gehen. Glücklicherweise gab es mehrere Speisesäle im Shelbourne Hotel. Ich kann mich nur noch schwach an den Abend erinnern. Ich glaube, ich erfand ein paar sehr wichtige Telefonate, die es mir ermöglichten, im großen Speisesaal mit dem Botschafter das Hors d'œuvre zu mir zu nehmen, dann schnell zur Tomatensuppe mit dem Industriellen in die Grillbar zu wechseln. Es folgten weitere Telefonate, ein Minutensteak mit dem einen, Fisch in der Grillbar mit dem anderen. Genauso ging es beim Dessert. Schließlich war ich nicht mehr imstande, auch nur einen Bissen runterzukriegen und sagte zu meinen Gastgebern: »Ich habe einen Bekannten eingeladen, mit uns den Kaffee zu nehmen.« Dann stellte ich sie einander vor, und wir saßen alle drei sehr gemütlich zusammen in der Hotelhalle. Jeder von beiden dachte, er wäre derjenige gewesen, der mit mir zu Abend gegessen hatte.

Ein anderes Mal, auf einer Reise nach Dublin, wo Desmond auf mich wartete, saß ich im Flugzeug neben dem Chef einer Werbeagentur. Er bot mir zehn Pfund, wenn ich für *Ponds Gesichtscreme* Werbung machen würde. Ich wußte, daß man vor kurzem meiner Freundin Raffaela, der ehemaligen Frau vom Herzog von Leinster, fünfhundert Pfund für ein Werbefoto gezahlt hatte und fand – obwohl ich mich nicht mit einer Herzogin vergleichen konnte – dieses Angebot beleidigend und lehnte ab. Als wir landeten, gab mir der Herr seine Visitenkarte. Falls ich meine Meinung ändern würde, könne ich ihn anrufen.

Ich steckte sie in die Tasche. Desmond war nicht am Flughafen, um mich abzuholen, und ich konnte mir nicht denken warum. Ich fand ihn schließlich in der Halle im Shelbourne Hotel. Er war ganz verlegen. Eigentlich wollten wir gleich nach Glaslough weiterfahren, aber er konnte anscheinend das Hotel nicht verlassen. Man hatte sein Gepäck beschlagnahmt. »Wieso denn das?« fragte ich ganz naiv. »Ich kann die Rechnung nicht bezahlen!« »Wieviel ist es denn?« »Zehn Pfund!« Das Büro des Werbemenschen lag direkt gegenüber. »Rühr dich nicht von der Stelle, bis ich zurückkomme!« Ich nahm die Karte aus der Tasche und lief so schnell ich konnte zur Werbeagentur. Deren Boß war gerade angekommen. »Ich mache die Ponds-Werbung für Sie, aber ich brauche das Geld sofort!« Ich war noch ganz außer Atem.

Es dauerte keine halbe Stunde, schon hatte man mich fotografiert und ich hatte meinen Namen unter den Werbetext gesetzt, ohne mir Zeit zu nehmen, ihn durchzulesen. Wir zahlten die Hotelrechnung und erreichten gerade noch den Zug nach Glaslough. Während der nächsten Jahre erschien mein Gesicht fast täglich in den irischen Zeitungen und Illustrierten mit der Unterschrift: »Auf der Jagd, beim Schießen und Fischen benutzt Frau Desmond Leslie immer Ponds Gesichtscreme.« Ich war noch nie im Leben beim Schießen, Jagen oder Fischen gewesen!

Ein wohlwollender Bekannter gab der irischen Schriftstellerin Kate O'Brien Desmonds zweites Buch *Pardon my Return* mit der Bitte, es zu besprechen. Er machte allerdings den Fehler, sie zu bitten, das Exemplar zu bezahlen. Empört wies sie das Ansinnen zurück, aber er erklärte ihr, daß der junge Autor noch sehr um seine Existenz kämpfen müsse. Kate O'Brien zeigte ihm einen Zeitungsausschnitt. »Kein Wunder«, sagte sie, »wenn man sieht, welchen Hobbys seine Frau nachgeht!«

Seán war noch kein Jahr alt, als er an einer Darmvergiftung erkrankte. Es war die gefürchtete Gastroenteritis, an der damals viele Babys starben. Wir liefen von einem Arzt zum anderen, aber weil Seán sie immer anlächelte, nahmen sie die Krankheit nicht ernst. Wie krank er war, wußte nur ich, denn ich mußte seine Windeln waschen und ihn nachts stundenlang herumtragen, um ihn zu beruhigen. Schließlich rief ich Grantly Dick Reid an und bat um seine Hilfe. Er kam sofort und brachte eine spezielle Medizin. Langsam wurde Seán wieder gesund, aber Dick Reid war, genau wie ich, überzeugt, daß es ein knappes Entkommen gewesen war. Es dauert lange, bis Seán sich wieder erholte, und Desmond bemühte sich sehr, mir behilflich zu sein. Im Grunde konnte man so etwas damals von Vätern kaum erwarten. Im Jahre 1947 sah man nie einen Mann mit einem Kinderwagen auf der Straße. Selbst heutzutage, wo es ganz normal ist, bleibt mir dieser Anblick ungewohnt. Bis zu seinem 16. Lebensjahr war Desmond von seinem Kindermädchen – Nanny Weston – rundherum umsorgt worden, und nun konnte er weder eine Tasse Tee noch ein Ei kochen. Marjorie wohnte bei uns, wann immer sie nach London kam. Sie merkte natürlich, daß ich allein mit dem Haushalt und dem Kind fertig werden mußte. Als ich die Hauptrolle in Schnitzlers *Liebelei* bekam, das im Österreichischen Zentrum aufgeführt wurde, gab sie mir das Geld für ein Kindermädchen, und Desmonds alte Nanny kam für ein paar Wochen aus dem Ruhestand, um mir zu helfen. Das war natürlich wunderbar, aber ich mußte mich erst an ihre etwas veralteten Methoden gewöhnen.

Liebelei ist eine Tragödie. Im letzten Akt muß die Heldin von der Bühne stürzen und sich umbringen. Ich bildete mir ein, mittlerweile genügend Erfahrung zu haben, und hatte meinen Vater nicht um Unterstützung beim Einstudieren der Rolle gebeten, wenigstens nicht vor der Generalprobe. Er kam, saß geduldig, bis die Proben beendet waren, und forderte mich dann auf, mit ihm nach Hause zu gehen. Wenn nötig, würde er die ganz Nacht mit mir an der Rolle arbeiten. Ich zeigte ihm stolz meine Bluse, die ganz naß von meinen Tränen war.

»Genau das ist es, woran wir arbeiten müssen«, sagte er. »*Du* darfst gar nicht weinen, das mußt du dem Publikum überlassen.« Bei der Premiere spielte ich die Rolle, wie er es mir gesagt hatte. Ich vergoß keine einzige Träne und war sehr unzufrieden mit mir. »Unsinn«, meinte mein Vater, »sieh dich doch um. Dein Publikum trocknet sich noch immer die Tränen.«

Das Österreichische Zentrum in Westbourne Terrace war sehr spärlich ausgestattet. Das Foyer, die Treppen und die Bühne hatten nackte Holzböden. Jeden Abend rollte ich, bevor ich ins Theater ging, die orientalischen Teppiche in unserem Korridor auf und schleppte sie mit. Einmal erwischte mich Desmond. »Mein Gott, was machst Du denn mit den guten Teppichen? Die gehören doch meiner Mutter. Leg sie bitte sofort wieder hin.« Ich weigerte mich. »Wenn ich spiele, dann nur auf einem Teppich!« rief ich. Es ist ein Ausspruch, an den er mich oft erinnerte.

Es waren aber nicht nur die Teppiche, die mir im Österreichischen Zentrum fehlten. Wir spielten auf deutsch, doch ich hätte bei der schönen Rolle so gern ein englisches Publikum gehabt, vor allem die Leute vom Theater. Ich schrieb an Dame Sybil Thorndyke, die große Schauspielerin, und lud sie ein, zu einer unserer Vorstellungen zu kommen. An unserem letzten Tag wurde London von dem berüchtigten »peasoup fog« eingehüllt. Der Verkehr kam vollständig zum Erliegen. Niemand, der nicht gerade in derselben Straße wohnte, kam zu uns ins Theater, bis auf eine Frau: Sybil Thorndyke hatte den ganzen Weg von Marble Arch im dichten Nebel zu Fuß zurückgelegt, nur um eine unbekannte junge Schauspielerin auf deutsch spielen zu sehen. Am nächsten Tag schrieb sie mir einen ermunternden Brief und teilte mir mit, daß ich jederzeit in ihrer Garderobe willkommen sei. Viele Jahre lang blieben wir in Kontakt, und als ich später nach Dublin übersiedelte, wurde ich die Nachbarin ihres ältesten Sohnes, Christoper Casson. In einem Ayckbourn-Stück spielten wir sogar zusammen ein Ehepaar.

1948 nahm Marjorie Jack und Anita mit auf eine Reise nach New York. Desmond war nicht eingeladen worden – weil er eine Frau und ein kleines Kind hatte, vermutete ich. Ich schlug ihm vor, sich von den Tantiemen seines neuen Buches ein Ticket nach New York zu kaufen und seine Mutter im Hotel Fourteen zu überraschen. »Wenn du erst mal da bist und auch noch allein, wird sie sich freuen und dich einladen, bei ihr zu bleiben.«

Es kam ganz so wie ich dachte. Aber was ich nicht voraussah, war, daß Desmond in Amerika bleiben würde, selbst als seine Familie nach Europa zurückkehrte. Er schrieb mir, er baue gute Kontakte für uns beide auf. In ein paar Wochen würde er in New York oder Hollywood Arbeit gefunden haben und mich rüberholen. Von Seán war gar keine Rede. Seine Brief waren gespickt mit Namen von Prominenten, die er alle kennengelernt hatte, und hie und da wurde auch ein weibliches Wesen erwähnt. Ich begann mir Sorgen zu machen. Das Geld, das er dagelassen hatte, war fast aufgebraucht. Bald hörte ich nichts mehr von seiner Arbeit, nur noch von den Damen.

Ich erinnerte mich an eine Nacht in London, in der er einmal verschwunden war. Er hatte mich um neun Uhr von einer Party angerufen, ich könne anfangen zu kochen, er käme bald nach Hause. Als er um vier Uhr morgens immer noch nicht da war, rief ich die Polizei an. Die Polizisten lachten mich aus. »Ein Unfall? Was meinen Sie – sollen wir jedesmal, wenn ein Ehemann eine Nacht durchmacht, alle Krankenhäuser anrufen?« »Sie irren sich, mein Mann ist nicht so«, schluchzte ich, »wir sind doch erst kurz verheiratet!« Aber sie hatten sich nicht geirrt. Er hatte ein hübsches Mädchen auf der Party kennengelernt und völlig vergessen, nach Hause zu kommen.

Diesmal war er viel weiter weg, und ich fühlte mich verlassen. Es blieb mir nichts anderes übrig, als die Wohnung zu vermieten und mit Seán zu meiner Mutter zu ziehen. Sie war überglücklich. Zufällig war auch mein Vater zu der Zeit in Amerika, um seine kleine Enkelin Evelyn Rudie kennenzulernen, und hatte sich vom Fleck weg in sie verliebt. Er hatte meiner Mutter geschrieben, sie solle ihr Sachen packen und zu ihm nach Hollywood kommen. Man würde sie dort dringend brauchen.

»Natürlich brauchen sie mich dort, die brauchen ein Kindermädchen für ihr Baby, aber ich habe hier mein eigenes Kind zu pflegen!« meinte sie und dachte dabei nicht an mich, sondern an ihren Enkelsohn Seán. Von dem Moment an, als wir bei ihr eingezogen waren, tat sie alles, um ihn ganz und gar für sich zu haben. Dieser Umzug war einer der größten Fehler, die ich je gemacht habe.

»Rühr das Kind nicht an, du kannst es umbringen«, rief sie mir zu, wenn ich ihn anfassen wollte. Sie zerdrückte alles Eßbare zu Brei, damit er nicht zu kauen brauchte, weil er so »zart und empfindlich« war. Sie versuchte, ihm das Gefühl zu geben, daß er bei mir ohne ihre Hilfe nicht überleben würde. Einmal kam ich von Dreharbeiten für einen Tag nach Hause und fand Seán im verdunkelten Schlafzimmer im Bett. Er war vom Stuhl gefallen und hatte sich in die Zunge gebissen. Als ich zu ihm ans Bett kam, schrie er vor Angst.

Ich war so niedergeschlagen, daß ich stundenlang in meinem Zimmer saß und die Wand anstarrte. Leider war ich zu jung und unerfahren, um die Gefahr zu erkennen, die Seán drohte. Kinder identifizieren sich mit ihren Müttern, bis sie drei Jahre alt sind. Wenn sie das Gefühl haben, daß die Mutter nicht imstande ist, sich um sie zu kümmern, dann verlieren sie auch ihr Selbstvertrauen. Ich hätte Seán in die Arme nehmen und mit ihm ins nächste YWCA ziehen müssen, aber ich dachte nur an meine eigenen Gefühle und versuchte, ein Au-pair-Mädchen zu engagieren, das eine Art Schutzschild zwischen mir und meiner Mutter sein sollte. Ich fand eine junge, tüchtige

Französin, auf die meine Mutter Gott sei Dank nicht eifersüchtig war. Die angespannte Atmosphäre in der Sneath Avenue legte sich. So war ich in der Lage, dem Theater 48 beizutreten, einer neuen und vielversprechenden Theatergruppe, die zu einer Kunstgalerie in St. John's Wood gehörte – heute würde man sie wohl »alternativ« nennen. David Tutaev, der Leiter und Regisseur, war ein junger Russe, der in London aufgewachsen war. Er gab mir die Hauptrolle in seiner zweiten Produktion von Armand Salacroux' *L'Inconnue d'Arras* – Die Unbekannte von Arras. Ich spielte die Rolle der untreuen Ehefrau Yolande. Diese Rolle war äußerst passend für mich: Ich hatte mich nämlich in David verliebt, verhielt mich allerdings nicht so wie Yolande, die mit ihrer Untreue prahlte und ihren Mann in den Selbstmord trieb. Ich war von Schuldgefühlen gequält. Was sollte ich machen, wenn Desmond doch wieder nach Hause kam?

Bei den Proben war ich nicht besonders gut. Damals hatte ich immer Angst vor der »Fehlgeburt« einer Rolle und konnte mich bis zum Moment der Generalprobe, wenn endlich kein Regisseur mehr da war, der mich mit einem Satz stoppen konnte, nicht entspannen. Ein Regisseur wußte deshalb auch nie genau, wie ich meine Rolle bei der Premiere spielen würde. David ging es nicht viel besser. Die Produktion wurde von zwei korpulenten Lesbierinnen finanziert, die wir ironisch »die Feen« nannten. Sie konnten mich nicht leiden. Sie dachten, ich hätte ihnen den Spitznamen gegeben, und als sie von meiner Ehe mit Desmond hörten, waren sie der Meinung, ich wäre eine oberflächliche High-Society-Biene, die das Theaterspielen nicht ernst nahm. Für ihren Geschmack hatte ich viel zu viel Zeit und Mühe an meine Kostüme verschwendet. Sie waren nach meinem Entwurf von meiner eigenen Schneiderin genäht worden, weil ich davon überzeugt war, daß die Garderobe einer Schauspielerin bei bestimmten Rollen ein wichtiger Teil der Darstellung ist. Noch heute irritiert es mich, wenn eine Schauspielerin auf der Bühne zum Beispiel die falschen Schuhe trägt. Die Feen fanden meine Einstellung allerdings oberflächlich. Ebenso mißbilligten sie meine Beziehung zu ihrem »Liebling«, David Tutaev. Davids ehemalige Freundinnen, die alle kleine Jobs in seiner Produktion hatten, ließen mich kaum aus den Augen und flüsterten hinter meinem Rücken. Alle diese Spannungen verunsicherten mich. Die einzige im Theater 48, mit der ich mich schnell angefreundet hatte, war eine junge Frau in meinem Alter, Renée Goddard, die auch aus Berlin stammte. Sie war sehr jung nach England gekommen und von Naomi Bernberg, der Schwester von Norman Bentwick, aufgezogen worden. In unserem Stück spielte sie die Jette. Ein junger Grieche, Michael Kakoyannis, der spätere berühmte Filmregisseur Michael Yannis, spielte meinen Ehemann, und der blutjunge Peter Zadek war der Produktionsassistent.

Kurz vor der Erstaufführung – zu kurz, wie sich dann herausstellen sollte – kam ich endlich mit der Rolle der Yolande zurecht und spielte sie sogar ganz gut. Die Premiere war ein Erfolg, und ich wartete auf ein Wort des Lobes von David Tutaev. Der aber war während der ganzen Vorstellung in der Kunstgalerie nebenan nervös auf und ab gegangen und hatte nichts von der Vorstellung gesehen. Am nächsten Morgen riefen die »Feen« uns alle zusammen. Sie hatten ein Angebot vom Players Theatre, das Stück im West End zu spielen. Michael Kakoyannis hatte sich verpflichtet, das nötige Geld für den Umzug zu beschaffen, aber sie wollten ein Mitglied der Truppe ersetzen – mich!

Empört sprang Renée Goddard von ihrem Sitz und forderte die Schauspieler auf zu streiken. Zu meiner Überraschung waren alle, außer Michael, dazu bereit, aber ich wollte ein solches Opfer nicht auf mich nehmen. Die »Feen« konnten uns alle austauschen, und das Stück konnte auch ohne uns vom Player Theatre übernommen werden. Das würde weder mir noch den anderen helfen. Ich überredete meine Kollegen, ohne mich weiterzuspielen. David, der mich in der Rolle eigentlich nie richtig gesehen hatte, sagte die ganze Zeit kein Wort. So ging ich völlig niedergeschlagen nach Hause, schloß die Vorhänge und legte mich ins Bett. Das war das Ende. Ich würde nie wieder Theater spielen. Tagelang blieb ich so im verdunkelten Zimmer. Dann aber mußte ich mich zusammenreißen, denn am Sonntag hatten wir noch eine letzte Vorstellung in St. John's Wood. Ein unbekannter Herr kam anschließend in meine Garderobe. Er hatte schwarzes Haar, einen schwarzen Schnurrbart und sprach mit einem amerikanischen Akzent. Er gratulierte mir zu meiner Darstellung der Yolande und sagte, er würde mich gern einmal auf einer größeren Bühne spielen sehen. Erst wußte ich nicht, was ich darauf anworten sollte, dann sagte ich, daß ich leider nicht mehr dabei sein würde, weil ich vorhätte, im Ausland einen Film zu drehen. Der Fremde gab mir seine Visitenkarte: Tennessee Williams – USA, las ich. Meine kleine Lüge sollte allerdings schnell Wahrheit werden. Zu meiner großen Überraschung und Freude bot man mir wirklich eine gute Rolle in einem Film an, der in Amsterdam gedreht werden sollte. Es war eine englisch-holländische Co-Produktion: *Niete Verhebst* – Nicht umsonst – lautete der Titel.

Inzwischen war meine Rolle von einer unbekannten Schauspielerin, die im Players Theatre an der Kasse arbeitete, übernommen worden. Renée rief mich an und sagte, sie hätte Premierenkarten für mich. Ich wollte auf keinen Fall hingehen, aber Renée bestand darauf. »Das ist doch wie mit dem Reiten«, sagte sie, »wenn man vom Pferd fällt und nicht gleich wieder aufsteigt, dann reitet man nie wieder.« Ich wollte Renée nicht enttäuschen. Ich muß eine gute Vorstellung als Zuschauerin geben, sagte ich mir und ging hin. Für die erste Szene in dem Stück hatten wir eine funkelnde Lichtquelle als Beleuchtung gewählt, die mit ungeheurer Geschwindigkeit flackerte und einen eigenartigen Effekt erzeugte. Um diesen Effekt noch zu unterstreichen, hatte ich mir für meine Rolle als Yolande ein schwarz-weiß-gestreiftes Kleid nähen lassen. Für die Premiere im Players Theatre holte ich dieses Kleid hervor, und mit einem getreuen Verehrer an jedem Arm kam ich gestreift im Theater an. Das hatte Renée sicher nicht beabsichtigt. David Tutaev wurde blaß, als er uns sah, und zwei seiner »Ehemaligen« eilten an seine Seite, um ihn zu stützen. Mein Herz klopfte wie wild, aber ich warf allen ein strahlendes Lächeln zu und nahm mit meinen Begleitern in der ersten Reihe Platz.

Das erste, was die arme »Kassenfrau« bei ihrem Auftritt sah, waren meine Streifen. Es dauerte ein paar Sekunden, bis sie ihren ersten Satz herausbekam. Wir waren natürlich von dem üblichen Premierenpublikum umgeben, von denen die meisten die Aufführung in St. John's Wood gesehen hatten und mein Streifenkleid kannten. Der Abend wurde zu einer *cause célèbre*. In der Pause begann das Flüstern: »Ist das nicht die Schauspielerin, die die Yolande so wunderbar gespielt hat?« »Ist sie hier, um mitzuerleben, wie sich ihre Rivalin blamiert?« Ich war bestimmt nicht so wunderbar gewesen, aber so entstehen eben Mythen. Anstatt »abzustürzen«, wurde ich nun in London als Schauspielerin ernst genommen. Es dauert nicht lange, bis ich mit David Frieden schloß.

Die englischen Teilhaber von *Niete Verhebst* hatten nicht das Geld, um uns in England unsere Gagen zu zahlen, aber wir sollten dafür am Gewinn beteiligt werden. Die holländischen Partner würden uns in Amsterdam ein Tagegeld zahlen. Wenn wir vorsichtig mit dem Geld umgingen, sollte am Schluß noch eine gute Summe übrig bleiben. So kurz nach dem Krieg konnte man kein Bargeld aus Holland ausführen, aber vielleicht, so dachten wir, konnten wir zusammen ein Auto kaufen, es dann zu Hause weiterverkaufen und das Geld teilen. Aber aus diesen Plänen wurde nichts.

Die holländische Filmgesellschaft hatte uns Zimmer in einem der besten Hotels in Amsterdam bestellt. Ich landete mit

Martin Benson, meinem Filmehemann, als erste in Holland. Wir waren anfangs sehr aufeinander angewiesen. Frühmorgens machten wir uns auf den Weg zum Studio in Duivendrecht, das Abendessen nahmen wir gemeinsam im Speisesaal ein. Der Hotelportier hielt uns für ein echtes Ehepaar und hob erstaunt die Augenbrauen, als David Tutaev im Hotel ankam und von nun an meine freie Zeit völlig in Anspruch nahm.

، Gleich in der ersten Woche war es mir gelungen, meine Cousine Ilma zu finden, die fünf Jahre Bergen-Belsen überlebt hatte. Ich wußte, daß sie nach dem Krieg einen alten Freund geheiratet hatte. Er war während der ganzen Zeit von seiner tapferen holländischen Hauswirtin in einer Mansarde vor den Nazis versteckt worden. Ilma hatte ihn per Zufall in Amsterdam wiedergefunden. Sie hatten einen zweijährigen Sohn. So froh ich war, sie in ihrer komfortablen Wohnung glücklich und zufrieden vorzufinden, so unverständlich war mir dennoch, daß sie ihren Haushalt so normal und gutbürgerlich führen konnte. Es schien, als hätten die schauerlichen Erlebnisse im Konzentrationslager kaum Spuren hinterlassen. Die Normalität ihres Alltags, das Einkaufen, das Kochen, die Anproben bei der Schneiderin, die Kindererziehung verdutzten mich. Ich hatte mir vorgestellt, daß die Überlebenden des Holocaust für immer gezeichnet sein würden, und nicht mit der menschlichen Natur gerechnet, die es ermöglicht, nicht nur zu *über*leben, sondern auch *weiter*zuleben.

In dem Film spielte ich Martins schwangere jüdische Frau auf der Flucht vor den Nazis. In der letzten Szene mußte ich sogar unter Schmerzen mit Wehgeschrei und Stöhnen das Kind in einem Stall zur Welt bringen. Ich weiß nicht, wie groß der Erfolg des Films außerhalb Hollands war. Keiner von uns Schauspielern hat je den versprochenen Anteil vom Gewinn erhalten. Auch die großzügigen holländischen Spesen reichten nicht sehr weit. Das Hotel war teuer, und in Amsterdam konnte man viel Geld ausgeben. Immerhin hatten wir in England Krieg und

Agnes Bernelle und Martin Benson in Niete Verhebst

Nachkriegszeit mit den vielen Einschränkungen unter Sir Stafford Kripps und seiner Regierung gerade erst hinter uns. Außerdem fühlte ich mich von meinen Sorgen in Sneath Avenue befreit, und in diesen Wochen in dem reizenden und sehr lebendigen Amsterdam wurde ich mit meinem Geld leichtsinnig. Am Abend gingen David und ich oft in die indonesischen Restaurants oder in die guten Kabaretts, und an freien Tagen machten wir Ausflüge in die Umgebung.

Meine begeisterten Berichte über das Leben in Holland ermunterten Desmond, nach Europa zurückzukehren und bei dem Vergnügen mitzumachen. Vergessen waren die guten Verbindungen, die in Aussicht stehenden Stellenangebote und sogar die Damen. Er beschloß, mich in Amsterdam zu treffen, und David mußte seine Koffer packen. Da der Portier seine

Augenbrauen nicht noch höher ziehen konnte, begnügte er sich damit, mir heimlich und schlau zuzuzwinkern, als Desmond an Davids Stelle trat.

Desmond brachte mir einen ganzen Koffer voller amerikanischer Kleidern mit. Flitterkram, wie ich ihn noch nie besessen hatte, war überall im Hotelzimmer verstreut, und ich mußte endlos alles für Desmond anprobieren.

An unserem letzten Tag stellte sich heraus, daß meine Hotelrechnung viel höher war als die Summe, die mir von den Spesen noch übrigblieb. Das Taxi, das uns zum Flughafen bringen sollte, stand vor der Tür, und ich mußte meinen Freund, den Barkeeper, bitten, mir aus der Verlegenheit zu helfen. Ich fing an, mit ihm zu verhandeln. »Wieviel geben Sie mir für diese amerikanische Jacke? – Wieviel für diesen Rock?« Das Geld reichte noch immer nicht ganz, um die Rechnung zu bezahlen. Ich lief zwischen seiner Theke und der Kasse an der Rezeption hin und her. Die Koffer wurden auf- und zugeklappt, bis die Rechnung endlich beglichen war. Dafür hatten wir nun das Flugzeug verpaßt. Um auf das nächste umbuchen zu können, mußten wir am Flughafen noch ein paar Gulden nachzahlen. Der Handel begann aufs Neue. Hinter der Theke versteckt, reichte ich dem Barkeeper meine Spitzen-BHs und Seidenhöschen. Zum Schluß hatten wir endlich die Gulden beisammen, um nach Hause zu fliegen.

In London mußten wir verschiedene Probleme lösen. Unsere Rückkehr nach South Lodge war schnell geklärt. Der Vertrag mit den Mietern war fast abgelaufen, so konnten wir bald wieder in unsere Wohnung ziehen.

Viel komplizierter war es, eine Lösung für meine Gefühle zu David Tutaev zu finden. Desmond war aufrichtig gewesen bezüglich seiner Affären mit den Damen, die er in seinen Briefen erwähnt hatte. Sie waren – wie üblich – nicht ernst zu nehmen, behauptete er. Trotzdem folgte ihm eine Frau nach London, nur auf einen ganz kurzen Besuch, wie sie behauptete, als wir uns kennenlernten. Ich konnte ihn nicht belügen. Nachdem er eine Flasche Milch über mir ausgeschüttet hatte, beruhigte er sich und nahm die Situation ziemlich gelassen. Mit David dagegen war es viel schwieriger. Er wollte nicht akzeptieren, daß sich durch Desmonds Rückkehr alles geändert hatte. Ich war in dem Glauben aufgewachsen, daß eine Ehe für immer geschlossen wurde. Niemand in meiner Familie hatte sich je scheiden lassen. »In guten und in schlechten Zeiten« hieß das Versprechen, und die Untreue war eben ein Teil der schlechten Zeiten, den man überstehen und verzeihen mußte. Ich wollte auf keinen Fall diejenige sein, die unser Heim zerstörte. Daß ich dabei sehr selbstsüchtig David gegenüber war, war mir damals nicht bewußt. Schließlich war er es, der einen Ausweg fand, indem er sich mit einer Amerikanerin verlobte und nach New York ging. Ich war lange Zeit untröstlich.

Trotz seiner schlechten Erfahrungen mit *My Hands are Clay* hatte Desmond weiterhin vor, Filme zu produzieren. Wir brachten es fertig, einen gar nicht so schlechten Kurzfilm mit dem Titel *The Missing Princess* – Die verschwundene Prinzessin – zu drehen. Produzent war Brendan Stafford, ein Kameramann, der noch heute, besonders in Irland, einen guten Ruf genießt. Desmond war fest entschlossen, das nötige Geld für einen Spielfilm zu beschaffen. Er trieb eine gewisse Mrs. Wolverton auf, die mit ihrer Tochter in einem sehr großen und sehr häßlichen Haus in London lebte. Sie willigte ein, den Hauptanteil an unserem geplanten Film *Stranger at my Door* – Ein Fremder vor meiner Tür – zu erwerben. Anfangs hatte ich keine Bedenken. Ich bekam eine gute Rolle in dem Film, das heißt, es wäre eine gute Rolle gewesen, wenn der Regisseur und der Drehbuchautor sich hätten entscheiden können, ob ich eine gute oder schlechte Frau spielen sollte. Nachdem ich von niemandem präzise Anweisungen bekommen konnte, mußte ich die ganze

Rolle mit ausdruckslosem Gesicht spielen, bis zum Schluß, in dem ich als »guter Mensch« sterben durfte.

Valentine Dyall und Joseph O'Connor waren die Männer, die mich liebten, Co-Produzent war Paul King, der den Rest der Filmcrew eingestellt hatte. Es fehlte uns nur noch ein Cutter. Ein junger Mann stellte sich vor, den wir zum Mittagessen in ein ungarisches Restaurant einluden. Während Desmond und ich uns über die guten Wiener Leibgerichte hermachten, die Spezialität des Hauses, bestellte er sich gekochten Fisch und gedünstete Kartoffeln. Ich dachte, er sei vielleicht magenkrank, aber er versicherte uns, daß ihm gesundheitlich nichts fehle. Ich nahm Desmond beiseite und sagte ihm meine Meinung: »Dieser Mann kann keinen Film schneiden, der hat keine Phantasie!« »Ach, das ist doch lächerlich«, erwiderte Desmond und engagierte den jungen Mann auf der Stelle. Schon nach einer Woche mußte er ihn wieder entlassen. Die Szenen, die er ausgewählt hatte, waren immer die falschen.

Wir hatten mit dem Film angefangen, bevor Mrs. Woolverton das nötige Geld gezahlt hatte. Sie wartete auf die Rückkehr ihres Partners, eines Finanziers, der in der Nähe von London in Virginia Water ein Landhaus besaß. In der zweiten Woche kam das Filmprojekt fast komplett zum Stillstand. Das sogenannte Überbrückungsgeld, das Desmond von verschiedenen Freunden seiner Mutter erbettelt hatte, war auf dem Konto, aber jetzt brauchten wir den Hauptbetrag. Aber Mrs. Woolvertons Finanzier ließ weiter auf sich warten. Ich hatte schon eine Weile erhebliche Zweifel an ihrer Seriosität und war endgültig alarmiert, als sie uns zu Weihnachten zwei übelriechende Truthähne schickte. Geflügel gab es zu der Zeit immer noch nicht ohne Zuteilung. Sie hatte mir von einem Fleischermeister erzählt, mit dem sie auf besonders gutem Fuß stand. Bevor ich die Truthähne auf den Müll warf, rief ich die Polizeistation in Virginia Waters an und erkundigte mich nach Mrs. Woolvertons Finanzier. Es gab niemanden dort mit diesem Namen. Desmond war bereits mit unseren Anteilen auf dem Weg zu Mrs. Woolverton. Als ich bei ihr anrief, war er gerade eingetroffen. Ich bat ihn, die Anteile nicht herzugeben und auf keinen Fall etwas zu unterschreiben. Er meinte, ich mache ein lächerliches Aufhebens wegen zweier lächerlicher Truthähne, und unterschrieb den Vertrag. Es stellte sich heraus, daß der mysteriöse Finanzier kein anderer war als der Fleischermeister, der die stinkenden Truthähne geliefert hatte. Auch war er der Vater des kränklichen Jünglings, der uns von Mrs. Woolverton als der Verlobte ihrer Tochter vorgestellt worden war und immer im Haus herumlungerte, wenn wir zu geschäftlichen Besprechungen gekommen waren. Der Fleischermeister hatte Mrs. Woolverton längst das Geld für unsere Aktien gegeben. Sie hatte es eingesteckt, und nun schickte er den bleichen Jüngling vor, um seine Interessen an unserem Film zu wahren, denn er glaubte, er sei nun der Eigentümer des Films *Stranger at my Door*.

Schließlich fand sich der Fleischer ohne einen Anteil wieder, wir hatten kein Geld, den Film fertigzudrehen, und keinen Weihnachtsbraten – und Mrs. Woolverton landete im Gefängnis.

Irgendwie gelang es Desmond dann doch noch, mit dem Überbrückungsgeld den Film zu Ende zu drehen. Es war vielleicht der einzige Spielfilm, der nicht mehr als ein paar tausend Pfund gekostet hat, aber wir hatten kein Geld mehr für die Filmmusik. Desmond verschwand im Schneideraum und blieb dort etliche Tage und Nächte unerreichbar. Als er wieder auftauchte, hatte er einen eindrucksvollen Soundtrack für den Film gezaubert. Er hatte verschiedene Tonbänder aufeinander, vorwärts, rückwärts aufgenommen, bis er den gewollten Effekt erzielt hatte. Die Musik war fast das Beste am ganzen Film. Desmonds Erfahrungen im Schneideraum waren für ihn der Beginn einer ganz neuen Karriere. Es war die elektronische Musik, damals *musique concrète* genannt, in der er bemerkenswerte Neuerungen hervorbrachte.

Agnes und Joseph O'Conner in Stranger at my Door

Stranger at my Door wurde später vom Monarch Filmverleih vertrieben und in vielen Ländern gezeigt, sogar in Amerika, wo mein Bruder seine kleine Schwester als erwachsene Frau auf dem Bildschirm wiedersah.

Wir erhielten eine Einladung nach Blenheim Palace, dem Sitz des Herzogs von Marlborough, der ein entfernter Cousin Desmonds auf der Churchill-Seite war. Leider war es ein Besuch, der uns in große Verlegenheit brachte. Ein Filmproduzent wollte über das Schloß einen Dokumentarfilm drehen. Der Herzog war sehr begeistert, die Herzogin aber konnte den Mann nicht ausstehen. Sie hatte es sich in den Kopf gesetzt, daß *wir* diesen Film drehen sollten. Unsere beiden Gastgeber zankten sich darüber die ganze Zeit. Sie fingen beim Frühstück an und setzten ihren Streit bis spät in die Nacht fort, weil die Herzogin uns unbedingt dem Herzog aufdrängen wollte. Wir wußten nicht, wie wir der Herzogin klar machen sollten, daß man mehr als guten Willen für einen Film braucht, und selbst wenn der Herzog zu überreden wäre – was nicht zu erwarten war –, waren finanzielle Mittel vonnöten, die uns nicht zu Verfügung standen. Wir waren froh, als das Wochenende vorüber war. Der Herzog gab mir noch ein riesiges Eisbärfell als Bestechungsgeschenk, damit wir auf Nimmerwiedersehen verschwänden – was wir auch taten. Unser Kindermädchen war entsetzt, weil ich das herzogliche Eisbärfell im Kinderzimmer auf den Fußboden legte. Sie stolperte ständig über den riesigen Kopf. Zum Schluß wurde der Bär in den Keller von South Lodge verbannt, wo ihn die Motten aufgefressen haben.

Desmond experimentierte weiter mit Tönen und Tonbändern. Ich verwandelte unser Gästezimmer für ihn in ein Tonstudio. Er sammelte dort Hunderte von Spulen mit Tausenden von Geräuschen, aus denen er ganz Symphonien komponieren konnte. Summende Bienen, heulende Babys, hupende Autos – alles wurde dazu gebraucht, denn er verwendete diese Töne und Laute, wie ein Maler Farben mischt, und konnte daraus Tonbilder kreieren. Andere folgten bald seinem Beispiel, aber wenige besaßen seine einzigartigen Fähigkeiten: Er war als Komponist begabt und hatte sich die Technik, mit elektronischen Geräten zu arbeiten, selbst beigebracht. Wenn er nach 1963 die Arbeit nicht aufgegeben hätte, stünde er heute an der Spitze seines Metiers.

Es zeigte sich bald, daß das Wechselspiel unserer Talente sehr erfolgreich war. Durch meine Arbeit am Theater, im Fernsehen, Film und Radio lernte ich Regisseure kennen, die ich oft zu einem Drink nach Hause einlud. Desmond lockte sie dann in sein Studio und spielte ihnen seine elektronischen Kompositionen vor. Nur wenige verließen unsere Wohnung, ohne ihm einen Auftrag erteilt zu haben, und seine außergewöhnliche Musik wurde in vielen Avantgarde-Produktionen gespielt. Natürlich dauerte es eine ganze Weile, bis es so weit war, und so waren wir nach *Stranger at my Door* vorerst wieder einmal pleite.

Leider hatte keiner unserer Versuche, schnell reich zu werden, Erfolg. Niemand kaufte die handgemachten Heinzelmännchen, die Desmond aus Dublin mitgebracht hatte, oder bestellte die Bibeln, die wir als »das skandalöse Buch, das niemand versäumen sollte« annonciert hatten. Ein Freund, der kurze Zeit bei uns wohnte, dachte, er würde uns beschämen, wenn er uns dafür Geld gäbe, und bot mir eine Flasche Whiskey an, die ich mit der Entschuldigung, wir seien Abstinenzler, ablehnte. Er schickte uns stattdessen einen Korb mit unreifen Birnen von Fortnum & Mason. Der Schweizer Uhrmacher, den ich mir in Paris angelacht und der mir versprochen hatte, daß wir mit seinen Uhren in England viel Geld machen würden, saß im Gefängnis, als wir bei ihm in Lausanne eintrafen. Wir mußten sogar noch eine Bürgschaft für ihn leisten. Das kostete uns unser letztes Geld.

In London brach eine Polioepidemie aus. Ich floh mit Seán nach Brighton. Wir zogen in das Hotel Desmond. An den Wochenenden kam Desmond uns besuchen, wie es alle anderen Ehemänner auch taten. Er machte bei allen Späßen mit, konnte selbst aber nie eine Runde spendieren. Von London aus schickte er uns dann zwanzig Pfund, hatte das Geld aber leider an den Hotelmanager adressiert, der sich weigerte, es mir auszuhändigen. »Ich habe den Eindruck, daß dies das einzige Geld ist, was Sie momentan besitzen«, sagte er, womit er natürlich recht hatte. Ich war nicht nur gedemütigt, sondern auch wütend und enttäuscht. Als unser Geld aufgebraucht war, mußten Seán und ich nach London zurückkehren. Es war ein günstiger Moment, weil ich sonst den Filmball in der Albert Hall versäumt hätte. Es kostete zehn Pfund Eintritt pro Person. Wir konnten uns die Karten nicht leisten. Aber Desmond hatte, wie so oft, eine gute Idee. Als der Abend nahte, zogen wir uns unseren feinsten Zwirn an – Desmond den Smoking seines Bruders,

Agnes mit ihrem ersten Sohn Seán in Brighton

ich die langen Weißfüchse meiner Mutter um die Schultern – und mieteten einen Rolls Royce. Auf der Rückseite der Albert Hall stiegen wir ein, umkurvten sie einmal und hielten am Haupteingang. Eine so kurze Fahrt konnten wir uns gerade noch leisten. Als wir in unserer Galaaufmachung aus dem Wagen stiegen, traute sich niemand, nach unseren Karten zu fragen. Es dauerte nicht lange, bis wir Bekannte entdeckten.

Sie luden uns in ihre Loge ein und stellten uns den Umstehenden vor. Noch ehe der Abend vorüber war, hatte ich ein Angebot für die Hauptrolle in einem Film, der in Manchester gedreht werden sollte. Nach dieser ersten Rolle folgte auch eine zweite, und unser Auskommen war für längere Zeit gesichert. Mancunian, die Filmgesellschaft, war ein Familienunternehmen, das von einem Mann und seinen beiden Söhnen geführt wurde. Der älteste Sohn führte Regie, aber leider waren alle drei Männer mit dem Wechsel von der Wurstfabrik, die sie vorher besessen hatten, zu einer Filmgesellschaft hoffnungslos überfordert. Es ist unmöglich, die körperlichen Verrenkungen zu beschreiben, die wir nach den Anweisungen des Regisseurs machen mußten, um in die Kamera sehen zu können. Die Dialoge erinnerten mich an *My Hands are Clay*. Es gab eine Szene in dem zweiten Film, die in einem Pariser Bistro spielte: Das bekannte Komikerduo Jewell und Warris spielte zwei englische Matrosen, die ahnungslos in diese Spelunke wanderten, und ich, das Apachenmädchen, sollte sie aus einer Rauferei retten. Die Kulissen waren diesmal ungewöhnlich gut gebaut. Einige der Stühle waren aus Balsaholz und fast alle Flaschen aus Wachs. Die Komparsen konnten sie also ruhig um sich werfen, ohne jemanden zu verletzen. Um die Prügelei so authentisch wie möglich zu gestalten, waren die meisten Komparsen Berufsringer aus dem Manchester Stadium. Keiner wußte, daß diese Ringer sich wirklich haßten. In der Arena wurden sie beim Kampf von Schiedsrichtern in Schach gehalten, hier aber konnten sie ihren wahren Gefühlen freien Lauf lassen. In dem Moment, als der Regisseur »Action!« rief, gingen sie wild aufeinander los. Sie schlugen sich nicht nur die Balsaholzstühle und Wachsflaschen auf die Köpfe, sondern alles, was beweglich war. Überall lagen Körper auf dem Boden, und das Blut floß. Ich sollte nun meine beiden Matrosen durch dieses Kampfgetümmel zum Ausgang ziehen, aber ich zögerte natürlich. »Mensch, geh doch schon los!« rief der Assistent und gab mir einen mächtigen Stoß, der mich in die Mitte des Schlachtfeldes beförderte. Mit einem zweiten Stoß schickte er die Komiker hinterher. Flaschen und Gläser sausten an unseren Köpfen vorbei, überall hörten wir Holz krachen. Wir versuchten, so schnell wie möglich zu entkommen, und retteten uns in dem Moment zum Ausgang, als die Kulissen komplett zusammenbrachen. Wir hörten die Sirenen der Krankenwagen aus der Ferne. Der Kameramann drehte die ganze Zeit weiter. Er konnte gar nicht anders, weil keine Möglichkeit mehr bestand, alles noch einmal zu aufzunehmen. Das Bistro war völlig zerstört. Nie wieder hatte Mancunian Film eine bessere Szene produziert.

IX *Riviera*

Im Jahr 1951 erreichte uns die Botschaft aus Glaslough, daß Marjorie im Sterben lag und die Nacht nicht überleben würde. Ich weiß nicht, warum man uns erst so spät am Nachmittag benachrichtigte, als es keine Möglichkeit mehr gab, per Flugzeug nach Dublin zu kommen. So mußten Papa Shane, Jack und Desmond ein Privatflugzeug mieten. Ich blieb zu Haus, weil Seán wieder einmal eine schwere Mittelohrentzündung hatte. Er hatte so starke Schmerzen, daß ich ihn in der Nacht zur mir ins Bett nehmen und Märchen vorlesen mußte, um ihn abzulenken. Als die Uhr in der Halle morgens fünf schlug, hörte ich einen ungewohnten Lärm an unserer Eingangstür. Ein scharfer Luftzug fegte durch den Korridor, die Tür flog auf, und es wurde eisig kalt im Schlafzimmer. Seán setzte sich auf im Bett, legte eine Hand an sein Ohr und sagte: »Mami, jetzt tut es nicht mehr weh.« Dann verschwand dieser Luftzug wieder durch den Korridor und die Eingangstür. Danach war es ganz still. Ich brachte Seán zurück ins Kinderzimmer und legte ihn in sein Bett. »Jetzt können wir beide schlafen«, sagte ich zu ihm, »Großmama ist nicht mehr krank und will, daß wir uns jetzt ausruhen.«

Desmond und Jack riefen mich früh am nächsten Morgen an. Marjorie war noch vor deren Ankunft im Schlaf gestorben. »Um fünf Uhr morgens?« »Ja, woher weißt du das?« »Sie war hier in ihrer Wohnung, um es uns zu sagen.«

Kurz nach Marjories Tod, Taufe von Leonie, Tochter von Anita und Bill. Links
Sir Shane neben Anita und Bill, dahinter Jack Leslie, Agnes und Desmond

Ein paar Tage später war ich in Glaslough Gastgeberin bei der
Beerdigung. Wir gaben ein Mittagessen für die Trauergäste.
Viele waren von weit hergekommen, Ehrengast war Seán T.
O'Kelly, der irische Präsident.

Marjorie hatte schon vor Jahren entschieden, wo man sie zur
Ruhe betten sollte. Als erste Katholikin der Leslie-Familie
wurde sie nicht in der Familiengruft begraben. Sie hatte sich
ein kleines Stück im Garten einzäunen lassen, von wo aus ein
kleiner Pfad zum See führte. Als sie dort beerdigt wurde, hielt
ich mich ein wenig abseits, weil ich nicht wollte, daß alle mich
weinen sahen. Jemand legte mir tröstend den Arm um die
Schulter – es war der Präsident.

Nach Marjories Tod konnten wir uns ein Kindermädchen für
Seán leisten. So kam Rita Flannery zu uns, eine irische Krankenschwester, die vorübergehend eine Stellung in einem Pri-

181

vathaushalt suchte. Sie willigte ein, es für sechs Monate bei uns zu probieren. Da sie jetzt nur noch einen »Patienten« in ihrer »Station« hatte, war sie um seine Gesundheit besonders besorgt, und jedesmal, wenn Freunde sich nach Seán erkundigten, antwortete sie, es gehe bergab mit ihm. Wir gewöhnten uns bald daran. Aus den sechs Monaten wurden sechs Jahre, und ihre Hochzeit wurde bei uns in South Lodge gefeiert.

Desmond wollte nun ein Buch schreiben, das ein Erfolg zu werden hatte, damit endlich unser Auskommen gesichert war. Er durchforstete sämtliche Bibliotheken auf der Suche nach einem passenden, eine breite Leserschaft garantierenden Thema. Er erwog verschiedene Philosophien und Glaubensrichtungen, war aber vor allem fasziniert von einem neuen Phänomen: den fliegenden Untertassen. Er verbrachte Stunden mit Leuten, die vorgaben, sie hätten welche gesehen, und einige behaupteten sogar, sie hatten Begegnungen mit außerirdischen Wesen gehabt. Er schrieb ein Buch über seine Forschungsergebnisse und war sehr erfreut, als er einen Verleger dafür fand. Er zögerte dann aber doch mit der Veröffentlichung, als der Verleger vorschlug, er solle sein Buch mit einem gewissen George Adamski teilen. Adamski, ein amerikanischer Guru, hatte angeblich den Fußabdruck eines Menschen von der Venus festgehalten, dem er in der kalifornischen Wüste begegnet sein wollte. Desmond war bereit, nach Amerika zu reisen, um Adamski persönlich kennenzulernen. Diesmal ermutigte ich ihn nicht dazu. Er hatte mir einen »Longseller« versprochen, und jetzt war daraus ein verrücktes Buch geworden, das niemand kaufen würde. Ich habe mich selten so gründlich geirrt. Zu der damaligen Zeit gab es kaum jemanden, der sich mit Erscheinungen von fliegenden Untertassen ernsthaft beschäftigte. Wenige Bücher waren darüber erschienen, und keines, das das Thema sachlich behandelte. Desmond behauptete niemals, er hätte selbst ein UFO gesehen, er setzte sich nur mit der Möglichkeit ihrer Existenz auseinander. Die Welt war reif

UFO oder Lampenschirm?

für sein Buch. Wenn auf George Adamskis berühmter Fotografie von einem UFO in Wirklichkeit nur ein Lampenschirm zu sehen war, wie so oft behauptet wurde, warum hat das nie jemand erfolgreich bewiesen?

Meine Eltern hatten mir oft von ihren schönen Ferien an der französischen Riviera erzählt. 1951 konnte ich Desmond endlich dazu überreden, mit mir an die Côte d'Azur zu fahren. Meine Mutter bestand darauf, daß der vierjährigen Seán mit Nanny Flannery in England bleiben müsse. Er sollte an einem Badeort im kühlen und heilsamen Küstenklima Ferien machen, während wir in unserem alten Auto in den heißen Süden zogen.

Wir hatten eine aufregende Fahrt durch die Alpen, und je weiter wir die Berge hinabkamen und uns der Küste näherten, um so höher stiegen die Temperaturen. Stück für Stück entledigten wir uns unserer Kleidung, das Auto glich, voller Socken, Hemden und Wolljacken, eher einem Wäschekorb als einem Kraftfahrzeug. Wir erreichten eine überfüllte, staubige Autobahn, die uns an den heimischen Kingston Bypass erinnerte. Cannes und Nizza lagen zwischen der Autobahn und dem Meer, und man konnte die Küste nicht sehen. Vergebens suchten wir nach einem hübschen Ort, an dem sich ein Halt gelohnt hätte. Ich war so enttäuscht, daß ich in Tränen ausbrach. Wir kehrten um, und anstatt nach St. Tropez fuhren wir nach Monaco. Endlich kamen wir auf eine schöne Küstenstraße und – nach Monte Carlo. Wir hielten vor dem Hôtel de Paris. Ein Portier in einem weißen Anzug mit weißen Handschuhen betrachtete uns und unseren »Wäschekorb« mit Argwohn. Direkt gegenüber stand das palmenumringte Kasino – ganz wie ich es mir vorgestellt hatte. Hier sollten wir bleiben, schlug ich vor. »Das können wir uns mit unseren fünfzig Pfund nicht leisten«, sagte Desmond überraschend vernünftig. Die englischen Touristen litten damals noch immer unter den Währungsbeschränkungen der Nachkriegszeit. »Wenn du willst, können wir heute nacht hierbleiben, und morgen suchen wir uns eine billige Pension.«

Wir stiegen die imposante Marmortreppe hinauf, durchquerten die prächtige Halle und kamen an die Rezeption. Der Empfangschef gab uns ein riesiges Zimmer im Anbau und ließ unser anstößiges Auto von dem schneeweißen Portier hinter das Hotel fahren. Er machte uns darauf aufmerksam, daß der Fahrstuhl in der Ecke direkt zu Beach Club und Swimmingpool führte und daß Hotelgäste keinen Eintritt zu zahlen brauchten. Nun hatten wir ein herrliches Zimmer, und meine Stimmung stieg. Wir packten unsere Badeanzüge aus, hüllten uns in die luxuriösen Bademäntel des Hotels und fuhren mit dem Fahrstuhl hinunter zum Swimmingpool. Zu unserem Erstaunen saßen nur wenige Menschen unter den bunten Sonnenschirmen, und fast alle waren Bekannte von uns. Wir verbrachten einen wunderschönen Nachmittag, bis jemand fragte, wo wir wohnten. »Im Hôtel de Paris«, antworteten wir stolz. »Das wird euch aber eine Stange Geld kosten.«

Wir eilten zurück an die Rezeption. »Es tut uns leid«, sagte Desmond und steckte seine Hand in die Tasche, als ob er nach etwas suchte, »wir haben soeben Nachricht erhalten, daß wir sofort nach Hause müssen, können wir unsere Rechnung haben?« »Aber natürlich«, sagte der Empfangschef mit Bedauern. »Voilà, Monsieur, l'addition!« Desmond prüfte die Rechnung – der Betrag war unwahrscheinlich niedrig. Er steckte die Hand in die andere Tasche. »Ähem – ich habe gerade erfahren, daß wir noch ein oder zwei Wochen bleiben können.« »Das ist gut, Monsieur«, sagte der Empfangschef mit einem erfreuten Lächeln.

Wir gingen wie im Traum auf unser elegantes Zimmer. Erst konnten wir das »Wunder« nicht verstehen, aber am nächsten Morgen erfuhren wir im Beach Club, daß Onassis sich entschlossen hatte, Monte Carlo zu »entwickeln« und den populären Badeorten Nizza, Cannes und St. Tropez Konkurrenz zu machen. Aber noch verirrten sich nur wenige Gäste nach Monte Carlo und in das Hotel. Wir hatten dem Empfangschef nichts vorgemacht. Er konnte sich schon denken, daß wir wenig Geld hatten, aber er hatte sich entschieden, uns – jung und gutaussehend, wie wir damals waren – als ein Plus in dieser schlechten Saison zu betrachten. Wir enttäuschten ihn nicht und waren ein »Plus«, wann immer wir konnten, besonders wenn wir die Marmortreppe in unserer besten Abendkleidung hinunterschritten. Wir waren auf dem Weg zur Gala im Grand Hotel, natürlich ohne die teuren Billets gekauft zu haben. Solange wir zu spät kamen und das Essen versäumten, berechnete man uns nichts und erlaubte uns, am Tisch unserer

Freunde zu sitzen und das Cabaret zu genießen. Es war wie beim Filmball in der Albert Hall, nur brauchten wir dieses Mal keinen Rolls Royce. Wir suchten und fanden ein nettes und preiswertes Hotel für das nächste Jahr und nahmen uns vor, von nun an die Sommerferien in Monte Carlo zu verbringen. Zu Hause hatte der arme Seán seine Ferien in dem heilsamen Badeort mit Ohrenschmerzen und Husten zugebracht. Der Wind an der englischen Küste war kalt gewesen. Trotz des Protestes meiner Mutter ließen wir ihn im nächsten Jahr nicht zu Hause. Auch später fuhren wir fast nie ohne unsere Kinder in die Ferien, und zum Erstaunen meiner Mutter blühten sie in der Hitze an der Riviera regelrecht auf.

X *Salomé am West End*

Unser Leben bestand natürlich nicht nur aus Ferien. Ich war häufig auf Arbeitssuche und hatte manchmal sogar Glück. Kurz nach unserer Rückkehr bekam ich meine erste Anstellung im West End, am Cambridge Theatre. Basil Dean, der bekannte Regisseur aus Australien, war dabei, *Hassan*, ein Stück von Elroy Flecker, zu inszenieren. Ich sollte die Ersatzfrau für die beiden weiblichen Hauptrollen sein und hatte nur zwei Sätze zu sprechen.

Um Geld zu sparen, hatte man mich in der ersten Woche der Proben nicht kommen lassen. Ich fing also später als die anderen Schauspieler im Cambridge Theatre an. Als ich durch den Zuschauerraum zur Bühne ging, war Basil Dean gerade dabei, das lange Gedicht, mit dem das Stück endet, einzustudieren. Männliche Stimmen klangen laut durch den Saal: »Wir sind auf dem goldenen Weg nach Samarkand.« Als ich die Rampe erreichte, war mein Satz an der Reihe. Um den resoluten Tönen des männlichen Chors mit meiner Stimme nicht nachzustehen, rief ich, so laut ich konnte: »Sie haben ihre Träume und denken nicht an uns!« Es folgte Totenstille. Schließlich hörte ich Basil Deans zittrige Stimme: »Wir brauchen Qualität, Miss Bernelle, keinen Lärm!« Dieser Anfang war nicht vielversprechend. Dean war bekannt dafür, daß er Schauspieler gern einschüchterte, besonders die jüngsten und unwichtigsten unter ihnen. In diesem Fall war ich es.

Jeden Tag, wenn wir bei meinem Schlußgedicht angelangt

waren, änderte Basil Dean die Betonung der einzelnen Worte in meinem Satz. »Nein, nein, Miss Bernelle, es heißt nicht: sie haben ihren Traum und denken nicht an uns, sondern *sie* haben ihren Traum und denken nicht an uns«, sagte er am Montag, am Dienstag: »Sie *haben* ihren Traum ...«, am Mittwoch: »Sie haben *ihren* Traum«, und so ging es weiter.

Am Samstag hatte er alle Möglichkeiten ausgeschöpft. Ich setzte mich mitten auf die Bühne und lachte. »Was ist denn so komisch, Miss Bernelle?« fragte Basil Dean. »Na, ich habe jetzt jeden Tag ein anderes Wort in meinem Satz betonen müssen, Mr. Dean. Was werden Sie nun nächsten Montag machen?« Dean war sprachlos. Die Truppe brach in schallendes Gelächter aus. Ich war auf die sofortige Entlassung vorbereitet und wußte noch nicht, daß mein selbstbewußtes Auftreten die einzig richtige Art war, mit diesem Haudegen umzugehen. Anstatt mich zu entlassen, nahm sich Basil Dean meiner an. Ich sollte unbedingt die Hauptrolle spielen, bevor die Saison zu Ende war. Er verfolgte nun jede meiner »Ersatz«-Proben und arbeitete mit mir intensiv an beiden Rollen, was sonst eigentlich dem Assistenten überlassen wurde. Er bestellte ein Kostüm für mich, falls das Kleid der Hauptdarstellerin, Hilda Simms, mir nicht passen sollte. An den Abenden, an denen Hilda spät in ihrer Garderobe ankam, mußte ich in meinem Kostüm hinter der Kulisse bereitstehen. Es war nervenaufreibend, besonders weil Hilda Simms an einer bösartigen Anämie litt und oft erst sehr spät kam. Aber leider kam sie im letzten Moment immer, was mich enttäuschte und Basil Dean wütend machte.

Die Inszenierung war sehr aufwendig, lief aber dennoch nur ein paar Monate. Ich bekam nie die Gelegenheit, Pervaneh zu spielen, aber schon bei den Proben mit Dean habe ich sehr viel gelernt. Ich war ihm mein Leben lang dankbar dafür.

Den ersten Besuch bei meiner Tante Martha Hausdorff unternahm ich im Jahre 1952. Ich fuhr mit Desmond und Seán nach Barcelona. Tante Martha war mit ihrem jüdischen Mann nach Spanien ausgewandert. Mein Onkel Kurt, der sich jetzt Conrado nannte, zeigte uns am Tage die üblichen Sehenswürdigkeiten, und abends führte er uns auch gerne aus. Einmal erkannte mich in einem Nachtklub an der Ramblas de Flores ein spanischer Agent. Er hatte mich entweder in *Stranger at my Door* oder *Nicht umsonst* gesehen und fragte meinen Onkel, ob ich Lust hätte, in diesem Nachtklub aufzutreten. Er stellte mich dem Besitzer, Señor Martinez, als die beliebteste Künstlerin der englischen Gesellschaft vor. Martinez bot mir eine gute Gage. Der spanische Wein, den mein Onkel spendiert hatte, gab mir Mut, und ich willigte ein, am nächsten Morgen in den Klub zu kommen, um mein Repertoire mit ihm zu besprechen.

Am folgenden Morgen wachte ich ernüchtert auf und wußte nicht, was ich tun sollte. Ich hatte überhaupt kein Repertoire. Auf dem Weg zum Klub machte ich einen Abstecher in ein Musikgeschäft und kaufte mir Notenblätter von den Schlagern, die ich gut genug kannte, um sie zu singen, ohne sie gelernt zu haben. Ich legte sie aufs Klavier und ging an das Mikrofon, das Martinez für mich hatte aufstellen lassen. Noch nie hatte ich beim Singen ein Mikrofon benutzt. Meine Stimme so verstärkt im Raum zu hören, gab mir Mut, und ich sang mit großem Nachdruck Lieder aus *Oklahoma* und das *Irische Wiegenlied*. Señor Martinez schien mit meiner Stimme zufrieden, fragte aber, ob ich meine Lieder immer so ordentlich von Anfang bis Ende singen würde. Ich konnte natürlich nicht zugeben, daß ich überhaupt noch nie eins davon gesungen hatte. Er gab mir ein paar gute Ratschläge, zum Beispiel, mit dem Refrain anzufangen, um dann später zu den eigentlichen Strophen zu kommen, und schlug noch andere kleine Verbesserungen vor, denn er war früher einmal Orchesterdirigent gewesen. Ich erschrak fürchterlich, als er mir sagte, ich solle meine Noten dem Orchester weitergeben. Nein, ich bestand darauf, jeden Morgen mit seinem Pianisten zu proben. Martinez, der natürlich nicht verstand, warum das nötig war, willigte ein. Ernsthaft begann ich nun, für meine Auftritte zu proben. Der Pianist sprach kein einziges englisches Wort, mißverstand alles, was ich sagte, und spielte nie das Lied, das ich gerade sang. Irgendwann war ich auf seine Begleitung nicht mehr angewiesen, und hätte das Orchester später *God Save the Queen* gespielt, hätte ich dazu das *Irische Wiegenlied* ohne einen falschen Ton singen können.

An meinem ersten Abend wartete ich in meiner kleinen Garderobe hinter der Bühne, während die Truppe vor mir eine spanische Nummer nach der anderen spielte, um das Publikum ein bißchen anzuheizen, was eigentlich überflüssig war, denn es herrschte eine brütende Hitze in dem Klub. Martinez hatte die gesamte »bessere Gesellschaft« Barcelonas zum Debüt seines großen englischen Stars (»La artísta más estimada de la sociedad inglesa«) eingeladen und taumelte, vom Alkohol schon etwas benebelt, zwischen den einzelnen Auftritten auf die Bühne und sprach begeistert von der wunderbaren Künstlerin – nämlich mir –, die bald auftreten würde. Das mittlerweile sehr erhitzte, von seiner Protzerei gelangweilte Publikum fing an, ihn grob zu unterbrechen. Mein Spanisch war mangelhaft, aber ich konnte verstehen, was sie ihm zuriefen: »Na, dann laß uns doch dieses Wunder endlich sehen. Sie soll uns zeigen, was sie kann!«

Nach zwei Stunden andalusischen Gesangs und klappernden Kastagnetten durfte ich endlich auftreten. Es war kein günstiger Moment! Vom besten Couturier der Stadt hatte ich mir ein smaragdgrünes Satinkleid schneidern lassen, in meinem Haar leuchtete eine smaragdgrüne Strähne, die zu meinem Kleid paßte. Heutzutage würde sie nicht viel Aufsehen erregen, aber 1951 war sie eine Sensation, als ich endlich auf der Bühne erschien. Das Publikum diskutierte laut und aufgeregt über mein Aussehen. Nervös, wie ich sowieso schon war, versuchte ich vergeblich, den Lärm zu übertönen, und schnitt bei der Anstrengung Grimassen. Kurz, der Abend war kein großer Erfolg! Am nächsten Morgen eröffnete mir Martinez, er könnte mich

Agnes in Barcelona

nur noch für die halbe Gage weitersingen lassen. Ich willigte ein, und so begann eine der lehrreichsten Wochen meines Lebens. Ich lernte schnell, wie man das Publikum zur Ruhe bringt. Mitten im Stück hörte ich plötzlich auf zu singen und sah ins Publikum, als wäre das nächste Wort eine Offenbarung. Sie waren sofort still, und ich sang weiter. In kurzer Zeit hatte ich meinen eigenen Stil entwickelt.

Als ein spanischer Grande, der als Doppelgänger von König Edward VII. bekannt war, weil er dessen Kleidung nachahmte, ein Verehrer von mir wurde und jeden Abend an demselben Ecktisch zu finden war, füllte sich der Klub, und Martinez machte ein gutes Geschäft mit mir.

Eines Abends nach der Vorstellung schob er einen mir fremden Herrn in meine Garderobe. Er stellte ihn als den Besitzer eines Nachtklubs in Madrid vor, der mich engagieren wolle. Ein Kellner brachte Champagner, stellte die Flasche auf den Tisch und verschloß von außen die Tür. Ich verglich diesen Mann, der ganz verlegen dastand, mit dem weltlichen Martinez und kam zu der Überzeugung, daß hier etwas nicht stimmte. Er war offensichlich nur ein reicher Gast, an den Martinez mich verkuppeln wollte, wie er es mit allen Tänzerinnen tat. Er hatte mich oft genug angekündigt als die »berühmte englische Lady, die nicht käuflich ist«. Nun fragte ich den Herrn, wieviel Martinez ihm denn für den Champagner berechnet hätte. Er nannte einen unverschämt hohen Preis. Mein Verdacht war bestätigt. »Nun denn«, sagte ich, »nachdem Sie so viel dafür bezahlt haben, sollten wir ihn wirklich trinken, und dann geht jeder seiner Wege.« Er war sehr erleichtert. Martinez hatte ihn offenbar zu diesem Abenteuer gedrängt. Nachdem wir den Champagner getrunken hatten, klopfte ich an die Tür, und Martinez befreite uns. »Aniez«, rief er ganz enttäuscht, »so schnell?« »Natürlich«, antwortete ich mit einem zufriedenen Lächeln, »es war leicht zu arrangieren. Ich fliege schon morgen früh nach Madrid.« Martinez glaubte jetzt an seine eigene Lüge. »Aber ich habe doch einen Vertrag mit Ihnen!« rief er aufgeregt. »Ich weiß, aber ich dachte, wo Sie doch alles eingefädelt haben, würden Sie keine Schwierigkeiten machen«, antwortete ich ihm. Er eilte in sein Büro, riß die Schublade auf und wühlte hastig in den Papieren. Schießlich fand er meinen Kontrakt und hielt ihn mir unter die Nase. »O.k., beruhigen Sie sich. Ich bleibe. Aber wagen Sie es nie wieder, mich zu verkaufen!«

Meine Wochen bei Martinez verliefen ohne weitere Zwischenfälle. Ich hatte gelernt, wie man sich bei einem lärmenden Publikum durchsetzt, und genug Geld gespart, um Desmond und Seán nach Palma de Mallorca einzuladen. Es sollte eine schöne Abwechslung sein, aber leider kam alles anders. Außer dem Grand Hotel, das gerade umgebaut wurde, sahen wir nichts von der Insel. Der Lärm war unerträglich, aber wir mußten dort bleiben, weil Seán wieder mal eine Mittelohrentzündung bekommen hatte. Mir war die ganze Zeit übel, und ich konnte keine der Mahlzeiten, die im Preis inbegriffen waren, genießen. Ameisen fielen über unser Zimmer her. An den Wänden, sogar in unserer Zahnpasta, wimmelte es von den Viechern. Das Wetter war schrecklich, und die Marmorböden, die bei der heißen Sonne Spaniens so wunderbar kühlten, machten das Zimmer kalt und ungemütlich. Der Regen pladderte auf die Terrasse, und daß die Sonne am Tag unserer Abreise endlich hervorkam, war mir mittlerweile ganz egal. Ich wollte nur nach Hause und hätte fast den Boden geküßt, als wir in Heathrow landeten. In London erfuhr ich den Grund meiner Übelkeit – ich war schwanger.

Egon Larsen und sein englischer Partner hatten gerade eine neue Revue geschrieben. Ich sollte mitmachen, und Desmond steuerte ein paar sehr witzige Sketche bei. Ein junger englischer Schauspieler, Ronnie Corbett, der später ein sehr berühmter Komiker wurde, gesellte sich zu unserer Truppe, und wir hatten großen Erfolg. Die Revue sollte eigentlich drei Wochen laufen, wir spielten dann aber fast fünf Monate.

Mit meinem Kostüm bekam ich Schwierigkeiten, weil das Baby in meinem Bauch immer mehr Platz beanspruchte. Schließlich spielte ich alle meine Nummern in der gleichen chinesischen Jacke.

In dieser Zeit beichtete mir Desmond, daß eine seiner Freundinnen ebenfalls ein Kind von ihm erwartete. Ich war ziemlich bestürzt, aber dennoch froh, daß er es mir selbst gesagt hatte und ich es nicht von Fremden erfahren mußte. Ich war bereit, das Kind anzunehmen und es zusammen mit meinem Baby aufzuziehen. Desmonds Freundin fand allerdings ein kinderloses Ehepaar, das nur zu gern das kleine Mädchen gleich nach der Geburt adoptierte.

In diesem Sommer verbrachten wir wieder einmal in Monte Carlo unseren Urlaub und wurden zu einer Hochzeit nach Genua eingeladen. Wir beschlossen, die Einladung anzunehmen, und machten den kleinen Abstecher nach Italien. Bei der Paßkontrolle an der Grenze stellte sich heraus, daß ich aus Versehen statt meines Reisepaßes Seáns eingesteckt hatte. Zunächst machte der Beamte große Schwierigkeiten. »Ich weiß nicht, wer Sie sind, Signorina. Vielleicht werden Sie von Interpol gesucht?« »Ich bin Agnes Leslie, die Ehefrau des Herrn, dessen britischen Paß Sie gerade in der Hand halten.« »Können Sie das beweisen?« Ich erinnerte mich, daß man uns bei der Abreise am Flughafen fotografiert hatte. Ich fand den Zeitungsausschnitt in meiner Handtasche. »Na, hier bitte«, sagte ich stolz, »da können Sie es sehen!« »Sie sind also Frau Leslie, die Frau dieses Engländers?« fragte der Beamte mit anzüglichem Grinsen. »Wer ist dann Agnes Bernelle, die ungarische Schauspielerin auf dem Weg nach Monaco?« Die chinesische Jacke hatte meine Schwangerschaft gut verborgen, und nun war er überzeugt, daß wir ein Liebespaar waren, das er bei einem heimlichen Wochenende ertappt hatte. »Va bene«, sagte er und gab mir Seáns Reisepaß zurück. »Ich hoffe, Sie werden ein paar schöne Tage in Italien verbringen, Signorina.« Wie man mich über die Grenze nach Monaco gelassen hat, weiß ich nicht mehr, jedenfalls waren wir nach ein paar Tagen wieder zurück.

Im Beach Club hatte sich indessen ein älterer, gutaussehender Herr am Swimmingpool niedergelassen, und zwar direkt neben der Damentoilette. Dort saß er täglich auf einem Haufen Kissen, in der Hand eine der ersten Sofortbildkameras, und knipste jede attraktive Frau, die in den Waschraum ging. Dann entwickelte er blitzschnell das Foto und reichte es den erstaunten Damen, wenn sie wieder herauskamen. Auf diese Weise konnte er die Bekanntschaft jeder Frau machen, die ihn interessierte, ohne sich von der Stelle zu rühren. Auch ich lernte Victor Sassoon auf diese Weise kennen, und unsere Sommerbekanntschaft wurde zu einer dauerhaften Freundschaft. Victor war als junger Mann aus einem Flugzeug gefallen und mußte den Rest seines Lebens im Rollstuhl verbringen. Wenn nötig, konnte er sich mühsam auf zwei Krücken fortbewegen. Er hatte sehr viel Geld und war sehr großzügig. Er lebte im Winter auf den Bahamas, und bevor er uns in dem Sommer verließ, verteilte er seine üblichen Abschiedsgeschenke und reichte dabei auch Desmond ein Kuvert, das genügend französische Francs für weitere zwei Wochen in Monte Carlo enthielt.

Nach diesen zwei Wochen konnte ich wegen meines Zustands nicht mehr im Auto über die Alpen fahren. Wir beschlossen, daß ich mit Seán nach Hause fliegen sollte. Leider waren zunächst keine Plätze zu bekommen, und wir kamen auf die Warteliste. Desmond und Seáns Nanny Flannery fuhren im Auto voraus. Desmond versicherte mir, daß er genügend Geld für unsere Hotelrechnung und ein bißchen Bargeld für Seán und mich dagelassen hatte. Die Straßen von Monte Carlo konnte ich aber in meinem Zustand und bei der Hitze nicht gut bewältigen und beschloß, mir in Cannes, wo es flacher war, ein Hotel zu suchen. Es stellte sich heraus, daß Desmond vergessen hatte, daß er sich vom Hotelbesitzer noch Geld geborgt hatte. Nachdem Rechnung und Schulden bezahlt waren, blieb mir gerade noch Geld genug für unsere Fahrkarten nach Cannes. Ich nahm ein Doppelzimmer im Hotel Martinez und kam mir wie eine Hochstaplerin vor. Ich wußte nicht, wie ich das Zimmer bezahlen sollte. Die Devisenvorschriften erlaubten mir nicht, einen Scheck auszustellen, auch keiner meiner englischen Freunde in Cannes konnte mir helfen, und Desmond und Nanny befanden sich jetzt, für mich unerreichbar, irgendwo im Zentralmassiv.

Ich brachte Seán zu Bett und ging langsam die Hoteltreppe hinunter. Wer würde mich in meinem Zustand aus dieser Situation retten? Ein glücklicher Zufall und die chinesische Jacke kamen mir zu Hilfe. Norman Donniger, den ich aus Manchester kannte, tauchte plötzlich in der Hotelhalle auf. Er war sehr erfreut, mich zu sehen, hatte offensichtlich meine Schwangerschaft nicht bemerkt und lud mich ein, mit ihm und seinen Freunden zu Abend zu essen. Er war, wie üblich, von einer Schar schöner Mädchen umgeben. Die ließen sich durch meine Jacke nicht täuschen und machten während des Essens anzügliche Bemerkungen, die Norman glücklicherweise nicht zu verstehen schien. Er ließ die Mädchen im Martinez sitzen, ging mit mir ins Kasino und gab mir eine Handvoll Chips. Ich hatte Glück, gewann genau soviel Geld, wie ich für das Hotel brauchte, kehrte sofort zurück und bezahlte eine Woche im voraus. Nun konnte ich etwas aufatmen. Doch ich brauchte noch Geld zum Leben für Seán und für mich. Norman wollte am nächsten Morgen nach Hause fahren, und ich hatte ihn gebeten, das Geld, das er noch übrig hatte, für mich beim Portier zu hinterlegen. Beruhigt ging ich ins Bett. Gerade war ich eingeschlafen, da öffnete jemand unsere Tür, kam ins Zimmer und legte etwas auf den Nachttisch. Das kann nur Norman sein, dachte ich. Dann hörte ich, wie sich der Eindringling im Dunkeln auszog und seine Kleider vorsichtig auf einen Stuhl legte. »Na so ein Schurke«, dachte ich. »Jetzt will er eine Belohnung für seine paar Pennys haben – und ich dachte, er wäre mein Freund.« Empört knipste ich die Lampe an und richtete mich auf. Auch Seán war vom Licht aufgewacht. Ein splitternackter, fremder Mann stand vor uns und war genauso erschrocken wie wir. Es war der Mann aus dem Nachbarzimmer – er hatte sich in der Zimmernummer geirrt und wollte leise ins Bett gelangen, ohne seine Frau zu wecken. Normans Geld wartete am nächsten Morgen an der Rezeption auf mich.

Nach einer Woche konnten wir nach Hause fliegen, und mein zweiter Sohn Mark wurde kurz vor Weihnachten in Woking geboren. Desmond wollte noch in der Nacht zu mir kommen, aber es war so schrecklich neblig und ich rief ich ihn erst am nächsten Morgen an, als Mark schon neben mir in seiner Wiege lag.

Eine von Desmonds hartnäckigsten Freundinnen war eine amerikanische Schauspielerin, die, wie ich, oft arbeitslos war. Ich empfand eine gewisse Sympathie für sie, schickte ihr in seinem Namen Blumen oder Telegramme zu ihren Premieren, wenn er es vergessen hatte. An seinem 31. Geburtstag gaben wir eine Party und luden sie ein. Sie sagte mir, sie könne nicht kommen, weil sie nichts zum Anziehen hätte. Ich hatte ein schlechtes Gewissen, denn mein Kleiderschrank war voll. Es ging uns recht gut zu der Zeit, und Desmond war sowieso immer großzügig, wenn es sich um Kleider handelte. Ich sagte, sie solle sich etwas bei mir aussuchen, und sie wählte ein Kleid von Herbert Sidon. Ich gab ihr etwas Geld und riet ihr, es für den Friseur auszugeben, aber die Folgen waren nicht vorhersehbar. Sie änderte ihre Haarfarbe, und als sie verspätet bei uns ankam, öffnete Desmond die Tür und erkannte sie nicht wieder. »Kommen Sie herein, meine Schöne«, rief er, »wo haben Sie sich mein ganzes Leben lang versteckt?« Das war das Ende ihrer Affäre.

1953 starb mein Vater an einem Schlaganfall. Ich war wie betäubt. Es war nicht allein der Verlust, um den ich trauerte; das Schicksal hatte ihm seinen letzten bescheidenen Traum nicht erfüllt. Nach seinem ersten Schlaganfall hatte er sich mühselig das Lesen und Schreiben wieder beigebracht und konnte so seine Memoiren *Das Theater meines Lebens* zu Papier bringen. Es war ein Stück deutscher Theatergeschichte. Aber er starb, ohne noch sein Buch in Händen halten und die vielen Briefe von ehemaligen Kollegen und Mitarbeitern empfangen zu können. Nach seinem Tod war er noch lange bei mir. Es gab kaum eine Rolle, die er mit mir nicht einstudiert hatte. Er machte sich darüber Sorgen. »Was wirst du tun, wenn ich einmal nicht mehr bin und du eine große Rolle bekommst?«

Ich weiß nicht genau, wie lange es dauerte, mich von ihm zu lösen, aber ich werde den Moment nie vergessen, an dem ich zum ersten Mal verstand, was Theaterspielen ist. 1954 wurden zwei kurze Stücke von Rabindranath Tagore in einem kleinen Theater in der Nähe des Leicester Square aufgeführt. Ich hatte eine Rolle in dem ersten Stück *Sacrifice* – Das Opfer –; nach der Pause war *The Postoffice* – Das Postamt – an der Reihe, ein Stück mit ausschließlich männlichen Rollen, in dem ein Todesengel an das Bett eines Jungen tritt. Eines Abends kam ich ins Theater, und man sagte mir, daß der Hauptdarsteller aus dem *Postamt* krank sei. Wir hatten keine Ersatzschauspieler, und jetzt mußte jeder, bis auf den Jungen, die Rolle wechseln. Nur noch der geschlechtslose Engel blieb übrig. Diese Rolle sollte ich nun spielen. In großer Hast versuchte ich, in der Pause beim Kostümwechsel den Text zu lernen. In dem Moment, als ich auf der Bühne stand, war mir bewußt, daß es an mir lag, die Leere zwischen der Bühne und dem Publikum zu füllen. Ich hatte keine Zeit gehabt, die Rolle zu studieren. Die Worte mußten aus meinem Innern kommen, und das taten sie. Sie erreichten die Zuschauer, und die Zuschauer reagierten. Die Gefühlswellen, die mich aus dem Zuschauerraum auf der Bühne erreichten, berührten mich sehr. Es war ein Erlebnis, das ich nie vergessen habe und zu wiederholen suche, wann immer ich auf der Bühne stehe. Der Schauspieler, der bis dahin den Engel gespielt hatte, sagte mir nach der Vorstellung: »Du weißt sicher, daß ich diese Rolle nie wieder spielen kann.« So blieb ich bis zum Ende der Saison ein Engel. Ich war glücklich, schämte mich aber zugleich, mich Schauspielerin genannt zu haben, bevor ich wußte, was dies wirklich bedeutete.

Eine der wichtigsten Rollen meines Lebens bekam ich einige Monate nach dem Tod meines Vaters: die der Salomé aus dem gleichnamigen Stück von Oscar Wilde. Ich lag abends in der Badewanne und machte mir Sorgen, mit wem ich die Rolle nun einstudieren sollte. Plötzlich hörte ich die Stimme meines Vaters. Er sprach die Worte meines Textes aus *Salomé*. Von dem Moment an hatte ich keine Schwierigkeiten mehr mit dem Stück.

Im Juli 1956 kam der australische Schauspieler und Regisseur Frank Thring nach England, um das Q Theatre, das ungefähr fünf Meilen außerhalb Londons liegt, für eine Saison zu mieten. Er wollte dort eine Reihe von neuen Theaterstücken ausprobieren und war fest davon überzeugt, wenigstens eine Produktion anschließend ans West End zu bringen. Er hatte *Salomé* in sein Repertoire aufgenommen, weil er in Australien großen Erfolg in der Rolle des König Herodes hatte.

Was Thring in Melbourne natürlich nicht wissen konnte, war, daß der Sommer bei uns eine schlechte Jahreszeit fürs Theater ist. Das Jahr 1956 machte da leider keine Ausnahme. Die Sonne brannte heiß vom Himmel – das Publikum blieb aus. Lediglich Oscar Wildes dekadente *Salomé* füllte das Haus.

Ich hatte die Rolle nach einem Vorsprechen bekommen und war überglücklich. Nur der *Tanz der Sieben Schleier* machte noch Schwierigkeiten bei der Generalprobe. Das rosafarbende Trikot,das aus Gründen des Anstands für mich angefertigt worden war – meine einzige Bekleidung, nachdem der letzte Schleier gefallen war –, bestand aus unelastischem Tüll und runzelte sich bei jeder Bewegung. »Du siehst aus wie eine tanzende Dörrpflaume«, rief der Regisseur. Für ein besseres Trikot war es nun aber zu spät. In meiner üblichen Premierenpanik riß ich mir die falsche Haut vom Leibe. So war ich die erste Schauspielerin, die nackt auf einer englischen Bühne stand. Wir fürchteten, daß die Zensur das Theater schließen würde oder Publikum und Presse uns kritisierten, aber die Zen-

Agnes als Salomé

soren ignorierten uns, und das Publikum schrieb begeisterte Briefe.

Nach dem Erfolg am Q Theater machte uns das St. Martin's Theatre im West End das Angebot, das Stück dort weiter aufzuführen. Aber Frank Thring hatte fast sein ganzes Geld für die neuen Stücke am Q Theatre ausgegeben. Es fehlten ihm noch 500 Pfund, heute wären es ungefähr 10 000 englische Pfund, und die Direktion vom St. Martin's Theater wartete auf eine Entscheidung.

Für mich und meine Zukunft bedeutete dieser Wechsel sehr viel. Ich war schrecklich nervös und konnte schlecht schlafen. Oft ging ich noch spät am Abend spazieren und landete an einem Donnerstag gegen Mitternacht in einem kleinen Kaffeehaus, das meinem Freund Peter Cosmo gehörte. Peter lud mich zu einer Tasse Tee ein und fragte, warum ich so besorgt aussähe. Ich erzählte ihm von unseren Geldschwierigkeiten. »Warte einen Augenblick«, sage er, »ich stelle dir gleich jemanden vor, der dir helfen könnte.« Er kam zurück mit einem kleinen, dunkelhaarigen Amerikaner namens Max, der meinte, die 500 Pfund bestimmt bis zum Samstag auftreiben zu können. Ich blickte in sein verhärmtes Gesicht und auf seinen abgetragenen Anzug und dankte ihm höflich. Dann trank ich meinen Tee aus, verabschiedete mich und ging nach Hause ins Bett. Die Begegnung mit Max vergaß ich sofort wieder.

Samstag früh klingelte das Telefon. Es war Frank Thrings Manager. »Kennst du einen Max Soundso?« »Nein, ich glaube nicht.« »Er sagt, er ist ein Freund von dir und hat soeben 500 Pfund in verkrumpelten Fünf-Pfund-Noten auf meinen Schreibtisch gelegt. Das Geld gibt er uns für die Salomé-Aufführung am West End, mit dir in der Hauptrolle.«

Wir fingen sofort mit den Proben an. Ich machte mir Gedanken wegen Max. Was wollte dieser Mann von mir? Aber er schien völlig zufrieden, nachdem er das ganze Haus für die zweite Vorstellung gebucht hatte – für das gesamte Personal der amerikanischen Luftwaffe, die in der Nähe Londons, in Bushy Heath, stationiert war. Anschließend, so lautete die Vereinbarung, sollte ich mit einigen Auserwählten dinieren.

Die Premiere brachte den erhofften Erfolg. Max war natürlich dabei, bescheiden und zurückhaltend wie immer.

Noch bevor sich der Vorhang am zweiten Abend hob, fiel es mir mit einem Mal wie Schuppen von den Augen. Ich wandte mich an meine Truppe: »Kinder, heute müssen wir besonders gut sein! Unsere Gönner sind im Haus!« Es stellte sich heraus, daß Max der Zahlmeister der Airbase war. Am Zahltag hatte er von jedem seiner hundert Männer fünf Pfund vom Lohn einbehalten mit der Begründung: «Du finanzierst ein Theaterstück, mein Junge.«

Den Männern machte alles einen solchen Spaß, daß sie eine Gesellschaft gründeten und weitere Stücke finanzierten. Sogar die Herren im Pentagon konnten die eifrigen Geldgeber nicht stoppen. Als dringende Befehle aus Amerika kamen, sofort mit dem Treiben aufzuhören, war es bereits zu spät: Selbst der Luftmarshall von Bushy Heath war tief in die Geschäfte mit den Londoner Theatern verstrickt.

Ich hatte es natürlich sehr genossen, am West End als Star aufzutreten, und war traurig, als alles zu Ende war. Ich hoffte aber, daß *Salomé* nur der Anfang war und ich nun leichter Rollen in Londoner Theatern bekommen würde. Es kam aber nicht so, wie ich dachte. Ich hatte mehr denn je Schwierigkeiten, Arbeit zu finden, besonders in Lustspielen und Operetten. »Das ist doch die, die den Kopf des Propheten gefordert und ihn dann geküßt hat. Die ist sicher nur für dramatische Rollen geeignet«, hieß es. Oft wurde ich erst gar nicht zum Vorsprechen eingeladen.

Der einzige, der mich damals vorsingen ließ, war Noël Coward, »The Master«, wie man ihn nannte. Früher hatte ich schon einmal bei ihm vorgesprochen und alles falsch gemacht. Ich hatte ein romantisches Lied von Ivor Novello vorgetragen, wo er doch eine satirische Revue besetzen wollte. Diesmal machte ich es auch nicht besser. Ich wählte ein satirisches Kabarettchanson aus der Kulturbundzeit, das ich ins Englische übersetzt hatte. Diesmal aber suchte er Sängerinnen für eine seiner Operetten. Nach dem üblichen »Danke schön, Sie hören von uns« verließ ich das Theater. Cowards Assistent kam mir nachgelaufen. »Mr. Coward hat mich beauftragt, Ihnen für das

Vorsingen zu danken. Ich soll Ihnen sagen, wie fasziniert er von dem Lied und dem Stil Ihres Vortrags war, so etwas hört man in England selten. Aber es tut ihm sehr leid, er braucht im Moment Operettensängerinnen.«

Eines Tages kam mir zu Ohren, daß Oscar Löwenstein, Renées Chef, langjähriger Freund und Beschützer, einem potentiellen Arbeitgeber gegenüber abfällige Bemerkungen über mich gemacht hatte. Oscar kannte mich nicht gut, ich hatte noch nie für ihn gearbeitet. Er war vom Glasgow Citizens Theatre nach London gekommen, wo er als Impresario am West End schnell eine große Karriere machte. Er war auch mit dem Royal Court Theatre verbunden und gründete die Woodfall Filmgesellschaft. Ich suchte ihn in seinem Büro auf und stellte ihn zur Rede. »Was habe ich Ihnen überhaupt getan?« fragte ich ihn. »Nun, für mich sind Sie keine ernstzunehmende Schauspielerin, sondern lediglich die Schwiegertochter eines Baronets und Verwandten Churchills.« Er war der Meinung, ich würde nur im Rolls Royce durch die Gegend fahren und ständig stünden junge Männer mit gestreiften Hosen und Bowlerhüten mir zur Seite. Zornig entgegnete ich ihm: »Ich stamme aus einer Familie, in der schon Theater gespielt wurde, als Sie noch nicht auf der Welt waren. Der einzige Rolls, in den ich jemals gestiegen bin, gehörte einem farbigen Freund.«

Oscar versprach, mich nie wieder zu verleumden. Er hielt sein Wort, und ein paar Jahre später, als ich mit einem Solo-Abend auf Tournee gehen wollte, stellte er mir seinen besten Produktionschef zur Verfügung, der mir bei der Promotion half. Aber seine anfängliche Meinung war typisch für die allgemeine Einstellung mir gegenüber.

Vielleicht wäre es mir am englischen Theater besser ergangen, wenn ich ein bescheidener Flüchtling geblieben und nicht als Mrs. Desmond Leslie bekannt geworden wäre. Vor dem Eingang des St. Martin's Theatre sprach mich einmal ein Fremder an, als ich die Fotos von *Salomé* betrachtete. Offensichtlich hatte er mich nicht erkannt: »Wissen Sie, daß ihr Mann die Produktion für sie gekauft hat, damit sie einmal am West End auftreten kann?«

In den folgenden Jahren hatte ich wenig Arbeit am Theater und nahm Gesangs- und Reitstunden. Die Wiener Opernsängerin Margaret Philipsky, die später Ernst Possony, einen bekannten österreichischen Gesanglehrer heiratete, mit dem sie sich den Unterricht teilte, war meine Lehrerin. Sie arbeiteten mit uns Schülern nach der deutschen »Schtau-Methode«, die davon ausging, daß jeder, der sprechen, auch singen kann. Die Methode verlangte von uns intensives Üben, um das Zwerchfell zu trainieren. Wir produzierten dabei absichtlich schauerliche Töne, die tief aus dem Bauch kamen. Margaret, die nie richtig Englisch gelernt hatte, verwirrte ihre englischen Schüler damit, daß sie ihnen ermutigend zurief: »Bugger, bugger!« Sie wollte damit sagen, daß sie tief in ihrem Inneren »graben« sollten, aber das Wort »bugger« wird in der englischen Sprache nur im Zusammenhang mit Homosexuellen gebraucht.

Mein Vater hatte mich in seinen letzten Lebensjahren noch »buggern« gehört und meinte, ich würde mit diesen schrecklichen Tönen nur meine Zeit verschwenden. »Du wirst nie singen können«, war er überzeugt. Ich wurde dadurch sehr gehemmt und hatte später beim Singen auf der Bühne immer Schwierigkeiten. Statt mich zum Singen zu ermutigen, hatte mein Vater mein Selbstvertrauen fast völlig zerstört. Viele Jahre mußte ich gegen die innere Stimmen ankämpfen, die sagte: »Du wirst nie singen können!«

Einmal träumte ich, ich stünde am Speaker's Corner im Hyde Park, wo jeder frei sprechen darf. Ernst Possony, den ich sehr respektierte, stand auf einer Kiste und zeigte mit einem Stock auf ein riesiges Plakat. »Ladies and Gentlemen«, rief er, »ich habe die Namen aller meiner Schüler, denen eine große Opernkarriere bevorsteht, hier auf diese Seite geschrieben, auf der anderen steht nur ein einziger Name von einer Schülerin, die in einer ganz anderen Gesangsrichtung Erfolg haben wird.« Ich beugte mich vor, um den Namen zu lesen – es war meiner.

Diesen Traum hatte ich, lange bevor ich mich auf meinen kabarettistischen Sprechgesang spezialisierte. Vieles von dem, was ich bei Margaret und Ernst gelernt hatte, mußte ich später wieder vergessen, weil die späteren Lieder eine ganz andere Technik verlangten, doch ich bin ganz sicher, daß ich ohne die solide Ausbildung, die ich von ihnen bekommen habe, heute keinen Ton mehr herausbringen würde.

Die Reitstunden waren noch seltsamer als die »Schtau-Methode«. Lilo Blum, die einen Reitstall in der Nähe des Hyde Park besaß, hatte einen ehemaligen polnischen Kavallerieoffizier als Reitlehrer eingestellt. Dieser skurrile Mann führte uns auf unseren Pferden durch den dicksten Verkehr am Hyde Park Corner und rief uns zu: »Macht euch nichts draus, Pferde haben Vorfahrt.« Leider wußten die Taxis und Busse das nicht, und auch die Pferde waren sich dessen nicht so sicher. Sie schnaubten und bäumten sich erschrocken auf, wenn die Autos auf sie losbrausten, und wir versuchten, uns krampfhaft an Hals und Mähne festhaltend, im Sattel zu bleiben. Mir ist es bis heute schleierhaft, wie wir jedesmal heil in den Park gelangten. Unser Reitlehrer hatte eine Geliebte in Chelsea und führte uns oft auf den Pferden aus der relativ sicheren Rotten Row durch lange Straßen zum Sloane Square, um Blumen oder Konfekt bei seiner Herzensdame abzugeben.

Als unser Kindermädchen heiratete, setzte ich ein Inserat in die Zeitung und fand ein hübsches rothaariges Mädchen irischer Abstammung aus den Midlands für die Kinder. Sie liebten sie sehr, und als auch sie heiratete, brauchten die Jungens keine Nanny mehr. Nun kam Irena D'Abbiero aus einem winzigen Dorf bei Neapel, um mir im Haushalt zu helfen. Sie war niedlich, bescheiden und intelligent, lernte sehr schnell Englisch und gewöhnte sich an die Großstadt. Nach einem Jahr fuhr sie zurück nach Hause, um ihren Jugendfreund Giuseppe zu heiraten. Ich hatte beschlossen, ihr eine englische Hochzeitstorte zu backen. Das Rezept stammte aus Mrs. Beetons berühmtem Kochbuch und verlangte ungeheure Mengen an Zutaten. Meine Backschüssel war viel zu voll, und ich mußte alle leeren Gefäße aus der Küche dazunehmen, bevor ich die Torte in den Ofen schieben konnte. Sie bestand aus vier Etagen. Irena hatte Mühe, damit zum Flughafen zu gelangen, und es war ein Glück, daß man ihr erlaubte, die Torte mit in die Kabine zu nehmen, ohne ein zweites Ticket zu lösen. Ich hatte ihr gesagt, sie müsse die obere Etage für die Taufe aufheben, wie es in England Brauch war. Später erzählte sie mir, daß das ganze Dorf eine Woche lang von dem Kuchen gegessen habe.

Erstaunlich schnell kehrten Irena und ihr Giuseppe nach London zurück. Es dauerte eine Weile, bis sie mir erzählte, was passiert war. In ihrem Dorf war es noch Brauch, die Laken nach der Hochzeitsnacht aus dem Fenster zu hängen. Auf Irenas Laken war kein Blut zu entdecken, was zu einem kleinen Skandal führte. Gott sei Dank war Giuseppe nicht von dem blinden religiösen Eifer seiner Familie erfaßt und zweifelte nicht an der Jungfräulichkeit seiner Braut. Ich konnte kaum glauben, daß dieser barbarische Brauch in diesem Jahrhundert noch irgendwo in Europa existierte. Ich erinnere mich genau, wie Irena und Giuseppe sich amüsiert hatten, als einmal weiße Fahnen mit rotem Kreis in den Straßen Londons wehten, dem japanischer Kaiser zu Ehren, der zu einem Staatsbesuch in der Stadt weilte.

Giuseppe hatte die Absicht, in London Arbeit zu finden. Zuerst mußte er aber Irena helfen, die bald schwanger geworden war. So kamen wir überraschend an einen Butler. Irena mußte ihr winziges Zimmer mit ihm teilen. Da ich mir nicht vorstellen konnte, wie sie dort mit dem Baby Platz finden sollten, wurde ein großes Klappbett gekauft. Nachdem das Baby geboren war, durften alle nur auf Fußspitzen in der Wohnung herumlaufen und mußten ganz leise sprechen, um die kleine Angelina, mein Patenkind, nicht aufzuwecken. Unsere Freunde machten sich über uns lustig, weil der ganze Haushalt sich nur um das Baby drehte, aber es lohnte sich. Die Treue und Anhänglichkeit der beiden war es uns wert.

Desmond und ich wurden von Victor Sassoons Schwägerin, der Prinzessin Ottoboni, eingeladen, in ihrer prächtigen Villa oberhalb Monte Carlos unsere Sommerferien zu verbringen. Von ihrer Terrasse aus konnte man sogar den Beach Club und den Swimmingpool sehen. Großzügig hatte Julia uns eines ihrer Autos zur Verfügung gestellt. Leider war es das Auto, mit dem auch ihr Butler immer zum Einkaufen fuhr. Bei einer dieser Fahrten muß er auf der steilen Bergstraße einen kleinen Unfall gehabt haben. Er hatte den Wagen zur Reparatur gebracht und die Rechnung Julia gegeben, mit der Behauptung, wir hätten ihr Auto beschädigt. Sie zahlte für die Reparatur, konnte es uns aber lange nicht verzeihen, daß wir ihr von dem Unfall nichts gesagt hatten. Wir konnten ihren treuen Diener nicht gut beschuldigen, und die ganze Angelegenheit verdarb unseren Besuch. Ich wurde in meiner Meinung, die ich mir schon nach unserem Besuch in Blenheim Castle gebildet hatte, bestärkt: Man sollte nie die Gastfreundschaft wohlhabender, einflußreicher Menschen annehmen, wenn man selbst arm und unbedeutend ist. Diese Ansicht habe ich beibehalten und deshalb persönliche Freundschaften mit Menschen, die finanziell wie gesellschaftlich einer anderen Schicht angehören, weitgehend vermieden, weil ich mich nicht revanchieren konnte. Dadurch habe ich sicherlich auch auf einige hilfreiche Kontakte verzichtet, aber ich kannte die Fallstricke zu gut.

Zu unserer Erleichterung traf Victor ein, der uns nach Siena einlud, um den Palio, das berühmte mittelalterliche Pferderennen, zu sehen. Auf unserem Weg dorthin fuhren wir durch Florenz. Ich hatte gehofft, wir würden ein paar Stunden bleiben, um die vielen Sehenswürdigkeiten zu besichtigen, aber unser kurzer Stop außerhalb der Stadt reichte gerade, um eine Plastikrakete für unsere Kinder zu kaufen. Die Rakete wurde mit gewöhnlichem Wasser angetrieben, und Desmond, Victor und der Chauffeur konnten es nicht erwarten, damit in Siena spielen zu dürfen.

Endlich erreichten wir diese wunderbare Stadt. Überall sahen wir Menschen in historischen Kostümen, riesige Fahnen wurden herumgetragen. Die Stadt bereitete sich auf die traditionelle Prozession vor. In dem einzigen modernen Hotel Sienas stiegen wir ab und machten einen kurzen Besuch bei Victors italienischen Bekannten. Von ihrem Balkon aus sollten wir das Rennen verfolgen. Jeder Bezirk Sienas nahm mit einem Pferd an diesem Rennen teil. Ich kann mir nicht vorstellen, daß es irgendwo auf der Welt ein eigentümlicheres Rennen geben könnte. Die ganze Bevölkerung ist mit einer Leidenschaft dabei, die fast an Hysterie grenzt. Die Aufregung ist jedesmal so groß, daß man meinen könnte, das Leben der Anwesenden hinge davon ab, dabei geht es noch nicht einmal um Geld. Während des Rennens ist fast alles erlaubt, die Reiter können mit Peitschen aufeinander einschlagen, und bei unserem Rennen hatte das siegreiche Pferd längst seinen Reiter verloren, bevor es alle anderen überholte und ins Ziel lief.

Am Abend fanden in den Straßen Feierlichkeiten statt. Victor hatte eine Menge Wein spendiert, der in großen Fässern an den Straßenecken ausgeteilt wurde, auch das Siegesessen wurde im Freien serviert. Wir saßen als Ehrengäste neben dem Pferd.

Am nächsten Morgen schlich ich mich aus dem Hotel. Ich wollte nicht den ganzen Tag Wasserraketen aus dem Fenster schießen. Lieber fuhr ich nach Florenz, um mir die Stadt mit ihren vielen Kulturschätzen anzusehen. Leider hatte mir niemand gesagt, daß es ein Feiertag war, an dem alle Kirchen, Museen und Galerien geschlossen waren. Ich konnte zwar Michelangelos David bewundern, aber später erfuhr ich, daß selbst der nur eine Kopie war. Ich sah die berühmten bronzenen Türen am Baptisterium und blickte von einem Hügel, auf den ich in der Mittagshitze gestiegen war, auf den Ponte Vecchio. Letztlich hätte ich ebensogut auch mit der Wasserrakete spielen können, denn ich hatte fast nichts von den Kunstwerken gesehen. Zurück in Siena, erzählte ich Victor und Desmond am Abend, daß sie viel versäumt hätten.

Als wir wieder nach Monte Carlo kamen, machten wir die Bekanntschaft einer deutschen Prinzessin, die Desmond sehr nachstellte. Daraufhin erklärte ihr Mann, daß es nun seine Pflicht sei, mir den Hof zu machen. Beim Schwimmen hatte ich aber einen viel interessanteren und intelligenteren Mann kennengelernt – Claus von Bülow. Wir wurden schnell gute Freunde. Er lebte damals in London und wurde dort mein ständiger Begleiter.

Desmond durchlebte zu der Zeit eine Phase, die man nur als »esoterische Orgie« bezeichnen konnte. Immer mehr Menschen, die an UFOs und Spiritismus glaubten, nahmen seine Zeit in Anspruch. Nachdem sich eines Tages ein Medium in unserem Wohnzimmer in einen »Chinesen« verwandelt hatte, versuchte ich, ein wenig Abstand zu gewinnen. Ich fühlte mich einsam und verlassen und war froh, daß Claus es gut verstand, mich aufzuheitern und zu meiner kulturellen Erziehung beizutragen. Er brachte mir interessante Bücher und ging mit mir in Konzerte und Kunstgalerien. Wir verbrachten viele Stunden in meiner Wohnung und hörten klassische Musik.

Die deutsche Prinzessin war Desmond nach London gefolgt und rief dauernd bei uns an, um sich zu beklagen, daß Desmond sie und mich mit einer skandinavischen Schönheitskönigin betrügen würde, die ihm nun auch noch ein Flugticket nach Kopenhagen geschenkt hätte. Claus nahm mir jedesmal den Hörer aus der Hand, um sie schnell loszuwerden.

Er hatte Jura studiert, war schon mit 28 Jahren Barrister und arbeitete in einer Kanzlei in der Londoner City. Ich wollte mich gern bei ihm für die Zeit und Aufmerksamkeit revanchieren, die er mir gewidmet hatte. Man hatte mir zwei Karten für eine Weinprobe im Mermaid Theatre geschenkt, und ich lud ihn dazu ein. Claus verkostete eine Menge Wein, ohne ihn jedoch wieder auszuspucken, wie es sich eigentlich gehört. Er murmelte etwas von einem Fall, den er um zwei Uhr bei Gericht zu verhandeln hätte. Ich tat, was ich konnte, um ihn zur rechten Zeit dort abzuliefern, aber er konnte sich nicht an die Nummer des Gerichtssaals erinnern. Auf der Suche nach dem richtigen Raum platzten wir mit viel Lärm und lauten Bemerkungen über die »idiotischen Richter« in eine Verhandlung nach der anderen, ohne den Raum zu finden, in dem Claus erwartet wurde. Meine Revanche war schrecklich fehlgeschlagen, es war auch das Ende seiner Karriere in England. Kurz danach wurde er Rechtsberater von Paul Getty und ging mit ihm nach Amerika. Wir haben uns nie wiedergesehen, obwohl wir viele gemeinsame Freunde haben und ich oft von ihm hörte. Ich erfuhr von seiner Heirat mit Sunny von Auersperg und der Geburt seiner Tochter Cosima. 1971 las ich in einer Zeitung, daß seine Frau im Koma lag und man Claus im Verdacht hatte, er habe sie umbringen wollen. Beide Prozesse gegen ihn verfolgte ich im Fernsehen und war froh, daß er am Ende doch freigesprochen wurde.

XI *Maureen*

Renée Goddard machte mich 1953 mit Philip Saville und seiner Frau Jane Arden bekannt.

Sie leiteten eine der ersten Improvisationsklassen. Für mich war die Begegnung mit diesen talentierten Menschen eine Offenbarung. Jane, eine brillante Schriftstellerin, war eine Feministin und ihrer Zeit weit voraus. Sie übte gern Macht auf andere Menschen aus und konnte sogar gefährlich sein, aber die Freundschaft mit ihr öffnete mir die Augen für vieles, was ich bis dahin nicht hatte erkennen können. Progressiv und freidenkend wie sie war, verhalf sie mir zu einem neuen Selbstvertrauen in meinem Beruf.

Nachdem Marius Goring mir nicht mehr im Wege stand, konnte ich jetzt oft für die deutsche Abteilung der BBC arbeiten, hatte aber auch Rollen im englischen Radio. Einmal spielte ich in der Serie *The Third Man* – Der dritte Mann. Mein Partner war Orson Welles, der auch Regie führte. Orson war ein Regisseur, mit dem sich gut zusammenarbeiten ließ. Seine Methode, Hörspiele zu inszenieren, war genial. Sobald alle im Studio versammelt waren, gab er jedem das Textbuch mit der Rolle eines anderen. Normalerweise probte man nur einen Tag bis zur endgültigen Aufnahme. Eine Rolle nach so kurzer Zeit gut zu sprechen, war sehr schwierig. Man konnte jedoch die Fehler, die die anderen machten, auf diese Weise viel schneller erkennen. Am späten Nachmittag, wenn wir unsere richtige Rolle vor dem Mikrofon sprechen mußten, bekamen wir dann unseren eigenen Text zurück und wußten genau, wie wir sie nicht spielen sollten.

Auf meine Arbeit mit Orson Welles folgte ein Angebot aus Paris. Ich wurde zu Probeaufnahmen für einen französischen Film eingeladen. Es war eine wichtige Rolle, und man wußte nicht, ob mein Französisch gut genug war. Am 14. Juli, dem französischen Nationalfeiertag, lud mich der Regisseur zu einer Feier mit der ganzen Filmcrew ein. Wir trafen uns also mit gleichgesinnten Freunden, um ein paar Stunden in den Bars und Bistros des 6. Arrondissements zu verbringen; anschließend gingen wir zur Place de la Concorde. Eine riesige Menschenmenge hatte sich dort versammelt. Von einer Bühne hielten Mitglieder der Arbeiterpartei feurige Ansprachen an das Volk. Meine Kollegen riefen mir etwas zu, das ich nicht verstand, und plötzlich wurde ich auf die Bühne gehoben. Jemand stellte mich vor als »eine Schauspielerin aus London, die Grüße von den englischen Kameraden bringt«. Man reichte mir das Mikrofon. Die Menge sah erwartungsvoll zu mir hinauf. Ob es nur die Wirkung des *vin ordinaire* war oder meine erhabene Position auf der Bühne – ich weiß es nicht, ich dachte nur: So müssen Hitler und Mussolini empfunden haben. Ich atmete tief ein, gab mir einen Ruck und hielt eine Rede – auf französisch! Heute weiß ich nicht mehr, was ich gesagt habe. Wahrscheinlich etwas von Solidarität und Brüderschaft, aber die Menschen waren begeistert und begleiteten meine Rede mit lauten Bravorufen. Vielleicht habe ich meine Berufung nicht erkannt, dachte ich, vielleicht hätte ich Politikerin werden sollen! Aber Politikerin bin ich nie geworden, und die Rolle habe ich auch nicht bekommen. Mein Französisch war ohne *vin ordinaire* nicht gut genug.

Zurück in London lud mich Jane Arden ein, mit Charles Laughton und seinem Agenten ins Wochenende zu fahren. Jane hatte ein wunderbares Theaterstück geschrieben, *Die Party*, und Oscar Löwenstein wollte es am West End aufführen.

Laughton, den wir Charlie nannten, hatte Jane um ein paar Änderungen im Text gebeten und sie aufgefordert, mit ihm in einem ruhigen Hotel auf dem Lande das Skript durchzuarbeiten. Sie könne eine Freundin mitbringen – so war ich mit von der Partie. Um Laughtons Anonymität zu wahren, nahmen wir unsere Zimmer im Seitenflügel des Hotels. Die Frau, die uns betreute, war der Meinung, wir seien zwei Flittchen, die die Männer zu ihrem Vergnügen eingeladen hatten. Sie sprach von Laughton und seinem Agenten nur als »den Jungs« und war sehr enttäuscht, als sie herausfand, daß eines der Flittchen sogar das Stück geschrieben hatte, an dem alle arbeiteten.

Zur Premiere des Stückes flogen Desmond und ich nach Edinburgh. Es war unter Laughtons Regie genauso gut geworden, wie Jane es geschrieben hatte, und wurde später auch ein großer Erfolg am West End.

Jane verdiente nun eine Menge Geld. Sie kaufte einen weißen Sportwagen – zu klein für ein Familienauto, wie sie schelmisch sagte – und teure Kleider und versuchte, mich für die neuen Modeschöpfer zu interessieren, die in London auftauchten. Leider war ich keine erfolgreiche Theaterschriftstellerin wie sie und hatte nur gelegentlich das Geld für ein Modellkleid im Ausverkauf.

Das Leben im London der Fünfziger Jahre war im Umbruch. Überall gab es neue Ideen, neue Möglichkeiten, neue Bauten. Die Royal Festival Hall, das Filminstitut und das Nationaltheater wurden gebaut. Das Royal Court Theatre wurde neu eröffnet und führte Stücke von zeitgenössischen Autoren wie Osborne, Wesker, Pinter und Frisch auf.

Fritz und Dorothea Gotfurt hatten uns zu dem populären Chelsea Arts Ball eingeladen, einem Kostümfest, zu dem viele Künstler kamen. Desmond wollte als Marsmensch gehen, silbern von Kopf bis Fuß. Sein endloses Ausprobieren der Lämpchen und Batterien für seine flackernden Augen ging mir auf die Nerven, außerdem mußte Giuseppe ihm die ganze Zeit helfen, obwohl Irena und ich ihn eigentlich für andere Arbeiten brauchten. Die tolle Ballnacht machte mich dann noch nervöser, weil ich verlassen in meinem Cleopatra-Kostüm herumstand, während mein Mann als Marsmensch, von einem Schwarm junger Mädchen umringt, ausgiebig herumflirtete – wie ausgiebig, konnte man gut an den Silberspuren auf ihren Nasen, Lippen und Wangen erkennen. Aber ich nahm Rache. Am Neujahrsabend waren wir zu einer Party eingeladen, ebenfalls ein Kostümball. Ich zog mein Salomé-Kostüm an, Desmonds Glühlämpchen befestigte ich an meiner Metallcorsage, gerade an der Stelle, wo nur rosa Tüll meinen Busen bedeckte. Die Batterien waren unter meinem Arm versteckt. Ein leichter Druck, und schon wurde der Strom durch den Goldbrokat meines Ärmels und der Corsage geleitet – meine Brustwarzen blitzten und funkelten. Erst dachten die Gäste, sie hätten falsch gesehen. Ich blitzte etwas länger, jetzt erkannten sie den Gag. Er war die Sensation des Abends. Wir gingen in dieser Silvesternacht von einer Party zur nächsten, und alle wußten schon Bescheid, überall mußte ich mit meinem Busen blitzen. Desmond, von mir mit seiner Erfindung ausgetrickst, machte gute Miene zum bösen Spiel.

Kurze Zeit später waren wir erneut auf einen Ball eingeladen. Ich lernte einen distinguierten Herrn mit silbernem Haar kennen, mit dem ich den ganzen Abend verbrachte. Hinter einer Palme sitzend, lachten und plauderten wir – mir gefiel sein Humor. Ich wollte wissen, wer er war, und zum Abschied fragte ich ihn neugierig. Ich dachte, er sei Künstler oder Theateragent. »Ach was«, sagte er fast entschuldigend, »ich bin Jim Harrison, der Leiter eines Jungeninternats in Ashfold in Oxfordshire.« Ich notierte mir für alle Fälle die Adresse. Wir wollten die Kinder aber eigentlich so lange zu Hause behalten, bis sie in die höhere Schule in Ampleforth gehen konnten, die von Benediktiner-Mönchen geleitet wurde und die auch Desmond besucht hatte.

Desmond und Agnes bereiten sich auf den Chelsea Arts Ball vor

Anfang der Fünfziger Jahre, mitten im Kalten Krieg, keimte eine kleine Hoffnung auf die ersehnte Verständigung mit Rußland auf. Chruschtschow besuchte Amerika, ging sogar nach Hollywood, aber die amerikanische und ein Teil der englischen Presse blieben skeptisch bis feindselig ihm gegenüber, anstatt ihn zu ermutigen und zu helfen, das Eis zu brechen. Wir telefonierten mit dem russischen Botschafter in London, Malik, und drückten unser Bedauern aus. Er lud uns prompt zum Tee ein. Wir saßen in seinem Garten, bewunderten seinen silbernen Samowar, während er uns von dem Hügel in Rußland erzählte, auf dem sein Großvater und im darauffolgenden Krieg auch sein Vater getötet worden waren. »Ich will nicht, daß mein Sohn auch noch dort stirbt«, sagte er. Wir hatten eine Menge Gesprächsstoff und waren in vielem einer Meinung. Er war erstaunt zu hören, daß eine seiner Besucherinnen aus Ungarn stammte, dem Land, in dem die Russen vor kurzem einen Aufstand grausam niedergeschlagen hatten. Zum Abschied gab er mir eine Rose aus seinem Garten.

Die dunklen Wolken, die sich zusammengebraut hatten, schienen zunehmend bedrohlicher angesichts der Entwicklung der Atomwaffen. Wir marschierten und demonstrierten. Es gab einen geheimen Radiosender unter der Leitung von Bertrand Russell und Vanessa Redgrave, dem wir zu einem Platz auf unserem Dach von South Lodge verhalfen. Natürlich wußten unsere Hausbesitzer, die Norwich Union, nichts davon, und wir mußten die tapferen Atombombengegner auf unserer Hintertreppe hinaufschmuggeln. Wir nahmen an einer der größten Anti-Atombomben-Demonstrationen auf dem Trafalgar Square in London teil, die mit einem Sitzstreik endete. Die Polizei umringte uns. Man teilte uns mit, daß jeder, der sitzenbliebe, 100 Pfund Strafe zahlen müsse. Es brauchte sechs Polizeibeamte, um Desmond in den Polizeiwagen zu heben. Sobald er im Wagen war, stand ich auf. Wie üblich machte ich mir Sorgen um unsere Finanzen. *Eine* 100-Pfund-Strafe war genug für die Familie, mehr konnten wir uns wirklich nicht leisten. Außerdem hatten wir die Jungens zu Hause gelassen, und einer von uns mußte für sie da sein. Die Kinder hatten die Demonstration am Fernseher verfolgt und einen großen Schrecken bekommen, als sie sahen, daß die Polizei ihren Vater unsanft weggeschleppt und in das Auto verfrachtet hatte. Sie waren sehr froh, als wenigstens ich wieder heil nach Hause kam. Desmond verbrachte eine beneidenswerte Nacht im Gefängnis. Das überraschte mich nicht, denn er teilte seine Zelle mit George Melly, einem bekannten Jazzmusiker und Comic-Autor, der populären Theaterschriftstellerin Shelagh Delaney und dem Star Vanessa Redgrave. Ich platzte fast vor Neid, besonders weil man ihm nur eine geringe Strafe abgeknöpft hatte.

Von nun an verschwendete Desmond viel Zeit und Energie auf seine indiskreten Liebesaffären. Bisher hatte er mich meistens vor öffentlicher Demütigung bewahrt, aber jetzt ging er mit mir in Klubs, wo man uns beide kannte, um dort seine jeweils neue Flamme zu treffen und mit ihr in der Hoffnung zu verschwinden, daß jemand mich auflesen würde. Der Klubbesitzer John Mills hatte ihn einmal auf einem Flug nach Paris in weiblicher Begleitung erkannt. Nach der Rückkehr der beiden mußte ich mit ihnen in den Klub gehen, um den Ruf der jungen Dame zu retten. Diese Situation setzte mich vielen Angeboten aus, die meisten lehnte ich jedoch ab. Wenn ich einmal nachgab, dann deshalb, weil mir das Schuldgefühl ermöglichte, Desmonds Verhalten zu akzeptieren. Ich hätte ihn jedoch nie vor aller Öffentlichkeit bloßgestellt. Auch ließ ich nicht demonstrativ Fotos im Wohnzimmer liegen, wie Desmond es gern »aus Versehen« tat. Heutzutage würde man diese Art von Zusammenleben wohl eine »offene Ehe« nennen.

Eine seiner Auserwählten habe ich nie gesehen. Er lernte sie am Telefon kennen. Ich hatte gerade den Hörer abgenommen, als ich hörte, daß er vom Nebenapparat mit jemandem sprach. »Sie haben eine wunderbare Stimme«, flötete er und verabredete sich mit ihr zum Mittagessen. Ich merkte mir Datum und Uhrzeit und rief am Tag der Verabredung im Restaurant an. »Sie haben einen Herrn Desmond Leslie als Gast zum Mittagessen«, sagte ich zum Kellner, »könnten Sie ihm bitte ausrichten, Frau Leslie sei am Telefon?« Der Kellner kehrte zurück und teilte mir mit: »Ihr Sohn sagte, er wird Sie zurückrufen, Madame!« Ich muß gestehen, daß ich seine Kaltblütigkeit bewunderte.

Im gleichen Jahr wurde auch ich einmal verhaftet. Ich hatte mit unserem Freund Ollie Moxon, der mit Desmond zusammen bei der Royal Air Force gewesen war, Anti-Atombomben-

Plakate auf öffentliche Gebäude geklebt. Endlich im Gefängnis, war ich empört, als der Polizeibeamte fragte, ob wir die »Anti-Queer-Brigade« – die Anti-Schwulen-Bewegung – oder Mitglieder von »Keep Britain White« – England den Weißen – wären. Noch enttäuschter war ich, als sein Vorgesetzter, der am Abend Dienst hatte, Ollie in eine Zelle schickte und mich nach Hause entließ.

Der wichtigste Teil meiner »Demo-Uniform« war der Nerzmantel, ein Geschenk meines Vaters für meine Mutter, der die besten Jahre schon hinter sich hatte, als ich auf die Welt kam. Meine Mutter hatte ihn mir zum Sitzen und darauf Krabbeln in den Laufstall gelegt. Nach seinem Einsatz im U-Bahn-Luftschutzbunker kam er dann in meinen Besitz. Es machte mir großen Spaß, ihn zu den Anti-Atom-Demonstrationen zu tragen, um die Journalisten zu ärgern, die uns immer als »vergammelt« und »ungewaschen« darstellten.

1962, während der Kuba-Krise, war ich zusammen mit zehntausend Demonstranten auf dem Weg zur amerikanischen Botschaft am Grosvenor Square, um dort Protestbriefe abzugeben. Berittene Polizeibeamte hinderten uns daran, auf dem Platz aufzumarschieren. So beschlossen wir erneut einen Sitzstreik. An der Ecke von Duke Street und Grosvenor Square war ein Bauplatz, wo man alte Häuser weggerissen, aber noch keine neuen errichtet hatte. Eileen Löwenstein, Oscars Frau, und ich kletterten auf die Schutthalde. Beim Hinaufklettern wurde mir sehr warm, ich zog den Nerzmantel aus, und Eileen und ich warfen ihn einander zu. Oben angelangt, konnten wir auf den Grosvenor Square hinunterschauen und sahen einen Polizisten neben seinem Wagen, der zu uns hochstarrte und seine Arme ausstreckte, um uns aufzufangen. »Hier, fang«, rief ich ihm zu und warf ihm den Nerz über den Kopf. Noch bevor er sich befreien konnte, waren wir hinuntergesprungen und rissen ihm den Mantel wieder weg. Schnell rannten wir hinüber zur amerikanischen Botschaft und warfen unseren Protestbrief

Die silberblonde Agnes

ein. Die anderen Demonstranten saßen noch geduldig auf dem Pflaster, als wir mit einem Taxi und dem Nerzmantel davonfuhren.

Desmond wurde noch immer von deutschen und skandinavischen Blondinen verfolgt. Ich beschloß, ihnen Konkurrenz zu machen und mein Haar zu färben. So bot ich mich einem Wella-Haarstudio als Modell an. Meine dunklen Haare wurden silberblond gefärbt, das Nachfärben war gratis. Dafür stand ich ihnen zur Verfügung, wann immer sie mich brauchten.

Am Anfang machte mir diese Verwandlung Spaß. Heute noch denke ich, daß jede Frau einmal im Leben ihre Haarfarbe ändern sollte. Man lernt dadurch ganz neue Menschen kennen.

Nach meiner Veränderung beispielsweise pfiff unser Milchmann jedesmal hinter mir her, wenn er mich sah. Auch bei meinem Vorsprechen im London Palladium hatte ich Erfolg und bekam die Rolle der Scheherezade in dem Weihnachtsmärchen *Aladins Wunderlampe*. Bernard Delfont, der Impresario und Manager von *Aladin*, hatte mich als Brünette jahrelang ignoriert. Nun spielte ich bei ihm in einer der aufwendigsten und glänzendsten Produktionen von ganz England. Allein die Bühnenbilder kosteten ein Vermögen. Einer der Hintergrundvorhänge war aus smaragdgrünem Samt, obwohl man ihn nur für einige Minuten sah. Die Plattform, auf der das goldene Sofa von Scheherezade stand, lief auf Schienen und konnte bis an die Rampe gleiten, während das Orchester die Musik von Rimski-Korsakov spielte. Schwarze Schauspieler, als nubische Sklaven gekleidet, fächelten mir mit riesigen Fächern aus Pfauenfedern Luft zu. Erst nach eine Viertelstunde kam die Plattform zum Stehen. Sieben kahlköpfige Tänzer, von Kopf bis Fuß grün angemalt, mußten mir auf Schritt und Tritt folgen, wir nannten sie, zu Ehren Yul Brynners, die »Yul-Boys«.

Im ersten Akt mußte ich ein Lied singen, im zweiten saß ich auf einem riesigen, von innen beleuchteten Schwan, der aus einer Bühnenloge herausflog und über den Zuschauern schwebte. Jeden Abend wurde ich auf diesen Schwan geschnallt und mußte von oben meinen Zauberspruch verkünden. Val Parnell, der Besitzer des Palladiums, saß in der Loge und gab mir einen Schluck Whiskey, um mich auf meinen gefährlichen Schwanenritt vorzubereiten. Einmal, während einer Nachmittagsvorstellung, waren meine Kinder im Parkett. Gerade als ich über ihnen schwebte, rief der kleine Mark: »Das ist meine Mutti!« und zeigte mit dem Finger auf die goldschimmernde Figur auf dem Schwan. Womit er natürlich die Illusion der anderen Kinder zerstörte.

Am Londoner Palladium zu arbeiten war wie eine Kreuzfahrt auf einem Luxusdampfer. Es standen einem so viele nützliche

Scheherezade im Palladium, 1951

Einrichtungen zur Verfügung. Man konnte Gymnastikstunden nehmen, ein Masseur kam auf Wunsch in die Garderobe, und da die meisten unserer Bühnenarbeiter morgens auf dem Covent Garden Market arbeiteten, konnte man bestellen, was man wollte: Obst, Gemüse, Fisch, Fleisch, Geflügel, gestreifte Bettlaken, Handtücher und Geschirr, und alles zu besten Preisen. Am Mittwoch hatte Nanny Marie immer ihren freien Tag. Ich nahm die Kinder dann mit ins Theater. Der Intendant durfte davon natürlich nichts wissen, und deshalb wurden die Kinder hinter der Bühne von Hand zu Hand gereicht. Glücklicherweise bot das Palladium eine Anzahl von Verstecken. Wenn ich die Kinder bei der Garderobiere abgegeben hatte, konnte ich sie beim Bühnenbildner wieder abholen. Wenn ich mein Lied sang, schauten manchmal zwei kleine Gesichter von der Bühnenloge auf mich herab, dann waren sie wieder verschwunden und tauchten ganz woanders erneut auf. Der Intendant erwischte sie nie, aber er sagte jedesmal: »Heute ist wieder Mittwoch. Sie sind im Haus, ich weiß es. Ihr habt sie irgendwo versteckt.«

Robert Nesbitt, unser Regisseur, wurde von uns »Prince of Darkness« – Prinz der Dunkelheit – genannt, weil er ständig mit einer ziemlich düsteren Miene herumlief, aber auch, weil er ein dunkler, südländischer, sehr gutaussehender Typ war. Am Valentinstag schickte ich ihm eine Karte, anonym, wie es in England üblich ist. Es war ein Bild von Cleopatra auf ihrem Thron, umgeben von nubischen Sklaven.

Am nächsten Tag fragte Robert Nesbitt im Theater: »Haben Sie mir die Valentinskarte geschickt?« Ich bejahte, und er lächelte geschmeichelt. Von diesem Augenblick an war er viel freundlicher zu allen. Wenn auch der Kuß, den er mir einmal heimlich gab, sehr keusch war, konnte ich trotzdem behaupten, daß wir eine Liebesaffäre per Scheinwerfer hatten. Auch meinen Mitspielern fiel das auf: »Er war gestern wieder im Theater, du warst anders beleuchtet.«

Nach meinem Auftritt im Palladium war es nicht schwer, im folgenden Jahr wieder eine Hauptrolle in einem Märchen zu bekommen. Luis Elliman, der Besitzer vom Gaiety Theatre in Dublin, kam nach London und engagierte mich als Robinson Crusoe in dem gleichnamigen Stück. Er wußte nichts von meiner familiären Beziehung zu Irland, und mir paßte es gut, dort wieder einmal Weihnachten zu verbringen. Die Kinder blieben mit Desmond und Nanny in Glaslough, und an jedem Wochenende sahen wir uns.

Ich fuhr nach Dublin, um bei den ersten Proben dabei zu sein. Unser Schiff geriet in einen sehr starken Sturm, und ich kam am nächsten Morgen ziemlich erschöpft an. Der Inspizient war am Hafen, um mich abzuholen. Er brachte mich auf dem schnellsten Wege zu einem Pub, in dem schon Jimmy

O'Dea, ein beliebter irischer Komiker und der Hauptdarsteller in unserem Stück, auf mich wartete. Fünf Gläser Irish Coffee standen auf der Theke für mich bereit, um mir – wie er sagte – »Mut zu machen«. Trotz der frühen Stunde trank ich alle fünf Gläser leer und hatte dann Mut genug, um zur Probe ins Gaiety zu gehen.

Dort wurden wir in zwei Gruppen eingeteilt – die Schauspieler und die Komiker. Robinson Crusoe war eine Hosenrolle, Robinsons Mutter dagegen, die Witwe Twankey, wurde von Jimmy O'Dea gespielt. Wir probten meistens in zwei verschiedenen Räumen und hatten einmal in der Woche eine komplette gemeinsame Probe auf der Bühne. Der Regisseur selbst wollte erst zur Generalprobe kommen, solange mußten wir selbst sehen, wie wir zurechtkamen. Ich war von den Liedern, die ich singen sollte, nicht besonders überzeugt. Da niemand da war, der eine endgültige Entscheidung traf, entschied ich mich, sie durch andere, bessere, zu ersetzen. Die erste gemeinsame Probe wurde von der Ballettmeisterin Alice Delgarno geleitet. Als mein erstes Stichwort kam, fragte sie verblüfft: »Warum singen Sie *Volare*? Bei mir steht *Roaming in the Gloaming*.« »Das wurde so entschieden, Miss Delgarno«, antwortete ich, ohne mit der Wimper zu zucken. »Das wurde so entschieden« ist seitdem ein geflügeltes Wort in unserer Familie und wird heute noch als Entschuldigung gebraucht.

Alice Delgarnos Verblüffung war noch gar nichts gegen die von Jimmy O'Dea, wenn ich den Mund aufmachte. Seiner Meinung nach sollten nur die Komiker auf der Bühne sprechen, ich als Robinson Crusoe und meine jugendliche Partnerin hätten zu singen. »Was machen die denn?« fragte er ziemlich beleidigt. Nach über zwanzig Jahren am Theater wollte er immer noch nicht wahrhaben, daß es in dem Märchen auch Szenen gibt, in denen die Witwe Twankey nicht die Hauptperson ist. Während den Aufführungen nach der Premiere war Jimmy auf der Bühne oft unberechenbar. Er machte auf offener Szene Bemerkungen über Leute, die er im Zuschauerraum erkannte, und versuchte ständig, seine Mitspieler zum Lachen zu bringen.

Ich habe viele Erinnerungen an die Zeit im Gaiety Theatre. Hilton Edward und Mícheál MacLiammóir vom Gate Theatre kamen, um Jimmys fünfundzwanzigjähriges Bühnenjubiläum mit uns zu feiern. Brendan Behan kam in meine Garderobe und diskutierte so ernsthaft über meine Rolle als Robinson Crusoe, als handele es sich um Lady Macbeth. Ich weiß noch, wie gefährlich unser Bühnenschiff im simulierten Sturm rollte und schwankte – jedesmal, wenn der Schiffsmast neben mir zu Boden krachte, entkam ich nur um ein Haar einem Unglück. Aber vor allem erinnere ich mich an die irischen Priester. Zu der Zeit war es ihnen noch nicht erlaubt, ins Theater zu gehen, wenigstens nicht in den Zuschauerraum. In einigen der englischen Provinztheater, in denen ich aufgetreten war, arbeiteten sie als Kulissenschieber, um die Stücke sehen zu können. In Dublin brauchten sie sich nicht so zu plagen, wollten sie in den Theatergenuß kommen. Sie brauchten nur hinter der Bühne Beichten abzunehmen. Ich werde nie vergessen, wie ich zum ersten Mal die Tänzerinnen sah, die in ihren bunten Kostümen auf der eisernen Treppe, die zur Bühne führte, Schlange standen, um ihre Sünden zu beichten, während das Orchester die Ouvertüre spielte.

Mitten in der Saison von *Robinson Crusoe* wurde ich krank und verlor meine Stimme. Auch meine Nasennebenhöhlen waren verstopft, und mir war, als würde ich durch Watte singen. Ich dachte an die vielen Gelegenheiten, bei denen die Stimme meines Vaters mich daran gehindert hatte, wirklich gut zu singen. Ich schwor mir, diese neurotische Hemmschwelle zu überwinden, wenn ich nur meine Stimme wiedererlangte. Es ist mir dann auch gelungen.

In der letzten Woche von *Robinson Crusoe* kamen Desmond und die Kinder nach Dublin. Wir trafen uns mit Richard Ahern und seinen Kindern Patrick und Maureen. Wir hatten Richard seit *My Hands are Clay* nicht mehr gesehen. Er wohnte derzeit bei Oonagh Guinness – Lady Oranmore and Brown, wie sie nun hieß –, bei der wir zum Mittagessen eingeladen waren. Maureens Onkel und Tante, die die mutterlosen Kinder aufgezogen hatten, waren kurz zuvor gestorben, und Richard war aus Kalifornien zurückgerufen worden. Er schleppte jetzt die Kinder mit sich herum, ohne zu wissen, was er mit ihnen anfangen sollte. Oonagh hatte ihnen vorübergehend ein Heim in Luggala angeboten. Ich konnte kaum glauben, daß diese linkische Brillenschlange einst das hübsche kleine Kind gewesen war, das ich so bewundert hatte. Sie war blaß und wortkarg, ihre strähnigen Haare wurden durch ein Gummiband zusammengehalten, und der in Ansätzen sichtbare Busen wurde von einem ausgewaschenen Kleid plattgedrückt. Wenn sie sprach, dann nur im Flüsterton. Nach dem Essen bat sie mich schüchtern, in ihr Zimmer zu kommen, wo sie mir ihren »Schatz« zeigen wollte. Wir mußten fast bis zum Dach hinaufsteigen, und hier, in dem kleinen Mansardenzimmer, gab sie mir eine winzige Schachtel. Auf einem Stück Watte lag ein Paar falscher Augenwimpern. Es berührte mich sehr, ich sah sie an und dachte: Sie ist ein häßliches kleines Entlein, aus dem einmal ein wunderschöner Schwan werden wird. Ich lud sie ins Gaiety und anschließend ins Shelbourne Hotel ein, in dem ich wohnte und sie ein paar Tage bleiben konnte. Am nächsten Tag brachte Oonaghs Chauffeur sie zu mir ins Hotel. Ich hatte Jojo O'Reilly schon angerufen: »Komm doch zu mir 'rüber, wenn Maureen hier ist. Wir beide müssen ihr helfen.« Auf Jojo konnte man sich verlassen, das wußte ich. Zuerst redeten wir Maureen die schreckliche Brille aus: »Die brauchst du nicht in deinem Alter, du mußt nur deine Augenmuskeln trainieren.« Dann gingen wir mit ihr ins Kaufhaus Switzers und kauften ein paar neue Kleider. Schließlich ging es zum Friseur. Sie kam mit wundervollem welligem Haar zurück und war – wie wir es uns gedacht hatten – eine Schönheit!

Nach der Rückkehr vom Theater sprachen wir im Bett noch lange miteinander. Maureen wollte Ballettänzerin werden, aber ihr Vater erlaubte es nicht. Ich war erstaunt, denn ich wußte, daß ihr Onkel, Garrett Moore, der Bruder ihrer verstorbenen Mutter, der Direktor vom Covent Garden Opera House war, zu dem auch die Royal Ballet Company gehörte. Ich konnte nicht einsehen, warum man diese Beziehung nicht für die Verwirklichung von Maureens Träumen nutzte, aber sie erzählte mir, daß ihr Vater die Familie seiner verstorbenen Frau haßte, besonders die Großmutter, Lady Drogheda. Er wollte nichts mit ihnen zu tun haben. Maureen war sich bewußt, daß es sehr, sehr schwer sein würde, überhaupt in das königliche Ballett aufgenommen zu werden. Der beste Weg führte über die White Lodge, die Schule, die die späteren Ballerinas ausbildete. Sie wäre leidenschaftlich gern dort zur Schule gegangen, aber Richard, der meines Wissens nach das Geld seiner verstorbenen Frau für Alkohol und Pferde verschwendete, behauptete, die Schule nicht bezahlen zu können. Außerdem fand er das Leben einer Ballettänzerin unpassend für seine Tochter, die vielmehr zu einer Lady erzogen werden sollte.

Ich wußte, wie es ihrer armen Mutter ergangen war, die zu einer Lady erzogen worden war, und beschloß, mich um Maureens Zukunft zu kümmern.

Nach einiger Zeit und großer Überredungskunst brachte Richard Maureen zu uns nach London. Ich denke noch manchmal an den Nachmittag, an dem Karsavina, die russische Ballerina, uns zum Tee besuchte. Sie war, einst eine der berühmtesten Ballettänzerinnen der Welt, war sie jetzt eine zarte alte Dame weit in den Achtzigern. Maureen tanzte für sie in unserem Wohnzimmer. Karsavina ermutigte sie sehr und versprach, ein Treffen mit Dame Ninette de Valois, der Leiterin des königlichen Balletts, zu arrangieren.

Richard und ich begleiteten Maureen zu dem Gespräch. Sie mußte vortanzen, und Dame Ninette fand, Maureen hätte Ta-

Maureen Aherne

lent genug, um in das Royal Ballett aufgenommen zu werden. Allerdings hatte sie einen Haltungsschaden, der erst von einem Orthopäden behandelt werden mußte, bevor sie eine Entscheidung treffen konnte. Sie sollte in sechs Monaten noch einmal wiederkommen. Richard war nicht sehr begeistert. Er wollte schnell wieder nach Hollywood zurück – vielleicht wartete dort jemand auf ihn. Ich sagte ihm, er könne Maureen unterdessen ruhig bei uns lassen.

Sie lebte sich schnell ein, und die Jungens freundeten sich rasch mit ihr an. Offensichtlich hatte sie ein richtiges Familienleben vermißt. Richard kehrte zurück nach Hollywood, und wir hörten lange Zeit nichts von ihm. Wir kannten noch nicht einmal seine Adresse. Nun trafen wir alle Entscheidungen für Maureen und suchten einen Privatlehrer, damit sie nicht allzuviel Schulstoff versäumte. Sie gab sich mit allem große Mühe und lernte blitzschnell Französisch.

Eines Abend, als ich schon mit einem Buch im Bett lag und Desmond noch im Studio arbeitete, klopfte es an meine Tür – es war Maureen im Nachthemd, die zu mir ins Bett schlüpfen wollte.

»Agi«, meinte sie zögernd, »hättest du etwas dagegen, wenn ich Mami zu dir sage?« Das wäre schön, dachte ich. Aber die Frage war zu wichtig, als daß ich sie sofort beantworten konnte. »Ich muß erst mit Desmond darüber sprechen«, antwortete ich ihr. Desmond machte, wie erwartet, keine Schwierigkeiten. »Wenn sie zu mir Mami sagt, dann muß ich ihr auch eine Mutter sein. Das kann auch für dich Verantwortung bedeuten. Bist du dazu bereit?« Er sagte, er hätte nichts dagegen, wenn es mich glücklich machen würde.

»Von jetzt an«, teilte ich Maureen mit, »sollst du mich als deine Mutter betrachten und mit all deinen Sorgen zu mir kommen.«

Mit Ausnahme ihrer Teenagerzeit, in der wir getrennt lebten, und der letzten Woche ihres Lebens, als ich in Amerika war, hat sie das auch immer getan. Unsere Trennung kam völlig unerwartet. Ich weiß heute noch nicht, ob ich daran schuld war. Maureens Großmutter lebte in London und hatte sie nicht mehr gesehen, seit Maureen ein kleines Mädchen gewesen war. Ihre eigene Tochter hatte sie auf tragische Weise verloren und war überglücklich, als sie erfuhr, daß ihre Enkeltochter ganz in ihrer Nähe lebte. Ich lud Kathleen Drogheda zum Mittagessen ein, und ihr Besuch verlief in jeder Hinsicht erfolgreich. Alles, was ich mir für Maureen gewünscht hatte, ging in Erfüllung. Lady Drogheda nahm großes Interesse an ihr, kaufte ihr Kleider und Geschenke, führte sie zum Covent Garden, um das Ballett zu sehen, und nahm sie am Wochenende mit in Onkel Garretts Haus. Ich war mit allem einverstanden.

Nach sechs Monaten war Maureens Rücken gerichtet, und sie wurde in White Lodge aufgenommen. Sie war überglücklich, als sie dort als »weekly boarder« einzog. Das bedeutete, sie war fünf Tage in der Woche im Internat, an den Wochenenden aber konnte sie zu uns nach Hause kommen. Jeden Freitagnachmittag holten Desmond und ich sie vom kleinen Bahnhof in Richmond ab und brachten sie am Sonntag abend wieder zurück. Eines Freitags stieg sie aus dem Zug und war furchtbar blaß. »Ich kann nicht mir dir nach Hause gehen«, flüsterte sie. »Daddy war bei mir in der Schule, und ich mußte bei Gott schwören, daß ich nie wieder mit dir oder Desmond sprechen werde!« Ich traute meinen Ohren nicht. »Aber wohin wirst du jetzt gehen?« fragte ich entsetzt. »Großmutter schickt einen Fahrer, der mich hier abholt«, antwortete sie und fing an zu weinen. In ihrem kurzen Leben hatte sie schon zwei Mütter verloren, nun wollte man ihr auch noch die dritte nehmen. »Mach' dir keine Sorgen«, meinte ich, »das ist sicher nur ein Mißverständnis. Wir bringen das schnell in Ordnung. Am nächsten Wochenende bist du wieder bei uns.« Aber das war übertriebener Optimismus.

Irgendwie gelang es mir, Richard in London ausfindig zu machen, und er kam zu uns. »Man hat mir erzählt, daß Maureen dich Mami nennt und ihr sie mir ganz wegnehmen wollt.« »Und was glaubst du, wie wir das machen können?« fragte Desmond ihn. »Du bist ihr Vater, sie ist nur unser Pflegekind. Wir haben überhaupt keine Rechte.« Weil wir vorsichtig sein mußten, erwähnten wir mit keiner Silbe, daß er sich fast ein Jahr lang nicht gemeldet und nach ihr gefragt hatte. »Die Leute sagen, ich hätte sie verlassen«, beklagte er sich. Und kannst du ihnen das übelnehmen, hätte ich ihn am liebsten gefragt, aber Maureen zuliebe riß ich mich zusammen. Wir wußten, daß Richard weder die Mittel noch das Interesse hatte, seinen Kindern in London ein Heim zu schaffen. Deshalb hofften wir, uns mit ihm zu einigen. Maureen brauchte mit ihren dreizehn Jahren

Beständigkeit, auch eine Frau, die ihr in der Pubertät Halt und Unterstützung geben konnte. Ich konnte nicht glauben, daß Richards Vaterliebe nicht über seine Eifersucht obsiegen würde. Aber sein Egoismus war grenzenlos, und wir konnten ihn nicht dazu bewegen, das grausame Verbot aufzuheben. Jahre später, als wir uns in Irland wiedertrafen, behauptete er, alles wäre die Idee von Kathleen Drogheda gewesen – man hätte ihn zu allem mit der Drohung gezwungen, mich sonst als Lesbierin zu verklagen. Nur er hätte mich davor bewahrt. Kathleen Drogheda war zu der Zeit schon tot und konnte sich gegen diese Anklagen nicht mehr verteidigen. Zu ihren Lebzeiten konnte ich mich mit Maureen nicht mehr in Verbindung setzen. Sie sollte für mich nicht ihren Schwur brechen müssen. Ich mußte die Situation also akzeptieren, obwohl mich die Trennung sehr schmerzte, aber der Schaden, den Maureen damals erlitt, wurde erst viele Jahre später sichtbar.

XII *Faruk*

Seit mehreren Jahren nun ließ ich mir mein Haar blond färben und schuldete dem Wella-Studio deshalb einen Gefallen. Bei einer Friseur-Messe in Earls Court konnte ich mich erkenntlich zeigen. Ich stieg auf eine Bühne und setzte mich ans Waschbecken. Ein junges Mädchen sollte mir den Haaransatz neu blondieren. Es war nicht meine übliche Friseuse, aber ich kannte sie vom Studio. Sie schien durch die große Zahl von Zuschauern, die sich um die Bühne versammelt hatten, nervös und eingeschüchtert. Ich schloß die Augen und träumte vor mich hin, während sie die Farbe aus meinen Haaren wusch und anfing, mich zu kämmen. Plötzlich hörte ich erschreckte Laute aus dem Publikum. Zu meinem Entsetzen mußte ich feststellen, daß sich ein großer Teil meiner langen blonden Haare nicht mehr auf dem Kopf, sondern in ihrem Kamm befand. Das arme Mädchen war völlig verzweifelt und kämmte mich mit noch größerem Nachdruck, als ob die Haare sich dann nicht mehr trauen würden auszufallen. Sie rupfte immer mehr Strähnen von meinem Schädel, der schon kahl zu werden drohte. Sie brach in Tränen aus. Ich sah es von der komischen Seite. »Ach, wissen Sie«, sagte ich beschwichtigend, »ich bin lange genug blond gewesen. Morgen früh im Studio können Sie das, was noch übrig ist, ganz kurz schneiden und braun färben. Dann kann ich wieder ein normales Leben führen und die Menschen treffen, die mir am besten zusagen.« Sprach's, winkte den Zuschauern und stieg von der Bühne.

Ende der Fünfziger Jahre erreichte mich ein Brief aus Jugoslawien. Er kam von einem Beamten der Stadtverwaltung Opatijas, der jetzt im Ruhestand lebte. Er gab mir den Rat, einen Anspruch auf die Villa Belvedere geltend zu machen. Wir hatten sie nie verkauft, und bei Kriegsausbruch war sie von der Regierung beschlagnahmt worden. Ich weiß nicht, wie dieser alte Mann meine englische Adresse gefunden hat, aber als wir mit den Kindern wieder einmal in Italien waren, beschlossen wir, einen Abstecher zu machen. Man konnte damals mit einem Luftkissenboot über die Adria nach Istrien fahren. Gleich bei der Ankunft bekamen wir ein jugoslawisches Visum, nachdem wir eine Erklärung unterschrieben hatten, keine verleumderischen Artikel über das Tito-Regime zu schreiben. Opatija sah noch genauso aus, wie ich es in Erinnerung hatte. Ich konnte meinen Söhnen die alten Plätze meiner Kindheit zeigen, den Strand am Lido, die hölzerne Badeanstalt, den kleinen Park mit der Konzertmuschel. Die Hotels mit den großen Terrassen, die Promenade und die Geschäfte – alles schien mir auf den ersten Blick unverändert. In freudiger Erregung marschierte ich mit meiner Familie von einem Ende des Ortes zum anderen. Aber war es wirklich so wie früher? Die Menschen auf der Promenade trugen schäbige Kleidung und hatte glanzlose Augen, in den Geschäften konnte man fast nichts kaufen, der Badestrand war öde und verlassen. Der fröhliche Geist meines einzigartigen, luxuriösen und bezaubernden Abbazia war in dem trüben Opatija nirgends mehr zu finden. Wir kamen zur Villa Belvedere. Auch sie sah unverändert aus, aber was war von dem schönen Ausblick über die ganze Bucht geblieben? Tito hatte seiner Geliebten eine Villa direkt auf der gegenüberliegenden Straßenseite errichtet, und alles, was noch zu sehen war, waren deren Mülltonnen. Eine ganze Schar Jugoslawen war in der Villa einquartiert. Ein Ehepaar aus Zagreb wohnte in unserem Kinderzimmer, eine Bauernfamilie lebte im Schlafzimmer meines Vaters und eine zweite in dem meiner Mutter. Sie waren alle aufgeregt, als ich ihnen sagte, wer ich sei. »Si, si, Signora, la figlia del tedesco – il padrone«, die Tochter des deutschen Besitzers. Sie kochten uns Tee und führten uns im ganzen Haus herum. Von unseren Möbeln keine Spur. Sie baten mich, eine Auseinandersetzung zu schlichten. Die beiden Bauernfamilien konnten sich nicht einigen, wieviele Meter des Balkons, auf dem früher meine Schildkröten lebten, jeder Familie zustanden. Am Treppenabsatz sah ich zwei Löwenköpfe aus Messing, die in der Wand befestigt waren. Sie hatten Ringe in der Nase, die einmal ein dickes seidenes Band gehalten hatten. »Nehmen Sie sie! Ja, nehmen Sie sie doch mit!« Die Männer schraubten die Löwen von der Wand. Die kleinen Löwenköpfe sind fast alles, was ich von der Reise mitnahm, und ich habe es nicht übers Herz gebracht, einen Antrag auf Rückgabe des Hauses zu stellen und damit diese Menschen obdachlos zu machen. Sie brauchten das Haus dringender als wir.

Den ersten Bruch in unserer Ehe gab es im Sommer 1957 in Monte Carlo. Wir saßen am Swimmingpool, die Sonne brannte auf uns nieder, als Desmond plötzlich sagte, er hätte sich ernstlich in ein junges Mädchen verliebt und würde am nächsten Tag nach Paris fahren, um sie zu treffen. Er könne es gut verstehen, wenn ich die Scheidung wolle. Mir war, als hätte er auf mich geschossen. Ich konnte den Gedanken an eine Scheidung nicht akzeptieren. Unsere Ehe war für immer geschlossen worden, er konnte sie doch nicht einfach so beenden. Ich sagte ihm, er solle ruhig nach Paris fahren, und hoffte im stillen, er würde schon wieder zur Vernunft kommen. Ich blieb erst einmal in Monte Carlo, allein mit den Kindern und diesem Alptraum. Ich konnte ihnen doch nicht die Ferien verderben.

Desmond verschwand am nächsten Morgen. Wieder einmal saß ich auf dem Trockenen. Die Währungsbeschränkungen waren noch immer nicht aufgehoben. Ich konnte unmöglich die Miete für unsere Ferienwohnung bezahlen und gleichzeitig die Karten für den Heimflug besorgen. Desmond hatte das Auto mitgenommen, und ich kannte seine Adresse nicht. Jemand stellte mich einem Russen vor, von dem man behauptete, er verdiene sein Geld mit dunklen Geschäften auf dem internationalen Finanzmarkt. Er war auf eine abstoßende Art attraktiv und ging ein paarmal mit mir ins Kasino. Ich hoffte, daß unsere Bekanntschaft zu einem Finanztausch führen würde und ich ihm mit einem Scheck das dringend benötigte Bargeld abkaufen konnte. Leider hatte er es auf mich abgesehen und meinte, die Geldangelegenheiten als Köder benutzen zu können, um meine Zuneigung zu gewinnen. Leonard Urry, ein Bekannter aus London, war zur gleichen Zeit in Monte Carlo. Es schien, daß er irgendwie mit meinem »Rasputin« – Harry Clifton – zu tun hatte. Harry wohnte im Hôtel de Paris, war aber so krank, daß er sein Zimmer nicht verlassen konnte. Leonards Aufgabe bestand darin, ihm von jeder Affäre und jedem Skandal zu berichten. An einem Nachmittag war ich mit dem Russen in der Halle des Hôtel de Paris zum Tee verabredet. Ich war nervös und irritiert, weil er so tat, als traue er mir nicht ausreichend, um meinen Scheck zu akzeptieren. Und ich wollte doch so schnell wie möglich nach Hause. Da kam ein kleiner Page mit einem Tablett voller Banknoten in seinen Händen die Treppe herunter. Alle Augen verfolgten ihn, als er auf dem glatt polierten Parkettfußboden auf mich zuging und es mir überreichte. Dann sagte er so laut und deutlich, daß alle es hören konnten: »Mit besten Grüßen von Mister Arry Clifton an Missis Leslie und er wunscht, daß Begleiter sofort verlassen und nich mehr mit ihm spräschen.« Ich dankte Gott, Harry und Leonard, steckte das Geld – ungefähr 100 Pfund in französischer Währung – in meine Handtasche und verließ den Tisch. Monsieur »Begleiter« blieb verdutzt sitzen.

Sofort ging ich zur Rezeption und bestellte ein Doppelzimmer, dann rief ich den Flughafen an und reservierte drei Plätze für den Flug nach London. Ich fuhr mit einem Mietwagen zu unserem Sommerhäuschen, holte die Kinder von den Nachbarn ab, verstaute das Gepäck und ließ das Geld für die Miete auf dem Küchentisch. Später saßen wir alle drei gemütlich in unserem großen Doppelbett im Hotel und verschlangen eine Riesenportion Spaghetti, die wir uns vom Zimmerservice hatten bringen lassen. Mit Perrier tranken wir auf das Wohl von Harry Clifton. Ich hatte versucht, ihm telefonisch zu danken, konnte ihn aber nicht erreichen. Anscheinend war er noch immer zu krank, um mit irgend jemandem zu sprechen.

Die Monate nach unserer Rückkehr waren schwierig. Desmond war zwar schon nach kurzer Zeit aus Paris zurückgekommen, schwankte aber unschlüssig zwischen mir und Susie, seiner neuen Liebe. Einmal war es vorbei mit ihr, dann wieder nicht. Ich weinte viel und kam mir vor wie eine Glühbirne, die dauernd an- und ausgeknipst wurde. Eine Diskussion, die ich schwer vergessen konnte, fand kurz nach der Rückkehr statt. Um eine Zeit lang in Paris bleiben zu können, hatte er sich auf ein Geschäft mit – kaum zu glauben – Karotten eingelassen. Er brachte eine riesige Karotte als Muster mit nach Hause. Während eines Streits knabberte ich nervös auf ihr herum, bis kaum etwas übrig war. »Nun hast du auch noch mein Muster aufgegessen«, rief er ärgerlich, »und meine Geschäftsaussichten ruiniert!« Wir erkannten beide schnell die Komik der Situation und fingen an zu lachen. Wir schlossen Waffenstillstand.

Nun lud ich Susie in der Hoffnung, der Anblick unseres Familienlebens und unserer Kinder würde sie von Desmond abbringen, zum Mittagessen ein. Desmond holte sie mit dem Auto ab, und das Essen verlief erstaunlich gut. Sie war wirklich ein nettes Mädchen und gefiel mir instinktiv, und ich ihr anscheinend auch. Ich war enttäuscht, als Desmond, der sie nach Hause bringen wollte, sich von mir an der Tür verabschiedete wie von Muttern, der er die Zukünftige vorgestellt hatte. Später einmal erzählte sie mir, sie hätte damals keine Ahnung gehabt, daß Desmond mit uns in South Lodge wohnte. Er hatte ihr gesagt, wir würden schon viele Jahre getrennt leben. So wurde natürlich nichts aus meinem Plan.

Kurz bevor mein Leben sich richtig verkomplizierte, hatten wir einen Schriftsteller und ehemaligen Diplomaten kennengelernt, Simon Harcourt Smith. Er war einer dieser »kaputten« Menschen, von denen sich Desmond so gesetzmäßig angezogen fühlte wie die Motten vom Licht. Es hieß, seine Karriere sei durch einen Skandal beendet worden, weil er das Buch eines anderen Schriftstellers Wort für Wort abgeschrieben und als sein eigenes ausgegeben hätte. Jetzt interessierte er sich für elektronische Musik und hatte gute Verbindungen zur Werbebranche, wo er leicht lukrative Aufträge besorgen könne, wie er uns versicherte. Er schmeichelte Desmond sehr und konnte ihn dazu überreden, gemeinsam mit ihm eine Firma zu gründen und in Simons Haus ein Studio einzurichten. All unsere kostbaren elektronischen Geräte wurden zu ihm getragen. Simon leitete das Geschäft, und Desmond machte die Musik. Leider mischte sich Simon auch in unser Privatleben ein. Seine eigene Frau erzählte mir einmal, er zerstöre absichtlich die Ehen von Freunden, weil er gern Macht über Menschen ausübe. Mir war die ganze Freundschaft unheimlich. Zwar versuchte ich, meinen Verdacht zu verbergen, aber ich vermutete, daß Simon genau wußte, was ich von ihm hielt. Er nutzte Desmonds Beziehung zu Susie, um ihn von mir zu trennen. Bevor ich genau wußte, wie mir geschah, war ich in ein Netz voller Intrigen verwickelt. Desmond hatte Susie wieder einmal »endgültig« aufgegeben, aber Simon rief mich an und versichete mir, daß sie sich noch immer regelmäßig trafen. »Warum erzählen Sie mir das, ich denke, Sie sind Desmonds Freund?« fragte ich ärgerlich und legte auf. Am nächsten Tag erhielt ich einen Brief von ihm, in dem er sich über meine schlechten Manieren beklagte. »Wenn Sie sich über Desmonds Verhältnis zu Susie ärgern, müssen Sie das nicht an mir auslassen. Es ist nicht meine Schuld, daß Desmond wegen meiner Machenschaften zu ihr zurückgegangen ist.« Aber das Wort »meiner« war durchgestrichen, und er hatte stattdessen »seiner« darüber gesetzt. Es war ein echter Freudscher Fehler, und Simon hatte es nicht einmal für nötig befunden, ihn vor mir zu verbergen. Mittlerweile war ich über die psychologischen Zusammenhänge besser informiert, und dieser Brief bestätigte meinen Verdacht von Simons Rolle in Desmonds Affäre. Noch einmal versuchte ich, Desmond dazu zu bringen, Susie aufzugeben. Wir hatten einen bösen Streit, und ich teilte ihm mit, daß ich ihn verlassen würde. In diesem Augenblick rief Jane an und redete mir zu, bei meinem Entschluß zu bleiben.

Mit Mark, der gerade von einem Kindergeburtstag kam, an der einen Hand und einem roten Luftballon in der anderen, stand ich schließlich vor dem Haus, in dem Jane und Renée mit ihren Familien lebten. Ich hatte hohes Fieber, und sie schickten mich sofort ins Bett. Am nächsten Morgen ging ich zurück nach South Lodge, um Seán abzuholen. Desmond schlug vor, die Kinder und ich sollten dort bleiben, er würde mit Susie nach Chelsea ziehen.

Ich war in einer schrecklichen Verfassung, nachmittags mußte meine Mutter mir die Kinder häufig abnehmen. Ansonsten war sie zu der Zeit keine große Hilfe. Sie glaubte, daß ich an dieser ganzen Entwicklung schuld war. »Was willst du denn«, sagte sie mir, »du hast ihn doch angeschrien!« Renée dagegen kam und blieb viele Nächte bei mir, um mich zu trösten. Ich kann mir nicht vorstellen, was ich ohne Seán gemacht hätte. Er war gerade elf Jahre alt, übernahm aber die Verantwortung für Mark, wann immer er merkte, daß ich dazu nicht fähig war. Ich wußte, daß er für eine solche Belastung viel zu jung war. Eines Tages rief ich Jim Harrison in Ashfold School an und bat, Seán im nächsten Semester als Internatsschüler aufzunehmen. Eigentlich mußte man in den besten englischen Schulen die Kinder schon bei der Geburt anmelden, aber vielleicht würde er für mich eine Ausnahme machen. Er antwortete mir, ich solle ruhig kommen und mir seine Schule ansehen. »Es ist nicht nötig«, meinte ich, »ich habe Sie damals bei der Gesellschaft kennengelernt, und das ist für mich das Wichtigste!« Er lachte und willigte ein.

Desmond blieb telefonisch mit mir in Kontakt. Als ich einmal schreckliche Kopfschmerzen hatte, holte er mich ab und brachte mich zu einem Haus nach Kensington. Es war der Londoner Sitz einer Gruppe, die sich »White Eagle Lodge« nannte – er hatte von ihr im Radio gehört. Sie genießt noch heute wegen ihrer spirituellen Heilungserfolge einen guten Ruf. Desmond selbst war noch nie dort gewesen. Eine große, gutaussehende Frau mit bemerkenswerten blaugrünen Augen öffnete die Tür. »Ich bin Desmond Leslie, ich bringe Ihnen meine Frau, weil sie ...« »Ja, ja, kommen Sie herein«, sagte die Frau, die sich als Joan Hodgson vorstellte, »wir haben schon lange auf Sie gewartet.« Und bevor Desmond protestieren konnte, hatte sie ihn schon ins Haus gezogen und zu ihrer Mutter gebracht. Grace Cook war das Oberhaupt dieser Gruppe. Joan ging mit mir in einen kleinen abgelegenen Raum, wo ich ihr mein Herz ausschütten konnte. Sie legte mir, ohne ein Wort zu sagen, ihre Hand auf. So saßen wir lange Zeit. Als ich das Haus wieder verließ, fühlte ich mich an Leib und Seele erfrischt. Von nun an ging ich regelmäßig zu ihnen und saß bei Joan, ohne ein Wort mit ihr zu wechseln.

Renée hatte mir geraten, zu ihrer Schwiegermutter Eva Mellinger, einer Psychoanalytikerin, zu gehen. Nur langsam machte ich Fortschritte. Obwohl es mir leichtfiel, Einblicke in das Verhalten anderer Menschen zu gewinnen und ich manchmal den Eindruck hatte, sie wären leicht durchschaubar, hatte ich wenig Einsicht, wenn es um mich selbst ging. »Sie sind nie wirklich eifersüchtig gewesen?« fragte Eva mißbilligend. »Nein, ich lebe doch nicht im Dschungel!« »Doch, Sie leben im Dschungel, das müssen Sie unbedingt lernen!« Ich konnte Eva oft nicht verstehen, nur wenn ich mit Joan schweigend zusammensaß, wurde mir klar, was Eva Mellinger mir zu sagen versuchte. Es gibt, außer einer besseren Kenntnis meiner selbst, noch etwas, das ich durch Joan Hodgson gewann.

Jane Ardens zweiter Sohn Dominic war gerade geboren. Wochen nach der Geburt lag Jane noch immer im Krankenhaus, und man durfte sie nicht einmal besuchen. Für mich wurde schließlich eine Ausnahme gemacht. Ich saß an ihrem Bett, und Jane lag blaß und zitternd in den Kissen. Ihr Baby war nicht im Zimmer. Ich verspürte ein starkes Bedürfnis, ihr zu helfen. Ich stellte sie mir mit dem kleinen Dominic im Arm vor. Farben mischten sich in mein Bewußtsein, blau, weiß, gold. Ich sah, daß diese Farben aus meinem Kopf durch meinen Körper bis in die Fingerspitzen strömten. Ich legte sanft meine Hände auf Janes Kopf und hatte das Gefühl, daß die Farben von ihrem Körper aufgenommen wurden. Irgendwie war ich mit ihr verbunden, auch wenn ich nicht wußte, warum ich das alles tat. Nach wenigen Minuten hörte Jane auf zu zittern, sie atmete ganz ruhig und schlief ein. Als die Krankenschwester mit ihren Beruhigungsmitteln kam, schickte ich sie weg. »Die braucht sie heute nicht«, teilte ich ihr zu ihrem Erstaunen mit. Dabei war ich genauso überrascht wie sie. Am nächsten Morgen war Jane am Telefon. »Was hast du denn nur gemacht?« »Ich weiß es nicht genau.« »Ach, komm doch bitte und mach's noch einmal!« Nach vier Tagen wurde Jane aus dem Krankenhaus entlassen.

Desmond kam, um die Jungs mit ins Kino zu nehmen. Ich erzählte ihm von Jane. Die Methode, die ich so instinktiv angewandt hatte, kannte er. Man nannte sie »Colour Healing« – Heilen durch Farben. Es gäbe sogar Bücher darüber. Niemand hatte mir je davon erzählt.

Seit diesem Erlebnis habe ich oft den starken Drang verspürt, Menschen, die Schmerzen hatten oder unruhig waren, zu helfen. Und wenn ich dieser Kraft nachgab, hatte ich Erfolg. Wenn ich jedoch helfen wollte, ohne diese starke innere Kraft zu spüren, passierte nichts. Ich habe oft ernstlich erwogen, diese Gabe weiterzuentwickeln, aber ich glaubte, nicht spirituell genug zu sein. Rauchen, trinken, lieben, Theater spielen – all das war mir immer viel zu wichtig, als daß ich eine gute Heilerin hätte werden können. Vielleicht habe ich einen zu strengen Maßstab angelegt und eine von Gott gegebene Gabe einfach verschwendet, aber wenigstens habe ich diese Kraft, wenn ich sie verspürte, immer genutzt.

Nach unserer Trennung arbeitete Desmond weiter in Simons Haus. Sie bekamen eine Menge Aufträge von der bekannten Werbefirma J. Walter Thompson. Von Zeit zu Zeit rief Simon an, um sich über Desmond zu beklagen – er sei faul und hinterlistig. Ich wußte ja, daß Simon gern intrigierte, aber ich konnte mir nicht vorstellen, warum er mir diese Geschichten erzählte. Es ging mich doch nichts mehr an. Steckte noch mehr dahinter? Vor kurzem hatte ich einen etwas schlampigen, aber sonst sehr netten kleinen Mann kennengelernt. Harry war bereit, alles für mich zu tun. Ich dachte mir für ihn eine gute Rolle aus, die er gerne spielen wollte, wenn er mir damit helfen konnte. Ich rief Simon an und sagte ihm, ich wüßte einen reichen Geschäftsmann, der sich sehr für elektronische Musik interessiere und bereit sei, Geld in ein Geschäft zu investieren. »Da Sie ja so unzufrieden mit Desmond sind, könnten Sie ihn doch loswerden und ein Unternehmen mit meinem Freund Harry gründen.« Simon, der glaubte, ich hätte das arrangiert, um mich an Desmond zu rächen, schluckte den Köder. Er lud uns, als Desmond nicht da war, ins Studio ein und war einverstanden, Harry zwei Wochen lang in dem Studio arbeiten zu lassen. Dann könnten sie sehen, ob sie miteinander auskämen. Desmond gab er zwei Wochen Urlaub. Harry hatte nun Zugang zu allen Korrespondenzen, Rechnungen, Quittungen etc. und fand heraus, daß Simon Desmond nur benutzt hatte, weil er selbst nichts von elektronischer Musik verstand. Bei Kunden gab er vor, Desmond sei nur der Lehrling, den er Zigaretten holen schickte, wenn er Geschäftsbesuche hatte. Das Geld für Desmonds Kompositionen steckte er in seine eigene Tasche. Nun hatte ich Simon da, wo ich ihn haben wollte, und es fehlte nur noch die richtige Gelegenheit, es Desmond zu beweisen.

Die Gelegenheit bot sich, als Anita uns alle über Ostern nach Glaslough einlud. Das blaue Zimmer tat seine Wirkung. Desmond wollte nach Hause zurückkehren und fragte, ob ich ihn wieder aufnehmen würde. Ich willigte unter der Bedingung ein, daß er nicht nur Susie, sondern auch Simon aufgeben würde. »Das verstehst du nicht, er ist mein bester Freund«, antwortete Desmond wie erwartet. Nun zeigte ich ihm die Quittungen und alle anderen Papiere und erzählte ihm von Harry. Desmond war wütend und schwor Rache. Es war zwar nicht das, was ich geplant hatte, aber schließlich konnte ich nichts anderes tun, als bei dem Spiel mitzumachen.

Harry und ich trafen uns mit Simon in einem Café, während Desmond in dessen Abwesenheit seine Geräte aus Simons Haus in unsere Wohnung zurückbringen wollte. Zuerst wollte ich bei dem Plan nicht mitmachen, aber dann fand ich mich mitverantwortlich und wollte lieber dabei sein.

Simon reichte mir die Speisekarte. »Um ganz ehrlich zu sein, ich mag mit Ihnen weder essen noch trinken, Sie sind mir total zuwider«, sagte ich ihm ins Gesicht »Und außerdem sollten Sie Desmond und mir nicht zu sehr trauen.« Simon war sehr verunsichert und stand auf. »Desmond ist allein im Studio. Meiner Frau hat er fünf Pfund gegeben und sie ins Kino geschickt. Vielleicht sollte ich mal zu Hause anrufen.« Harry warf mir einen erschreckten Blick zu. Hatte ich nun alles verdorben? Der Abend wurde mehr und mehr zu einem zweitklassigen Kriminalstück. Simon kehrte vom Telefon zurück an den Tisch. »Er ist noch da«, sagte er ganz beruhigt. Harry lud ihn zu einer Party in Shepherd's Bush ein. Die zwei fuhren los, und ich ging nach Hause. Lange Zeit saß ich im Dunkeln und wartete. Würde Desmond kommen? Er erschien kurz nach Mitternacht. Die

Geräte standen im Fahrstuhl. Bevor wir alles an den alten Platz gestellt hatten, klingelte das Telefon. Es war Simon. Er wußte nicht, daß Desmond zu mir zurückgekehrt war. Vor Wut konnte er kaum sprechen. »Das war nicht seine Idee, mich so feige zu verlassen. Jemand hat ihn dazu überredet, und ich weiß auch, wer.« Ich hatte keine Lust, ihn aufzuklären.

Allen Erwartungen zum Trotz waren die folgenden Wochen sehr schwierig. Ich konnte meinen Kummer über das Geschehene oft nicht unterdrücken, war unsicher und immer in Angst, Desmond würde mich wieder verlassen. Das führte zu einem Vorfall, über den ich heute nur noch lachen kann.

Desmond hatte noch eine andere Freundin – Gertrud, von Freunden Traudel genannt, ein schwedisches Mannequin. Weil Susie mit Nachnamen Regan hieß, sagte ich einmal: »Ach ja, von der Regan in die Traudel« – Desmond hat diesen Ausspruch während unserer Trennung oft bei Dinnerparties zum Besten gegeben.

Eines Abends gingen wir zu getrennten Veranstaltungen, und als ich spät nach Hause kam, lag Jane Arden in unserem Bett. Sie hatte die Nacht in South Lodge verbringen wollen, und ich hatte ein Bett im Studio für sie zurechtgemacht. Ich hatte die Tür offen gelassen, und das Licht brannte. Aber Jane war eben Jane, deshalb ging sie direkt in unser Schlafzimmer. Als ich heimkehrte, wachte sie auf und erzählte mir, daß Desmond vor mir nach Hause gekommen war. Er hätte etwas gemurmelt von »… nicht mehr Herr in seinem eigenen Haus« und »… nicht wiederkommen…«, sagte sie. Dann hätte er fluchtartig die Wohnung verlassen und die Tür hinter sich zugeknallt. Genau das hatte ich lange befürchtet. Ich rannte zurück auf die Straße, wo Marjories alter Morris, unser Familienauto, stand. Desmond nahm meistens meinen Jaguar. Ich fuhr so schnell ich konnte zum Chelsea Embankment. Jemand hatte mir gesagt, daß Susie sich dort eine Wohnung genommen hätte. Es war spät, die Straßen waren leer und verlassen. Ich war sicher, daß Desmond diese Situation zum Anlaß nehmen würde, zu Susie zurückzukehren, und wollte ihm alles erklären. Mein alter, auffälliger Jaguar war nirgends zu sehen. Weil ich Susies Hausnummer nicht kannte, kehrte ich um. Auf dem Heimweg sah ich meinen Jaguar im Sloane Square. Er stand vor dem Royal Court Theatre. Traudel wohnte gleich nebenan. »Aha«, dachte ich, »jetzt verstehe ich. Er ist bei ihr. Naja, das ist nicht so schlimm.« Ich klingelt an der Haustür, und eine Stimme ertönte durch die Gegensprechanlage, die Stimme einer alten Frau. »Wer spricht denn da? Ich wollte zu Traudel«, fragte ich erstaunt. »Das is Traudels Mudder aus Sweden und wer is das?« Nun wußte ich wirklich nicht mehr, was ich tun sollte. Ich konnte schlecht sagen, ich suche meinen Mann bei ihrer Tochter. Ich antwortete ihr, ich sei eine alte Freundin von Traudel, hätte mich heute abend aus meiner Wohnung ausgeschlossen und wisse nun nicht, wo ich schlafen solle. Der Summer ertönte, und die Tür öffnete sich. Ich stieg die Treppe hinauf. Traudel lag im Bett, sie hatte sich das Bein gebrochen. Sie war allein, mit eingegipstem Bein, von Desmond keine Spur. Da ich behauptet hatte, ich hätte mich ausgeschlossen, mußte ich die Nacht in Traudels Bett verbringen. Am nächsten Tag telefonierte ich überall herum. Niemand hatte Desmond gesehen. »Vielleicht ist er ins Royal Court Hotel gegangen? Das liegt doch am Sloane Square«, sagte ein Bekannter. Daran hatte ich nicht gedacht. Das Hotel lag direkt gegenüber von Traudels Wohnung, und er hatte tatsächlich dort geschlafen. Als ich nach Hause kam, war er schon da.

Weit weniger amüsant war ein anderes Ereignis, das unsere Ehe erneut bedrohte.

Desmond kam eines Abends nach Hause und sagte, er hätte einen Auftrag für Tonaufnahmen in Frankreich übernommen. Er brauche mein Auto, um am nächsten Tag nach Monte Carlo zu fahren. Ich wollte schrecklich gern mitfahren – es wäre eine gute Gelegenheit, an unserem Lieblingsort zweite Flitterwochen zu verbringen. »Und was machen wir mit den Kindern?« fragte Desmond. Wir hatten zu der Zeit keine Nanny. Ich rief bei meiner Mutter an, und sie war nur allzu gern bereit, ein paar Tage zu uns zu kommen und auf die Jungens aufzupassen. Wir packten also unsere Koffer. Desmond, der sich immer sehr um meine Kleidung kümmerte, suchte den Rest des Abends aus, was ich mitnehmen sollte. Ich war sehr aufgeregt.

Früh am nächsten Morgen wachte ich auf, und mir fiel ein, daß ich meinen Paß nicht eingesteckt hatte. Ich öffnete die kleine Schreibtischschublade, in der ich ihn aufbewahrte: Sie war leer. Ich weckte Desmond. »Mach dir keine Sorgen«, sagte er, »wir fahren sowieso erst am Nachmittag. Ich habe noch eine Verabredung in der Stadt. Du kannst inzwischen den Paß suchen.« »Aber ich weiß nicht, wo er sein soll. Es kann Tage dauern, bis ich ihn finde.« »Dann mußt du eben zum Paßamt gehen und einen neuen beantragen. Ich ruf' dort an und frage, welche Unterlagen du für einen neuen Paß brauchst.« Nach dem Telefonat nickte er mir zu: »Sie sagen, Du brauchst nichts, nur das Geld, aber du mußt persönlich dort erscheinen.« Ich zog mich rasch an. In der Tür stutzte ich. Wie kann man ohne Dokumente einen Paß bekommen? Schlagartig wurde es mir klar: »Du hast ihn versteckt, nicht wahr?« Desmond griff in seine Schlafrocktasche und zog den Paß heraus. Susie war in Monte Carlo und wollte sich verloben. Er wollte sie unbedingt vorher noch einmal sprechen – vielleicht zum letzten Mal. Mir wurde kalt vor Schreck. Nicht so sehr wegen Susie, sondern weil er mich ganz umsonst auf das Amt geschickt hätte. Im Badezimmer öffnete ich den Medizinschrank. »Hör zu«, sagte ich zu Desmond, »ich nehme jetzt diese Tabletten, nicht mehr, als ich zum Einschlafen brauche. Ich muß schlafen, und du kannst zu deiner Verabredung gehen.« Als er weg war, legte ich mich ins Bett. Aber wie sehr ich mich auch danach sehnte, der Schlaf wollte nicht kommen. Ich nahm noch ein paar Tabletten, aber es half nichts. Dann stand ich wieder auf, nahm einen leeren Koffer, legte meine Zahnbürste hinein, ging zur Garage, holte den Jaguar heraus und fuhr los, wohin, wußte ich nicht. Ich war völlig verwirrt. Ich fuhr den ganzen Tag und die ganze Nacht und konnte weder essen, trinken noch schlafen. Ich mußte immer weiter fahren. Wie im Traum sah ich die Städte und Dörfer, durch die ich fuhr. Ich las einen Anhalter auf und mußte mich auf einer einsamen Landstraße gegen seine Zudringlichkeiten wehren. In einer Stadt ging ich mit einem Mann ins Kino, konnte mich aber später weder an den Film noch an den Mann erinnern. Endlich war ich müde und stieg in einem kleinen Hotel ab. Es war nur gut, daß ich den Koffer mit der Zahnbürste dabei hatte. Die Erinnerung an diese Fahrt ist vollkommen verschwommen. Ich hatte eine Vorstellung von einem Graben, in dem ich lag und zum Himmel aufschaute. Der Graben befand sich in der Nähe des Meeres, und dorthin mußte ich unbedingt fahren. Schließlich hielt ich an einem Strand. Hier ging es nicht mehr weiter. Ich stieg aus und ging ganz nah ans Wasser. Dort legte ich mich auf den sandigen Boden. Es war mir wichtig, den Erdboden mit meinem Körper zu spüren. Dann hörte ich eine Stimme: »Du mußt zurückfahren!« »Nein, ich kann nicht!« rief ich ganz laut. Trotzdem folgte ich der Stimme. Ich stieg wieder ins Auto und fuhr ein paar Kilometer die Küste entlang, bis ich an einen Badeort kam. Später fand ich heraus, daß er St. David hieß und in Wales lag. Ich parkte vor einem Hotel und ging hinein. Mir war, als ob mein Kopf bersten würde. Ich lief in der Eingangshalle auf und ab. Der Manager, der mich eine Weile beobachtet hatte, nahm mich beim Arm. Er wollte mich ausfragen, aber wie konnte er verstehen, was doch so unverständlich war. »Ich kann nicht pinkeln«, war das einzige was ich herausbrachte. Er suchte in meiner Handtasche nach Namen und Adressen, um meine Familie zu benachrichtigen. »Ich werde Ihren Mann anrufen«, sagte er. Der ist doch nicht da, sondern in Frankreich, dachte ich. Andererseits – ich hatte das Auto! Vielleicht war er gar nicht weg!

Der Manager erreichte Desmond am Telefon. Er riet ihm, mich am nächsten Morgen in St. David abzuholen, und informierte ihn sogar über die Zugabfahrten nach Wales. Anschließend brachte er mich zu einem Arzt. »Ich kann nicht pinkeln«, wiederholte ich stupide. »Na, das werden wir in Ordnung bringen«, sagte er und gab mir eine Spritze, die mir schnell Erleichterung verschaffte. Der Manager brachte mich in eine kleine Pension, und ich ging sofort ins Bett. Am nächsten Morgen hörte ich Desmonds Stimme unten in der Halle. Plötzlich bekam ich Angst. Ich hatte so sehr gehofft, daß er kommen würde, um mich abzuholen, jetzt aber wäre ich am liebsten davongelaufen.

Desmond tat sein Bestes, um freundlich zu mir zu sein. Noch bevor ich angezogen war, kam der Arzt. Er untersuchte mich, teilte Desmond mit, daß ich ruhig nach Hause fahren könne, seiner Meinung nach aber ärztlicher Hilfe bedürfe, und schlug eine Klinik in Hampstead vor. Wir machten uns auf den langen Weg nach Hause. Die Sonne, die die ganze Woche geschienen hatte, war hinter den Wolken verschwunden, und die schöne Waliser Landschaft wurde trüb und deprimierend. Von Zeit zu Zeit versuchte ich, aus dem Wagen zu springen. Erst wußte Desmond nicht, was er mit mir machen sollte, dann hielt er an einer Telefonzelle und rief zu Hause an. Seán war am Apparat. »Kommst du jetzt nach Hause, Mami?« fragte er besorgt. Das genügte. Wir fuhren ohne Zwischenfall weiter und erreichten Oxford, wo wir einige Tage unserer Flitterwochen verbracht hatten. Wir machten dort Pause und aßen im Randolph Hotel, in dem wir schon vor dreizehn Jahre abgestiegen waren. Kurz vor Mitternacht kamen wir heim. Desmond schien es mir nicht übelgenommen zu haben, daß ich seine Reisepläne durchkreuzt hatte. Andererseits traf er aber auch keinerlei Vorkehrungen für meine ärztliche Versorgung. Ich redete mir ein, er hätte seine Reise nach Frankreich ad acta gelegt. Ein paar Tage später schlug ich beim Frühstück vor, zu der Premiere eines Bekannten zu gehen. »Warum nicht?« sagte Desmond. »Ich werde im Theater anrufen und Karten bestellen. Bestimmt wirst du jemanden finden, der mit dir geht. Ich bin dann leider schon weg.« Für eine Sekunde fürchtete ich, den Verstand zu verlieren, dann wurde ich ruhig. »Du willst gar nicht fahren, du willst nur, daß ich dich davon abhalte. Das tue ich nicht noch einmal. Ich gehe jetzt zum Friseur, und dann werde ich mit den Kindern einen Ausflug nach Greenwich unternehmen. Ich kann dir nicht sagen, ob wir hier sein werden, wenn du zurückkommst.«

Desmond reiste ab, und die Kinder und ich kletterten in Greenwich auf dem berühmten Segelschiff »Cutty Sark« herum. In den nächsten zehn Tagen weigerte ich mich, Desmonds Anrufe aus Monte Carlo entgegenzunehmen und schickte ihm seine Briefe und Telegramme ungeöffnet zurück. Drei Woche später war er wieder zu Hause. Ich ignorierte ihn.

Meine Mutter rief aus Deutschland an. Sie war in den Ferien in Bad Ems fast an einem Herzanfall gestorben. Mittlerweile ging es ihr besser, und sie wollte mich und die Kinder »noch einmal im Leben sehen«. Sie schickte uns Flugkarten, und wir trafen uns alle in München. Von dort flogen alle vier nach Venedig. Wir stiegen im Grand Hotel ab und verbrachten dort zwei wunderschöne Wochen. Jeden Morgen fuhren wir mit dem Motorboot zum Lido und verbrachten den Tag am Strand. Meine Mutter war immer dabei.

Ich mochte schon immer gern weit aufs Meer hinausschwimmen. Am Lido folgte mir mehrmals ein junger Mann mit großen dunklen Augen. Zuerst wahrte er diskret Abstand, aber eines Tages holte er mich beim Schwimmen ein und fragte mich auf italienisch, wieso er mich abends nie am Lido treffen würde. Ich antwortete, so gut es meine Sprachkenntnisse erlaubten, daß wir nicht am Lido wohnten, sondern in Venedig. Er antwortete etwas auf italienisch, aber so schnell, daß ich kein Wort verstand. Ich nickte höflich und schwamm zum Ufer zurück.

Abends, als wir auf der Terrasse saßen, holte mich der Portier an die Rezeption, wo mein junger Verehrer neben einem großen Gepäckberg stand. Ich fragte, was ihn nach Venedig und in mein Hotel führe. Er rief beleidigt aus: »Aber Sie haben doch gesagt, daß ich heute abend kommen soll, um mit Ihnen die Nacht zu verbringen!« Ich war ziemlich erschrocken, aber weil mein Italienisch offensichtlich zu schlecht war, um mich mit diesem temperamentvollen jungen Mann auseinanderzusetzen, gab ich schließlich nach, um eine Szene zu vermeiden. Ich war froh, daß ich ihn am nächsten Morgen mithilfe eines Wörterbuchs davon überzeugen konnte, samt seinem Gepäck wieder zum Lido zurückzukehren.

Einer unserer Bekannten wollte mit dem Auto nach Rom fahren und lud uns ein, mitzukommen. Wir setzten also meine »sterbende« Mutter ins Flugzeug nach London, wo sie noch elf Jahre lebte, und machten uns auf den Weg zu meinem Schwager Jack und seinem Palazzetto. Ich zeigte den Kindern Rom, und am dritten Tag erhielt ich einen überraschenden Anruf: Faruk, der ehemalige König von Ägypten, war am Telefon. Ich war ihm bereits einmal zehn Jahre früher kurz auf einer Rom-Reise begegnet, wo er im Exil lebte. Wegen der schlechten Presse, die er weltweit bekam, war ich damals aber sehr reserviert gewesen. Jetzt lud er mich zu meiner Verblüffung ein: »Man hat mir erzählt, daß Sie hier sind. Ich halte mich momentan in einem kleinen Hotel in Formia an der Westküste auf. Sie müssen mich für ein paar Tage besuchen.«

»Aber ich bin nicht allein, ich habe die Kinder dabei.« »Gerade deswegen müssen Sie kommen. Meine Töchter und mein kleiner Sohn Fuad werden sich freuen. Wir haben selten Besuch.« Als ich die Koffer packte, hatten meine Freunde Bedenken. »Du kannst doch nicht mit deinen Kindern zu diesem schrecklichen Mann fahren«, meinten sie. In Formia stieg ich etwas ängstlich aus dem Zug, beide Kinder fest an der Hand. Eine ältere Dame kam auf uns zu. »Ich bin die Nanny«, sagte sie, »ich bringe Sie zu Seiner Majestät.« Auf der Fahrt erzählte sie uns, sie würde schon seit sechzehn Jahre Faruks Kinder betreuen. All die Jahre, in glanzvollen wie stürmischen Zeiten, im Exil und in der Not war sie nie weiter als einen Steinwurf von ihm und seiner Familie entfernt gewesen. »Sie sind sicher die einzige, die so treu zu ihm gehalten hat?« »Ach nein, Madame, da gibt es noch andere – seinen Privatsekretär, seine Leibwache, seinen Majordomus und natürlich Mademoiselle. Sie ist noch länger bei seiner Majestät als ich.« Ihre Stimme nahm einen weichen Ton an, als sie von ihm sprach. Ich versuchte, mir die Ausschweifungen vorzustellen, von denen in seinem Zusammenhang die Rede war, mit Mademoiselle und Nanny in der Nähe? Es war zu absurd. Im Hotel gab man uns ein Riesenzimmer, in dem wir alle drei zusammen übernachten konnten. Faruk kam am frühen Morgen in Boxershorts und Kapitänsmütze auf dem Kopf und weckte uns. »Es ist Zeit, zum Strand zu gehen«, rief er laut. Dort sonnten wir uns auf dem weißen Sand, flitzten auf einem Motorboot durch die Wellen und planschten im Meer herum. Die Kinder wollten mit Faruk Walroß spielen, weil er mit seinem riesigen Umfang und dem Schnurrbart genauso aussah. Er mußte immer wieder unter die Kinder schwimmen, um sie beim Auftauchen ins Wasser zu werfen. Meine Jungens und der kleine Fuad quietschten vor Vergnügen.

Abends saßen wir dann zusammen mit den übrigen Mitgliedern des Haushalts unter einem Olivenbaum beim Essen. Wie anders war diese häusliche, familiäre Szene als das, was man über ihn in den Zeitungen lesen konnte. Er mußte meine Gedanken erraten haben. »Sie sind die einzige europäische Frau, die jemals unser Familienleben geteilt und gesehen hat, wie wir wirklich sind.«

Eines Abends, als ich dabei war, die Kinder ins Bett zu bringen, schickte mir Faruk eine formelle Einladung, ihn auf seiner Terrasse zu treffen. Er war allein und in ein weites seidenes

Gewand gekleidet, das ihm eine ungewohnte Würde verlieh. Ich dachte an Bilder aus einem Magazin, die ihn als jungen schlanken Kronprinzen zeigten, bevor die Drüsenkrankheit seinen Körper aufschwemmte. Er streckte mir die Hände entgegen. Ich war nicht sicher, was er von mir erwartete, aber Faruk beschämte mich. »Diesmal sind Sie allein in Rom mit den Kindern? Stimmt etwas nicht? Sind Sie unglücklich?« Ich schlug die Augen nieder. »Sind Sie jetzt frei?« »Majestät«, sagte ich, »ich bin katholisch.« »Richtig, das hatte ich vergessen. Wie schade. Wir kommen so gut miteinander aus, unsere Kinder auch. Wenn Sie irgendwann einmal frei sein sollten, denken Sie daran, daß ich warte. Ich werde immer für Sie da sein. Ich hatte nicht die Absicht, noch einmal zu heiraten, aber wenn Sie es – eventuell – in Betracht ziehen könnten ...?« »Majestät«, sagte ich, »ich werde nie frei sein.«

Die Tage in Formia vergingen schnell. Faruk sprach nie wieder von einer möglichen Heirat, aber wir unterhielten uns über viele andere Dinge. Er war um die Zukunft seiner beiden älteren Töchter besorgt. »Sie sind jetzt erwachsene Frauen und leben als Moslems. Wie sollen sie in einem katholischen Land Ehemänner finden?« Er hätte nicht einmal eine große Aussteuer bieten können. Entgegen der allgemeinen Annahme hatte er kein Riesenvermögen aus Ägypten mitgebracht. Er wollte nun das Gebiet um Formia entwickeln und war auf unvorhergesehene Schwierigkeiten gestoßen. Über seine königliche Vergangenheit sprach er ganz gelassen – »Ich glaube nicht, daß ich ein besonders guter König war« –, und von seinen Vorfahren mit gutmütiger Ironie: »Man nennt mich oft den letzten Pharao. Was für ein Unsinn! Mein Vater war ein Räuber und meine Mutter eine Französin.«

Jahre später erinnerte ich mich an seine Worte. Mein Freund Ivor Powell, ein Experte der Ägyptologie, erläuterte die historischen Hintergründe von Faruks Regentschaft und seiner Abdankung. Ivor war überzeugt, daß das Ende der Monarchie in

Ägypten nicht so freudig, wie oft behauptet, begrüßt wurde. In den letzten Jahren hatte Faruk sich ernsthaft um Reformen bemüht, aber Manipulationen der Engländer und der Druck, den die europäischen Nationen auf ihn während des Krieges ausgeübt hatten, behinderten jeden seiner Schritte.

Bei unserem Abschied in Formia kam es mir nicht in den Sinn, daß ich ihn nie wiedersehen würde. Er starb ein paar Jahre später in Paris. Im Fernsehen sah ich eine Diskussionsrunde: Er wurde als vielfräßig, grobschlächtig und extravagant bezeichnet, aber keiner der selbsternannten Experten hatte den ehemaligen König von Ägypten persönlich gekannt. So wurde er noch nach seinem Tod verleumdet. Ägypten dagegen holte seinen Sohn ins Land zurück. Seine letzte Reise ging nach Kairo. Vierzig Mitglieder des Hauses Mehet Ali warteten an seiner Gruft, als er dort zur letzten Ruhe gebettet wurde. Auf Wiedersehen, alter Freund, dachte ich damals. Ich bin nur froh, daß Du endlich heimgekehrt bist.

Desmond hatte uns bei Jack aufgespürt und rief aus London an. Wir sollten ihn in Brüssel treffen, denn er wollte den Kindern die Weltausstellung zeigen. Als wir dort ankamen, tat er, als sei nichts gewesen. Er war so entwaffnend, und die Kinder waren so glücklich, weil wir endlich alle wieder zusammen waren, daß ich nicht das Herz hatte, es ihnen zu verderben. Ich verzieh Desmond ohne weitere Diskussion. Langsam wurden aus »schlechten Zeiten« wieder »gute«. Es war der Anfang unserer besten Jahre. Susie heiratete ihren »Neuen«. Traudel ging mit ihrer »Mudder« nach Schweden zurück. War das das Ende der Frauengeschichten?

XIII *Reise nach Berlin*

Desmond arbeitete nun für den World Record Club. Er komponierte die Background-Musik für Schallplattenaufnahmen von Shakespeare-Stücken. Peter O'Toole, damals noch ein kommender Star, spielte mit seiner Frau Sian Phillips in *Der Widerspenstigen Zähmung*. Sein Film *Lawrence of Arabia* war schon gedreht und von Kritikern vorab sehr gelobt worden, lief aber noch nicht in den Kinos. Nur wenige Menschen kannten ihn. Desmond fragte mich, ob ich seine Bekanntschaft machen wolle. »Komm doch nach dem Mittagessen 'rüber ins Studio«, sagte er. Ich stand hinter dem Fenster im Tonstudio und sah zu, wie die beiden vor dem Mikrofon eine Szene probten. »Was meinst du?« fragte mich Desmond, als sie damit fertig waren. »Nun, die Szene ist wunderbar«, antwortete ich, »aber was Peter O'Toole betrifft, finde ich, daß der Tontechniker, der hier am Pult steht, mehr Charisma im kleinen Finger hat als dein ganzer Peter O'Toole!« »Menschenskind!« rief Desmond erstaunt, »das ist doch Peter O'Toole. Daß du das gemerkt hat! Er war am Mischpult, um seine Frau abzuhören und hat einen anderen Schauspieler gebeten, seine Rolle zu sprechen!«

Desmond verdiente nun regelmäßig Geld, und so wollten wir mit den Savilles auf Korfu im Club Méditerranée Ferien machen. Unsere Jungens, die sich gut mit den Saville-Kindern verstanden, freuten sich riesig. Im letzten Moment mußte Philip die Reise absagen, und sein Platz wurde von Ann Lynn eingenommen, die in Janes *Party* die jugendliche Hauptrolle gespielt hatte. Im Club sprach man über unsere merkwürdige Gruppe. Ein Mann mit drei Frauen und vier Kindern, eine ungewöhnliche Zusammenstellung. Wir kamen auf die Idee, eine indische Familie zu spielen. Jede von uns Frauen hatte seidene Hosen und Seidenschals dabei, mit denen wir den unteren Teil unseres Gesichts wie mit einem Jaschmak verdecken konnten. Auf unserer Stirn trugen wir ein mit Lippenstift gemaltes Kastenzeichen. Wir gingen stets alle zusammen im Gänsemarsch durch den Club, Desmond als Führer voran. Die anderen Feriengäste waren fasziniert und folgten uns überall hin. Eine Dame nahm ihren ganzen Mut zusammen und fragte Ann, ob Desmond wirklich ein indischer Prinz sei und wir seine Frauen oder vielleicht sogar seine Konkubinen? Statt zu antworten, senkte Ann demütig den Kopf und legte den Finger auf die Lippen. Wir schliefen alle in Strohhütten, aßen im Freien, und die Stimmung im Club war, wie man heute sagt, leger und salopp. Ann beklagte sich einmal über den Lärm aus der Nachbarhütte, in der eine Dame offensichtlich ihrem horizontalen Gewerbe nachging. »Mais c'est normal, Madame«, antwortete man ihr an der Direktion.

Auf Korfu verspürte ich zum zweiten Mal das starke Bedürfnis zu »heilen«. Vor einer Hütte sah ich einen jungen Franzosen, der offensichtlich Schmerzen hatte. Er hielt seine Hand an die Stirn gepreßt. Als er an mir vorbeiging, bat ich ihn: »Assoyez-vous«. Er folgte mir, ohne sich umzudrehen, und setzte sich auf die Felsenstufen. Ich stand hinter ihm und hielt meine Hände über seinen Kopf. Ich dachte an die Farbe blau. Nach nur wenigen Sekunden stand er auf und drehte sich zu mir um. Offensichtlich hatte er keine Schmerzen mehr, denn er sagte: »Vous êtes une sorcière« – Sie sind eine Zauberin. Von da an konnte ich im Klub nicht mehr herumgehen, ohne daß er auf mich zeigte und mich Zauberin nannte. Oft habe ich es bedauert, meinen Kindern in ähnlichen Situationen nicht helfen zu können. Ich habe diese Kraft nie bei Menschen gefühlt, die mir nahestanden.

Wir schuldeten vielen Freunden eine Einladung, und nach unserer Rückkehr aus Korfu wollten wir eine große Party geben, eine »römische Orgie«. Unsere Freundin Helen Strong kannte jemanden mit einem großen Garten in Chelsea, den wir nutzen durften. Helen übernahm die Dekorationen und entwarf die Einladungskarten.

Sie war eine große, gutaussehende Frau, die unglücklicherweise ihre Freunde immer an jüngere Mädchen verlor. Jedes Mal, wenn einer von ihnen heiratete, weinte sie sich an meiner Schulter aus. Dann nahmen wir sie mit nach Glaslough, um sie aufzuheitern. Helen war anders als meine sonstigen Freundinnen. Ihre Anschauungen unterschieden sich von denen aller anderen Frauen, die ich kannte. Außerdem war sie stärker an Sex interessiert. Ich weiß nicht mehr, wie wir sie eigentlich kennengelernt hatten. Oft wurde sie von meinen Kollegen und Freunden hinter ihrem Rücken verspottet. Ich war sehr froh, daß Desmond sie akzeptierte.

Mir war es peinlich, wenn Desmond mit mir auf kleine Vergnügungsreisen ging und wir in einem komfortablen Hotel übernachteten, während uns Helen mit Schlafsack und Zelt nachreiste. Ich wurde das unangenehme Gefühl nicht los, daß dies einmal ein schlechtes Ende nehmen würde. Nur gut, daß sie nicht Desmonds Typ ist, dachte ich oft. Bis auf Susie waren alle seine Geliebten immer schick, weltgewandt und reich gewesen, ganz das Gegenteil von der etwas grobschlächtigen und naiven Helen.

Sie hatte mir vor kurzem bei der Organisation einer anderen großen Party geholfen. Daher war ich über ihre Unterstützung bei dieser »Orgie« froh, denn alle Einladungen wurden wie bei den alten Römern auf Pergamentrollen geschrieben. Einer unserer Gäste schickte seine Antwort auf einem großen flachen Stein in römischen Hieroglyphen, und da er ausreichend frankiert war, mußte unser armer Briefträger den Stein bis in die fünfte Etage tragen.

Bei einem Tierpräparator fand ich ein wunderschönes Löwenfell, an dem mit einer elastischen Stahlfeder der Kopf befestigt war. Als ich es abholte und nach Chelsea brachte, nickte das Tier aus dem Autofenster und erschreckte die Leute an den Haltestellen und Ampeln. Es wurde so im Kohlenkeller plaziert, daß unsere Gäste auf dem Weg in den Garten an ihm vorbeigehen mußten. Ein Plakat verkündete: »Christen – bitte hier entlang!« Mein Metzger hatte mir ein paar große Knochen überlassen, die von einem unheimlichen roten Licht beleuchtet wurden.

Am Abend erschienen die Christen und Römer in ihren Tischtuch- und Bettlaken-Togas und Kränzen. Es war erstaunlich, wie stattlich die meisten in dieser einfachen Verkleidung aussahen. Der Rasen war mit Tigerfellen ausgelegt, und unsere Gäste konnten sich darauf in eleganter Pose ausbreiten. Gegessen wurde auf römische Art mit den Fingern, der Wein wurde aus goldenen Pokalen getrunken, die wir uns, wie auch die Säulen, von einem Filmstudio ausgeliehen hatten. In die Zweige der Bäume hatten wir Trauben gehängt. Auf den Säulen standen Schalen, die mit in Brennspiritus getränktem Sand gefüllt waren. Sie gaben ein sanftes, schönes Licht. Aus den Sträuchern und Büschen ertönte die Musik. Von der anderen Seite der Gartenmauer konnte man unzufriedenes Gemurmel hören: es stammte von den Reportern, die zu unserer Privatgesellschaft nicht zugelassen waren, obwohl sie gerne Fotos schießen wollten.

Als ein etwas korpulenter Römer sich zu stark an eine Säule lehnte, kippte diese um. Der brennende Sand fiel auf die Tigerfelle, die sofort in Flammen aufgingen. Glücklicherweise brannte es nur auf dem Rasen, und das Feuer konnte schnell gelöscht werden. Aber nicht schnell genug, denn der Hausbesitzer rief die Feuerwehr, und die Ambulanz und Polizei gleich noch dazu. Mit heulenden Sirenen erreichten sie das Haus und brachten im Schlepptau die Reporter in den Garten mit. Einer unserer Gäste, ein junger Ingenieur, der in Afrika arbeitete und nur auf Urlaub in London weilte, hatte tapfer versucht, mit seinen Füßen das Feuer auszutreten. Leider trug er nur leichte Sandalen, und so bekamen seine Füße etwas ab. Ein anderer Gast, Arzt von Beruf, hielt sie in ein kaltes Teebad. Da saß der Ingenieur nun und wartete, bis man ihn ins Krankenhaus brachte. Am nächsten Tag waren die Zeitungen voll mit Geschichte über unsere »Orgie«. »Rom brennt in SW7«, lautete eine Schlagzeile, ein anderes Blatt zitierte Desmond: »Natürlich verbrennen wir Christen in Chelsea.« Unter den gegebenen Umständen fand ich es nicht besonders witzig. Ich eilte ins Krankenhaus, um den jungen Mann zu besuchen, besorgt, daß er uns verklagen würde. An eine Versicherung hatte natürlich niemand gedacht. Ich fand ihn aufrecht im Bett sitzend, umringt von schönen Mädchen. Sein Bild war in der Zeitung erschienen und er empfing als Held viele Besucher. Er begrüßte mich mit einem strahlenden Lächeln: »Euch verklagen? Wie kommt ihr denn darauf? Auf gar keinen Fall!« sagte er und steckte sich Erdbeeren und Likörpralinen in den Mund. »Ein früherer Bekannter hat mein Bild in der Zeitung gesehen und mir eine Stellung angeboten. Nun muß ich nächste Woche nicht nach Afrika zurück und kann mit diesen reizenden jungen Damen ins Theater gehen.«

Vom künstlerischen Standpunkt aus betrachtet war *One Girl a Day* sicher nicht das anspruchvollste Musical, in dem ich aufgetreten bin, aber es war eine sehr aufwendige Produktion. Ich war eine der sieben Schauspielerinnen, die die Ehefrauen eines orientalischen Potentaten spielten. Jede von uns war einem Wochentag zugeordnet und hatte eine andere Nationalität. Ich war Mittwoch und Italienerin, gekleidet in ein volkstümliches Phantasiekostüm. Erst mußte ich ein italienisches Lied

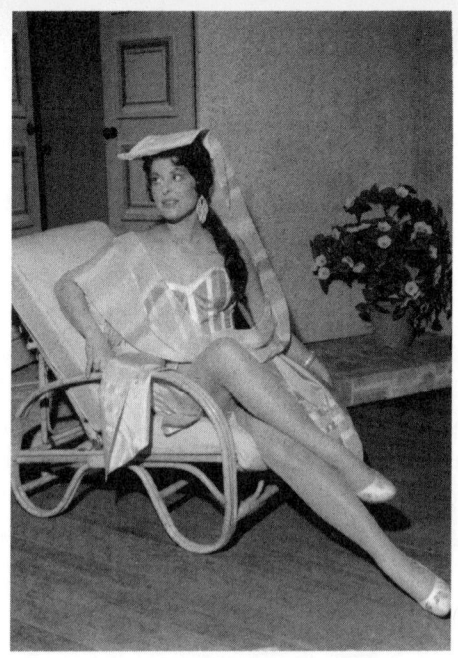

Mittwoch und Italienerin in One girl a day

singen, dann eifersüchtig und wütend, laut auf italienisch schimpfend, von der Bühne stürzen. Der Autor dieses Meisterstücks sprach offenbar kein Wort Italienisch, denn die Szene meines Abgangs war im Manuskript nicht zu finden, und so mußte ich sie selbst schreiben. Zum Glück erinnerten sich Irena und Giuseppe, deren Heimatdorf hinter den Hügeln von Neapel lag, an ein paar saftige neapolitanische Flüche und halfen mir beim Text. So war ich imstande, eine Tirade von für italienische Zuschauer wahrscheinlich haarsträubenden Schimpfwörtern loszulassen.

Wir reisten durch die größeren Provinzstädte. Sieben junge Schauspielerinnen, die sich Garderobe und Zimmer teilten, hatten dabei viel Spaß. Zu unserem Ensemble gehörten auch ein Bariton und ein Sopran: sie waren das »unglückliche«

Liebespaar, das ein romantisches Duett in der Blauen Grotte von Capri zu singen hatte.

In den Osterferien hatte ich niemanden, der auf die Kinder aufpassen konnte, so nahm ich sie mit auf Tournee. Ich fuhr vorab nach Manchester, wo ich telefonisch eine Wohnung gemietet hatte, um sie nun, bevor die Kinder kamen, zu inspizieren. Ich nahm mir am Bahnhof ein Taxi, aber als ich dem Fahrer die Adresse nannte, sah er mich erstaunt an. Bald wußte ich warum. Unsere Adresse lag im berüchtigten Rotlichtviertel von Manchester. Er hielt vor einem ziemlich heruntergekommenen Haus, die Eingangstür war aus den Angeln gerissen, altes Zeitungspapier flog im Vorgarten herum, der Zementboden hatte zahlreiche Löcher. Die Wohnung im dritten Stock war grau und schmutzig. Der Hauswirt schien mir ein richtiger Eigenbrötler zu sein, denn als ich sagte, ich könne die Wohnung leider nicht nehmen, fing er bedrohlich an zu knurren. Ich rannte in Panik die Treppe hinunter, er mit erhobener Faust und laut brüllend hinter mir her. »Los, fahren Sie schnell«, rief ich dem Taxifahrer zu, den ich hatte warten lassen. Wir gingen auf die Suche nach einer anderen Unterkunft, aber es war unmöglich, an diesem Tag irgendein Zimmer in der Stadt zu finden. Eigentlich sollte ich schon im Theater sein und mich auf die Vorstellung vorbereiten und machte mich schon mit dem Gedanken vertraut, in der Garderobe zu schlafen. Als ich dort ankam, schien ein Licht durch das kleine Fenster am Bühneneingang vom Hippodrome und hieß mich willkommen – hier war ich Gott sei Dank endlich in Sicherheit. Ich ging hinein, sah in die Loge des Wachmannes – und stieß erneut auf den Hauswirt aus dem Rotlichtviertel!

Noch bevor die Kinder am nächsten Tag ankamen, hatte ich zwei Zimmer in einem kleinen sauberen Hotel gefunden. Mark wollte unbedingt ins Theater mitkommen und Seán nicht allein bleiben. Das hätte jedoch bedeutet, daß sie kein Abendessen bekommen würden. Durch Zufall entdeckte ich unter der Bühne einen funtionsfähigen Gasherd. Zwei Teller, Messer und Gabeln, eine Bratpfanne und eine Flasche Olivenöl wurden gekauft. Während der Liebesszene in der Blauen Grotte hatte ich Zeit und kochte, im Kostüm mit Rüschen und Bändchen, meinen Jungens das Abendessen – Steak und Zwiebeln, ihr Leibgericht.

Der Zwiebeldunst, der jeden Abend aus meiner Bratpfanne durch die Bühnenbretter in die Blauen Grotte drang, stieg auch den Verliebten in die Nase. Wenn sie vorher schon Tränen in den Augen hatten, so weinten sie jetzt wirklich. Sie beklagten sich beim Inspizienten. Am nächsten Abend machte er einen Kontrollgang unter der Bühne, und gerade, als ich den Kindern das Essen austeilte, fand er uns: »Das ist ja einfach nicht zu glauben!« rief er entsetzt. Ich erwartete meine sofortige Kündigung, aber nichts geschah. Anscheinend gab es in Manchester nicht viele Schauspielerinnen, die auf italienisch fluchen konnten.

Die Tournee mit *One Girl a Day* dauerte lange und war lukrativ. Danach konnte ich es mir leisten, mit Desmond und den Kindern nach Italien zu fahren. Irena begleitete uns, um ihre Familie zu besuchen. Bevor wir wieder nach England zurückkehrten, mußten wir sie abholen. Auf dem Weg zum Zug Neapel – Rom nahm mir ein Gepäckträger meinen Koffer ab, hob ihn flott auf eine Schulter und verschwand damit in der Menge. Desmond, die Kinder und Irena waren schon eingestiegen, die Lokomotive dampfte, der Schaffner schob die Pfeife zwischen die Lippen, aber ohne meinen Koffer wollte ich nicht einsteigen! Langsam fingen die Räder an zu rollen, ich blieb stehen. Der Zug fuhr ab, ich blieb zurück, ohne Koffer, ohne Geld und ohne Familie. Das einzige, was mir blieb, war ein reicher Schatz an neapolitanischen Schimpfwörtern, die ich laut und wütend vom Stapel ließ. Aufgeregt rannte ich auf dem leeren Bahnsteig auf und ab, der sich schnell mit vielen Schaulustigen füllte – ich hörte nicht auf zu fluchen. Auf einmal teilte sich die Menge wie das biblische Rote Meer. Ein Carabiniere in weißer Uniform kam auf mich zu und trug meinen Koffer in der Hand. »Signora, eine englische Lady, die so wunderbar auf italienisch fluchen kann, sollte ihr Gepäck zurückbekommen!«

Kaum waren wir zu Hause angekommen, mußte ich schon wieder weg. Diesmal flog ich nach Berlin. Eigentlich wollte ich nie wieder in diese Stadt zurückkehren. Ich war stolz darauf, Engländerin zu sein, und wollte meine Identität nicht in Berlin auf den Prüfstand stellen, aber Jane Arden überredete mich mitzukommen. Sie wollte nach Berlin zu der Erstaufführung der *Party* im Residenztheater. Renées Mann, Michael Mellinger, arbeitete zu der Zeit im Berliner Ensemble, und Renée lebte schon eine Weile bei ihm in Ostberlin. Ich besuchte Jane, um ihr ein Geschenk für Renée mitzugeben. »Warum kommst du morgen früh nicht gleich mit? Dann kannst du ihr das Geschenk selbst geben«, schlug sie vor. »Es ist sicher noch ein Platz in der Maschine frei.« »Aber ich kann doch nicht einfach so verschwinden. Was wird Desmond sagen?« wandte ich ein. Das sei doch egal, meinte Jane. »Es ist die beste Gelegenheit, die du je haben wirst, ich bin doch an deiner Seite.« Am nächsten Morgen um sieben trafen wir uns am Flughafen. In Tempelhof empfing uns Herr Hammer vom Residenztheater. Er brachte uns zu Janes Hotel.

Meine Erlebnisse in Berlin habe ich aufgeschrieben, als sie noch frisch in meiner Erinnerung waren. Nach mehr als vierzig Jahren würde es mir schwerfallen, meine damalige Stimmung wiederzugeben. So greife ich auf meinen Artikel zurück, der damals im *Cornhill Magazine* abgedruckt wurde:

Und nun bin ich in Berlin!
Ohne Schwierigkeiten gehen wir durch die Paßkontrolle – zwei junge Engländerinnen, die als NATO-Alliierte kein Visum benötigen. Sigmund Hammer holt uns vom Flughafen ab. Es geht alles so

schnell, daß ich mich mit dem Gedanken, wieder in Berlin zu sein, gar nicht vertraut machen kann. Wir fahren zum Hotel. Gelegentlich glaube ich, einen Stadtteil, ein Gebäude, einen Ausblick wiederzuerkennen. Zum Verweilen bleibt keine Zeit. Wir rasen durch die Stadt, stehen kurze Zeit später mit dem Gepäck in der Hotelhalle und werden von Sigmund Hammer um Verständnis gebeten, weil er sofort wieder zur Probe muß. Er entschuldigt sich – dreht sich jedoch noch einmal zu mir und bemerkt: »Aber ich bin sicher, gnädige Frau, daß Sie keinerlei Schwierigkeiten haben werden – Ihr Deutsch ist perfekt.«

An der Rezeption stelle ich fest, daß er recht hat: Ich treffe den Ton, der den Berliner vor allen anderen Deutschen auszeichnet, und erst, als ich meinen britischen Paß vorlege, wirft mir der Portier einen aufmerksam-erstaunten Blick zu, als wolle er nicht glauben, daß ich Engländerin bin. Mit dem Fahrstuhl fahren wir nach oben, und der Hoteldiener zeigt uns die beiden ineinandergehenden Zimmer, die im Stil Louis XVI. eingerichtet sind. Sie erinnern mich an das Zimmer meiner Mutter in unserer Berliner Wohnung. »Hier entlang, gnädige Frau, hier herein, gnädige Frau – wenn Sie etwas brauchen, klingeln Sie, gnädige Frau, einmal für den Portier, zweimal für das Zimmermädchen.« Was in aller Welt soll dieses ständige »gnädige Frau«? Jane äfft den Portier nach und beschließt ihre Parodie mit den Worten: »Trinkgeld, gnädige Frau, das meint er.« Ich sehe Jane an, und eine ganz andere Frage stellt sich mir: »Was hat er getan – damals?« In jedem Portier sehe ich einen Gauleiter, in jedem Türsteher einen KZ-Wächter. »Daß du so reagierst, ist nur verständlich«, sagt Jane und packt ihren Koffer aus. »Aber was kümmert mich das. Tausende von Ausländern kommen täglich nach Deutschland, viele davon nach Berlin, und sie verschwenden sicher keinen Gedanken daran.« »Ich hätte nicht kommen sollen«, überlege ich laut. »Ich fliege sofort zurück.« »Blödsinn, das wirst du nicht tun. Außerdem brauche ich dich als Dolmetscherin. Wir nehmen jetzt ein heißes Bad – du wirst sehen, dann geht es dir gleich besser –, und anschließend fahren wir ins Theater. Wir haben

Hammer schließlich versprochen, so schnell wie möglich zur Probe zu kommen.« Wir verbringen einen aufregenden Tag im Theater und sehen uns die Kostümprobe von Janes Stück an. Über die aktuellen Probleme der Inszenierung vergesse ich tatsächlich alles, übersetze und beschäftige mich mit Frisur- und Kostümfragen der Hauptdarsteller. Jane unterbricht mich immer wieder. »Ich kann kein Wort verstehen. Du wirst mir sagen, ob sie es richtig spielen.« Im 2. Akt wendet sie sich mir abrupt zu: »Das ist nicht mehr mein Stück – wie sie das spielen!« »Es ist anders als in London«, beruhige ich sie, »es ist – deutscher, sie spielen es realistischer, als Familiendrama. Ich kann dir nicht genau sagen, ob der Sinn so herauskommt, wie du dir das dachtest, dazu kenne ich das Stück zu gut.« Jane ist verzweifelt: »Du meine Güte, sie machen eine deutsche Soße daraus.« Gespannt verfolgen wir die Probe und treffen anschließend die Schauspieler in der Garderobe. Ich vermittle zwischen ihnen und Jane. Wir diskutieren über Kostüme und das Bühnenbild, und ich fühle mich zum ersten Mal wie zu Hause. Sie alle sind Künstler, und in diesem Kreis gibt es erst einmal keine Politik.

Auf dem Weg zurück zum Hotel – nur ein paar Minuten Fahrt durch die Straßen Berlins – erfaßt mich jedoch wieder Furcht; zugleich steigt aber auch Sehnsucht in mir auf, Sehnsucht wonach?

Im Hotel verschwindet Jane im Bad, zieht sich um und erklärt: »Ich habe meinem deutschen Agenten versprochen, mit ihm zu Abend zu essen. Er hat Pläne für das Stück und will mit mir darüber sprechen. Ich denke, ich spreche lieber allein mit ihm. Macht es dir etwas aus?« Ob es mir was ausmacht? Ich habe nur darauf gewartet, daß sie geht! Ich will in die Stadt, sehen, fühlen, finden – allein.

Dann stehe ich auf der Straße. In meinem weißen Ledermantel tauche ich unter in der Menschenmenge um die Gedächtniskirche und suche mir meinen Weg zur Tauentzienstraße, die von Neonreklamen und Schaufenstern hell erleuchtet ist. Die Geschäfte scheinen die gleichen geblieben zu sein. Da ist Leiser & Co., wo sie mir immer meine Schuhe gekauft haben: »Die sind zu klein, Fräulein.

Bringen Sie mir bitte eine Nummer größer!« Leiser? – aber nein! Der Name dieses Geschäfts ist mir fremd. Es sind neue Namen, neue Besitzer. Nur die Fassaden sind geblieben. Der Bürgersteig hat auf beiden Seiten ein farbiges Mosaikband, das auch von den Luftminen nicht zerstört worden ist. Früher balancierte ich mit meinen neuen Schuhen immer auf diesem Streifen und versuchte, die Linie nicht zu berühren. Ob ich es noch kann? Es gelingt fast. Als Kind wollte ich nie auf dem grauen Pflaster laufen. Das taten die Erwachsenen, Leute in Eile. Aber heute habe auch ich es eilig, so sehr ich mir auch Zeit und Muße wünschen würde. Ich möchte auf jedem Stein zwanzig Jahre verweilen, an jeder Ecke... aber ich muß zurück. Vor dem KaDeWe hat sich eine Menschentraube gebildet. Zwei Fahrer diskutieren, und die Menge versammelt sich um sie, neugierig stelle ich mich dazu – wie jeder Berliner. Aber der Moment der Zugehörigkeit geht vorüber, und ich eile weiter.

Ich biege nach rechts ab in die Motzstraße und bin im Kiez meiner Kindheit. Beklommen beschleunige ich meine Schritte und gehe schnell in die nächste Straße, eine Hauptstraße mit hellerleuchteten Kinos und Schaufensterauslagen. Vor einem Hutladen bleibe ich stehen und betrachte verträumt die Dekoration. »Welchen Hut hätte Moddom gerne?« »Moddom«, 13 Jahre alt, wird diesen Augenblick nie vergessen. Ich blicke mich um, und es fällt mir schwer, die altbekannte Straße wiederzuerkennen. Die ganze Ecke ist abgerissen worden!

»Entschuldigung«, spricht mich jemand an, »geht es hier in die Martin-Luther-Straße?« Ich blicke in fragende Augen. Neben dem Mann steht abwartend seine blasse, dralle Frau. »Ja, um genau zu sein, Sie sind schon in der Martin-Luther-Straße. Hier, an dieser Ecke war ein Friseur, ein sehr eleganter Laden, wo meine Mutter mir manchmal die Haare schneiden ließ.«

»Wir sind keine Berliner«, sagte die Frau ungehalten. »Man kann sich hier ja nicht zurechtfinden! Es gibt keine Schilder...« Ihre dicke Hand macht eine Geste der Hilflosigkeit.

»Es ist leicht, wenn man sich auskennt. Ich war seit zwanzig Jahren nicht mehr hier, aber für mich ist es leicht – sehr leicht.« Sie blicken mich beide verwundert an und gehen, die Augen auf die Hausnummern gerichtet, die Straße hinauf.

Ich erreiche den Platz, wo das Scala-Theater stand. Es existiert nicht mehr. Alle Gebäude sind neu, und ich sehe mich um, ohne wirklich etwas zu sehen. Mein Schritt verlangsamt sich, ich habe es nicht mehr eilig, gehe zögernd, ängstlich – nur noch um die Ecke herum…

Meine Mutter hat mir gesagt, daß unser Haus nicht mehr steht, daß die ganze Häuserzeile dem Erdboden gleichgemacht wurde – aber es ist etwas da …ich weiß es … nur noch weniger Meter … und dann stehe ich in der Straße, und mein Blick fällt auf die gähnenden Lücken der Zerstörung. Schwarze, gespenstische Ruinen ragen in den Himmel. Der Wind streicht durch die leeren Mauern. Ich zittere in meinem weißen Mantel, den ich fest umklammere – etwas in mir zerspringt. Ich weine. Ich wußte nicht – ich konnte es nicht wissen –, daß es so sein würde.

Das hätten sie mir nicht antun dürfen. Ich laufe zur Kreuzung und denke an die Bomber, die im Tiefflug über meine Stadt, über meinen Platz fliegen. Ich habe sie in meinen Gedanken immer jubelnd begleitet auf ihrem Weg nach Berlin. Jetzt schluchze ich.

Meine Mutter erzählte mir, daß der kleine Platz zerstört sei, er liegt jedoch ruhig im Mondlicht, und die Häuser stehen noch vollzählig um ihn herum, bis auf eines: das Haus, in dem ich aufgewachsen bin. An seiner Stelle klafft ein großes schwarzes Loch. Ich klettere über Steine, Splitter und Erde, über Bruchstücke weißen und schwarzen Marmors, zwischen denen Gras wächst. Dies war der Boden der kühlen Marmorhalle, in der meine Schritte, eilige Kinderschritte, verhallten. Ich knie auf dem zerbrochenen Boden, berühre die Marmorstücke, kühle marmorne Reste, Fragmente der Ordnung in einem Chaos der Zerstörung.

Ich weiß nicht, wie lange ich so knie, bis ich schließlich meine innere Ruhe wiederfinde. Die Häuser in der Straße zeigen die pro-

saische Wirklichkeit: neu erbaut, mit ihrer unpersönlichen Beton-
fassade, stehen sie da, wo früher die Häuser meiner Freunde standen. Ich hebe den Kopf in den Nachtwind, der durch die Lücke
streicht. Da ist nichts mehr – außer dem Himmel. Langsam gehe
ich zur Mitte des kleinen mondbeschienenen Platzes. Mein Park –
wo bist du hin? Die Bomben müssen deine Bäume gespalten haben;
Bomben, die ich dir geschickt habe. Ich frage mich, ob du mich wohl
vermißt hast, oben am Fenster, wo ich stand und mit heißen Wangen auf meine kleine Welt hinabschaute. Nun liegst du still im
Mondlicht. Was ist mit dir geschehen, als die Kinderaugen nicht
mehr länger dein Bild in sich trugen? Es war nicht der Krieg, nicht
die Nacht des großen Luftangriffs, es waren nicht die Soldatenstie-
fel, die über dich marschierten: du bist an dem Tag gestorben, als
ich mich vom Fenster abwandte und dich nicht mehr ansah. Kleiner Platz meiner Kindheit – lebendig und schön. Wie ist es möglich,
daß ich nie von dir gesprochen habe? Weder zu meinem Mann noch
zu meinen Kindern?

Aber wie hätte ich dich beschreiben sollen in der neuen Umgebung, in dem neuen Land? Wie hätte ich dich den Menschen
beschreiben sollen, die nur die formale Eleganz von vergitterten
Plätzen kennen? Während du, mein Platz, rund bist und offen, ver-
wundbar und fröhlich, ein Treffpunkt, ohne Klassenunterschiede
oder Vorurteile. Meine lebendige Welt in Miniatur: eine Bank für
Liebespaare, ein Kiosk, ein kleiner Teich, ein Kinderwagen und
daneben ein gähnender Schlund, der Eingang zur U-Bahn. Und ich
sehe mich wieder vor diesem Eingang stehen, an dem Zeichen aus
blauem Glas neben den Stufen, der Boden vibriert durch den kleinen Zug, der mich zur Schule bringt. Es gibt ein Foto von einem kleinen Mädchen, das an seinem ersten Schultag mit ängstlichem
Lächeln auf diesem Platz steht, am Eingang zur U-Bahn. Man
könnte dieses Foto jetzt noch einmal aufnehmen; das Mädchen, die
Straße und die U-Bahnstation; aber aus dem Mädchen ist eine Frau
geworden, und das Lächeln auf ihrem Gesicht verbirgt eine andere
Angst.

Die Leute, die ich fürchte, sind jetzt ruhig geworden, die meisten schlafen, sie sind, wie ich, in dieser Stadt geboren. Morgen wird dieser Platz voller Menschen sein, aber heute nacht liegt er ganz still im Mondlicht. Magisches Mondlicht, wie sonst könnte das Café Wilko, die Eisdiele aus der Bayerischen Straße, an meinen Platz gelangt sein, dahin, wo früher das Ritz-Kino war?

Neugierig gehe ich weiter. Ein alter Mann hält mich an. »Zehn Pfennig – haben Sie ein paar Pfennige?« Ich hatte ihn im Schatten nicht bemerkt, ein schäbig aussehender Bettler auf einer alten, rostigen Parkbank. Meine Hand greift automatisch zum Geldbeutel. Aber ich habe ja noch nichts gewechselt. »Kein Kleingeld«, sage ich ihm. »Aber ich gehe rüber in die Eisdiele.« Der Mann schlurft zurück zur Bank. Der Eissalon ist nicht mehr, wie ich ihn in Erinnerung habe. Nun ist es eher ein Café, in dem man auch Eis bestellen kann. Es gibt nicht mehr 30 Sorten wie damals – nur noch drei: Vanille, Schokolade und Erdbeer. Als das Mädchen hinter der Theke mir die muschelförmige Waffel reicht, die es nur in Berlin gibt, zittert meine Hand.

»Seid ihr das Wilko aus der Bayerischen Straße?« frage ich das Mädchen, als ich bezahle. »Ich bin damals jeden Tag nach der Schule vorbeigekommen, und ihr habt Zitronen-, Bananen- und Pistazien-Nuß-Eis verkauft.« Ihr? Was sage ich zu dem jungen Mädchen hinter der Theke, das mein Wechselgeld mit einem Achselzucken über die Theke schiebt. Nachkriegsgeneration. Was kann sie von Zitronen-, Banane-, Pistazien-Eis wissen?

Der Geschmack des Erdbeersorbets hat etwas Tröstliches. Ich kehre zurück zum Park, wo der alte Mann wartet. Ich weiß, daß ich nicht gehen kann, bevor ich nicht mit ihm gesprochen haben. Es ist wichtig, ich kann nicht sagen, warum. Wir sitzen zusammen – der alte Mann und ich.

»Ich habe hier gewohnt, wissen Sie, es ist lange her«, sage ich schließlich. »Ich auch. Ich habe diesen Platz immer geliebt. Ich bin jeden Tag hier und komme nicht von ihm los.« Gemeinsam lassen wir den Platz wieder auferstehen.

»... und da, wo jetzt die Lücke klafft, war unser Haus.« Ich will, daß er sieht, versteht; aber er folgt seinen eigenen Gedanken: »... da waren Mädchen, eine ganze Menge, blau gekleidet liefen sie über den Platz.«

Ich erinnere mich auch. Sie kamen täglich zum Lettehaus, um kochen und nähen zu lernen. »... blau waren sie angezogen, blaue Uniformen, und immer lachten sie.« Ich erinnere mich. »Immer lachten sie.« Dann verändert sich plötzlich sein Gesicht. »Wie alt bin ich, was denken Sie?« Ich wende mich ihm zu. Sein Gesicht wird wirklich, wird zu einem grauen Gesicht, müde und zerfurcht. Ich zögere. Er nimmt seine Mütze ab – ein kahler Kopf spiegelt sich im Mondlicht. »Siebzig?« Das graue Gesicht verzerrt sich im Schmerz. »Ich bin fünfzig«, sagt er verzweifelt, »fünfzig, hören Sie? Ich bin nicht alt. Ich bin im besten Mannesalter. Ich bin nicht alt.«

Ich weiß nicht, was ich sagen soll, aber er würde auch keine Antwort akzeptieren. Er scheint verzweifelt. Worte steigen in ihm auf: die Partei – Promotion – Paraden – der Führer – unbesiegbar – dann Krieg – verwundet – unfähig – der Zusammenbruch des Reiches – Heim – nutzlos – Behörden – Komitees – ein Heim für die Alten – zu Ende – nichts zu machen – die Jahre schleppen sich dahin – noch weitere Jahre – Jahre – nutzlos – ziellos – hoffnungslos ...

Ich schweige, aber ich schenke ihm all meine Aufmerksamkeit, und für einen Augenblick ist er in dieser geisterhaften Straße nicht ziel- und hoffnungslos. Er tastet sich vorwärts, nicht mit den Händen, sondern in Gedanken.

»Wenn ich nur jemanden hätte, der mich wieder aufrichtet, jemanden, für den ich leben kann, der mir wieder Mut gibt ... eine Frau!« – Ich kann nichts darauf antworten. »Vielleicht kennen Sie jemanden, eine Frau ... Kennen Sie niemanden, der mir helfen könnte? Eine Frau wie Sie?«

Ich weiche zurück. »Ich kenne hier keine Frauen. Ich kenne keinen Menschen. Ich habe mit dem hier nichts mehr zu tun, bin erst vor ein paar Stunden hierher zurückgekehrt.« »Woher?« »Oh, aus dem Ausland!« Er wird sehr still, sieht mich an. »Sind Sie Jüdin?« –

»Ja.« Wie einfach! – Erkläre nicht deinen Zwiespalt. Laß dich nicht weiter darauf ein. Laß nicht zu… Aber er fragt nicht weiter.

Er ist aufgestanden, mir sehr nahe. Seine Hände umfassen meinen Arm. Er hat recht, er hat noch immer Kraft in seinen Händen. »Sie sind es. Ich brauche Sie. Auf Sie habe ich gewartet. Auf Sie, eine Jüdin, eine jüdische Frau. Sie müssen mir helfen, wieder der deutsche Mann zu werden, der ich einmal war.«

Ich befreie mich aus seiner Umklammerung. Das Eis schmilzt in meiner Hand und tropft über mein Handgelenk. Ich werfe die angebissene Waffel zu Boden. Zu spät! Es ist sinnlos. Ich kann die Zeit nicht zurückdrehen, weder für ihn noch für die anderen. Warum haben sie nicht darüber nachgedacht – damals! Der Mann steht ganz nah bei mir, trotzdem bin ich weit weg – nicht länger mehr ein Teil der Straße, nur noch ein Teil der Welt, aus der ich zurückgekehrt bin. Ich bin ein Besucher in einer dunklen Stadt bei Nacht; ich bemerke nur die Kälte – während er verzweifelt seine verlorene Mannesehre beklagt. Eine Wolke hat sich vor den Mond geschoben, und der Platz ist dunkler geworden. Der Mann steht noch immer neben mir. Ich hoffe, daß er gehen wird, aber ich weiß, daß die Zeit für den Abschied noch nicht gekommen ist.

Er geht langsam vor mir in die Knie und umfaßt meine Hände. Wir verharren so für eine lange Zeit. Wie lange? Ich weiß es nicht. Vielleicht Minuten, vielleicht Stunden – eine kleine Sekunde der Ewigkeit? Er betrachtet mein Gesicht, während ich in den Himmel sehe und den Wolken nachschaue, die der Wind vor sich hertreibt.

Irgend jemand, ich weiß nicht mehr wer, hat einmal geschrieben: »Es gibt keine unschuldigen Opfer.« Das versuche ich ihm in der Stille mitzuteilen, und genau dasselbe scheint auch er mir sagen zu wollen. Wollte ich das herausfinden, als ich hierher kam? Es ist gut, daß er mich ansieht, denn sein Blick enthält das Versprechen für meine Freiheit. Die Freiheit, das zu sein, was ich bin, das zu fühlen, was ich fühle, die Freiheit zu wählen, und die Freiheit, seine Schuld und seinen Schmerz zu teilen.

Ich sehe ihm in die Augen und schüttele mit bedauerndem Lächeln meinen Kopf. »Es ist alles in Ordnung«, sage ich, »alles o. k.« – wie man ein Kind beruhigt. »Aber sehen Sie, ich habe Berlin vor Jahren verlassen, und sehr bald werde ich wieder abreisen; nur werde ich mich dieses Mal an den Abschied erinnern können. Sie sind auf sich allein gestellt, wie jeder von uns, das ist es, was uns miteinander verbindet.« Ich glaube nicht, daß er verstanden hat, was ich meinte; ich fange ja gerade selbst erst damit an. Ich entziehe ihm meine Hände, suche nach dem Geldbeutel und reiche ihm ein paar Scheine.

»Hier, nehmen Sie. Es ist nicht viel, aber es ist alles, was ich bei mir habe. Sie können davon ein Essen und einen Drink bezahlen. Trinken Sie auf mein Wohl! Und denken Sie an mich. Ich werde an Sie denken, wenn ich den anderen gegenüberstehe, morgen und alle Tage meines Lebens.« Er murmelt Dank und sinkt zurück in seinen Dämmerzustand, während ich langsam davongehe. Weg von dem Platz, von der Vergangenheit und weg von diesem Nazi!

Es war der erste – aber keineswegs der letzte, den ich treffen sollte!

An unserem zweiten Abend in Berlin hatte ich Wolfgang von Oppen, Janes deutschen Agenten, kennengelernt. Er starrte mich gedankenverloren an, als wir uns am Tisch gegenübersaßen. »Haben wir uns nicht schon einmal getroffen?« Aber das war eigentlich nicht möglich. »Ich kenne Ihr Gesicht«, sagte er. Dann fanden wir heraus, daß wir als Kinder in die gleiche Schule gegangen waren und jeden Tag zur Mittagszeit auf demselben Pausenhof gespielt hatten. Wir hatten nie ein Wort miteinander gewechselt, aber Wolf hatte mein Gesicht nicht vergessen. Seine Eltern wohnten gleich bei uns um die Ecke, und wäre ich in Berlin geblieben, hätten wir uns in der Jugendzeit sicherlich kennengelernt – und wer weiß, vielleicht auch ineinander verliebt.

Die Parallelen im späteren Leben waren noch erstaunlicher.

Wolf war Messerschmitt-Pilot gewesen, zur gleichen Zeit, als Desmond Spitfire-Pilot war.

Es war wohl ganz unvermeidlich, daß wir einen Zeitsprung machten. Wir waren plötzlich sechzehn, hielten uns unterm Tisch an den Händen, wanderten durch die Straßen und Parks. Wir gingen an all die Orte, die wir damals bestimmt zusammen besucht hätten, wo wir spazieren gegangen wären. Wir machten lauter lustige Sachen, wie sie nur Verliebte anstellen. Ich muß gestehen, daß ich einmal beinahe laut gelacht hätte. Nur im Adamskostüm vor mir stehend, knallte er fest seine Hacken zusammen: »Ich halte es für meine Pflicht, dir mitzuteilen, daß ich mindestens drei Spitfire im Krieg abgeschossen habe!« meldete er gehorsamst. Natürlich machte das nichts aus, wir lebten sowieso in einer Phantasiewelt, die leider nur eine Woche existierte. Dann brachte Wolf mich zum Flughafen. »Kannst du denn nicht bleiben? Mußt du wirklich wieder weg?«

Aber der Moment des Abschieds von meiner Heimatstadt war gekommen. Diesmal dachte ich, das Herz würde mir brechen. Diesmal wußte ich, daß ich für immer ging, aber diesen Abschied würde ich nie vergessen.

Ich konnte, als Janes plötzlicher Einfall mich nach Berlin brachte, nicht ahnen, wie sehr mich dieser Besuch verändern würde. Ich hatte meine Wurzeln gefunden. Ich hatte akzeptiert und würde nie wieder leugnen, daß ich in Deutschland geboren worden war.

Die Erfahrung hatte Einfluß auf meine Arbeit, besonders auf die Solokarriere, die noch vor mir lag. Meinen nächsten Job verschaffte mir Philip Saville: zuerst ein Theaterstück von Murray Shisgal im Arts Theatre und später sein Fernsehmusical *His Polyvinyl Girl* mit John Fortune und Nyrée Dawn Porter. Es war John Fortune, der mir unwissentlich eine ganz neue Richtung gewiesen hat.

XIV *Solo*

Ich bin oft gefragt worden, wie ich darauf kam, einen Solo-Kabarettabend anzukündigen. Die Antwort lautet: aus purem Zufall – in einer Damentoilette. Bis zu dem Tag, an dem ich eine Journalistin im Waschraum des Establishment Clubs in Soho kennenlernte, war mir diese Idee nie in den Sinn gekommen.

Vier Absolventen der Universität Cambridge, Peter Cook, Dudley Moore, Alan Bennett und Jonathan Miller, hatten London mit ihrer Revue *Beyond the Fringe* im Sturm erobert, und das West End entdeckte auf einmal die Satire. Daraufhin hatte Peter Cook den Establishment Club gegründet, wo jeden Abend die englische Gesellschaft auf den Arm genommen wurde, genau wie es damals die »bösen Buben« in Berlin mit dem deutschen Establishment gemacht hatten. Man konnte dinieren, während man die Show genoß. Hier traten viele Newcomer auf. John Fortune, mit dem ich in *Polyvinyl Girl* gespielt hatte, war auch dabei, und genau wie damals in Berlin waren diese Vorstellungen ein voller Erfolg und beim scharfsinnigen West End-Publikum sehr beliebt. Der Establishment Club war »in«, und er erinnerte mich an die literarischen Kellerkabaretts in Berlin, von denen mein Vater mir häufig erzählt hatte.

Nach einem Jahr bekam Peter Cook mit seiner Truppe ein Angebot aus New York. Er entschloß sich, die vier jungen Künstler, mit denen er bislang gearbeitet hatte, durch vier neue zu ersetzen. Es sollte auch eine Frau darunter sein. Eine wochenlange Suche lag vor ihm. John Fortune, der von meiner Arbeit im FDKB wußte, rief mich an und meinte, ich solle unbedingt zum Vorsprechen beziehungsweise Vorsingen gehen. Ich studierte ein Lied aus Brechts *Dreigroschenoper* ein. Cook brauchte sehr lange, um zu einer endgültigen Entscheidung zu kommen. Zum Schluß blieben drei Bewerberinnen übrig: eine phantastische schwarze Jazzsängerin, ein unbekanntes siebzehnjähriges Mädchen und ich. Nachdem ich mein Lied gesungen hatte, ging ich sofort in den Waschraum. Ich war sehr niedergeschlagen, weil ich wußte, daß ich diesen Job nicht bekommen würde. Ich war zwar die einzige Bewerberin, die Erfahrung im Kabarett hatte und entsprechend singen konnte. Nur – ich war schon fast vierzig, und es würde lächerlich aussehen, wenn ich mit vier blutjungen Männern auf der Bühne stehen würde. Ich war einfach schon zu alt.

Im Waschraum sprach mich eine Frau an und gab mir ihre Visitenkarte. »Ich bin Journalistin«, sagte sie, »und war bei allen Proben dabei. Wenn Sie den Job bekommen, rufen Sie mich an. Ich werde einen Artikel über Sie schreiben.« Ich schämte mich. Diese Vorsprechen waren schon schrecklich genug gewesen, und der Gedanke, daß jemand von der Presse die ganze Zeit dabeisaß, war genauso unangenehm wie die Vorstellung an einen Zuschauer bei meiner Hochzeitsnacht. Ich riß mich zusammen, richtete mich stolz auf und sagte ziemlich hochnäsig: »Ich bin überhaupt nicht wegen des Jobs hier!« »Wirklich?« fragte die Journalistin erstaunt, »warum sind Sie dann so viele Male zum Vorsingen gekommen?« »Ich plane meine eigene Show, einen Soloabend.« »Das ist ja wunderbar – wie heißt denn das Programm, der Titel?« Ich mußte mir rasch etwas einfallen lassen und dachte an die *Dreigroschenoper*. »Es geht ausschließlich um Arbeiten von Bertolt Brecht und Kurt Weill«, sagte ich und verließ schnell den Waschraum.

Die Journalistin rief hinter mir her: »Das hört sich interessant an. Wenn Sie soweit sind, melden Sie sich bei mir!«

Die siebzehnjährige Carole Simpson wurde engagiert, und auf dem Heimweg fragte ich mich: »Was habe ich da um Gottes willen gesagt. Will ich das wirklich machen?« Zu Hause rief ich sofort einige Freunde an. »Was meint ihr? Soll ich eine Solo-Show mit Liedern von Brecht und Weill zusammenstellen?« Mit Ausnahme von Renée Goddard waren alle davon überzeugt, ich sei völlig verrückt.

»Wer soll denn die teuren Karten kaufen, nur um dir dort oben auf der Bühne zwei Stunden lang zuzuschauen?« Das saß! Hätten sie mir zugeredet, mir gesagt, es sei ein ausgezeichneter Einfall, hätte ich es vielleicht nicht versucht. So aber war ich herausgefordert, und Herausforderungen konnte ich noch nie widerstehen. Ich machte mich an die Arbeit. Der Brecht-Nachlaß wurde gründlich studiert. Ich suchte mir die Stücke und Lieder aus, mit denen ich mich am besten identifizieren konnte, hob mein ganzes Geld vom Konto ab und bezahlte einen Repetitor. Zur damaligen Zeit benutzte man selten Tonbänder, weil die Geräte noch viel zu groß und schwer waren und es keine Kassetten gab. So brauchte man eben Pianisten, die einem die Lieder einpaukten, wenn man, so wie ich, keine einzige Note lesen konnte. Eine teure Sache!

Fünf Monate brauchte ich, um das Programm zusammenzustellen und einzustudieren. Als Notizbuch benutzte ich eine kleine Kladde, in der ich normalerweise Buch über die Wäsche führte, die in die Reinigung gebracht wurde. Als es voll war, rief ich Peter Cook an. Er erinnerte sich an mich. Ich gab ihm meine Notizen. »Hier stehen die wesentlichen und für mich wichtigen Songs für einen Brecht-Abend, den ich gern in Ihrem Club veranstalten möchte. Könnten Sie ihn mir an einem Sonntag abend zur Verfügung stellen?« Peter sah auf mein Wäschebüchlein, dann blätterte er in seinem Terminkalender. »Wie viele Sonntagabende wollen Sie denn?« »Nur einen.« »Sie haben doch sicher eine Menge Zeit und Energie in diese Idee investiert«, meinte er schließlich, »warum machen Sie nicht gleich zwei Abende? Am vierten und elften Juni?« Als ich nach Hause kam, mußte ich sofort ins Bett, ich hatte 40 Grad Fieber. Meine Mutter kam, um sich um mich zu kümmern, und konnte nicht verstehen, was eigentlich mit mir los war. »Ich habe so lange an so viele Türen geklopft. Nun ist plötzlich eine aufgesprungen, eine sehr große sogar, und ich bin Hals über Kopf hineingestürzt.«

Eine Woche später war ich wieder an der Arbeit. Mehr als 25 verschiedene Stücke hatte ich vorbereitet, Lieder, Gedichte, Prosatexte, aber ich wußte nicht, wie ich sie zu einer runden Show zusammenstellen sollte. Ich nahm einige bunte Karten. Rosa für den humoristischen Teil, blau für den politischen und schwarz für den tragischen. Ich ordnete sie so auf dem Boden, daß sie ein hübsches Muster ergaben. Dann schrieb ich die Titel meiner Lieder und Gedichte darauf, und so entstand mein Set. Noch lange habe ich mich an diese Methode gehalten, heutzutage komme ich ohne sie aus.

Renée meinte, ich solle mich an Martin Esslin wenden und ihn um Rat und Hilfe bitten. Er war Chef der Schauspielabteilung der BBC, ein gebürtiger Österreicher und – so hieß es – Brecht-Experte. Ich kannte ihn nicht, aber nachdem ich ihn angerufen hatte, kam er am nächsten Tag in unsere Wohnung, wo ich ihm meine Texte und Lieder vortrug. Zu meinem Erstaunen schlug er mir nur eine kleine Änderung vor. »Singen Sie *Surabaya-Johnny* lieber auf deutsch.« Dann fragte er, wieviele Vorstellungen ich geplant hätte. »Zwei«, sagte ich stolz. »Mein liebes Kind«, sagte Esslin, »Sie werden diesen Abend für den Rest Ihres Lebens veranstalten.«

Peter Cook stellte mir Nicholas Garland, den Regisseur des Establishment Clubs, zur Verfügung. Er sollte an beiden Abenden Inspizient und Beleuchter sein. Leider wollte er mir unbedingt auch bei meiner Vorstellung helfen, aber dafür war es zu spät. Ich hatte zu lange allein daran gearbeitet. Nicholas hatte gerade die junge Carole Simpson auf ihr Debüt im Club vorbereitet. »Carole steht ganz ruhig auf der Bühne, singt und schnippt dabei mit den Fingern.« Ich konnte mir aber nicht vorstellen, Lieder wie *Surabaya-Johnny* oder *Bilbao Man* zu singen und dabei unentwegt mit den Fingern zu schnippen. Nicholas' »Regie« machte mich nervös. Hinzu kam, daß ich ihn ungemein attraktiv fand, was gefährlich werden konnte. Ich sprach mit Jane am Telefon darüber. »Du kannst nicht weiter mit ihm arbeiten«, behauptete sie. »Ich muß aber, was würde Peter Cook sonst sagen?« Jane rief nach ein paar Tagen wieder an. »Gestern abend habe ich deinen Nicholas Garland kennengelernt und ihm gesagt, daß du mit seiner Regie nicht zurechtkommst. Er wird nicht länger mit dir arbeiten.« »Wie konntest du mir das antun«, rief ich verzweifelt, »ich brauche dringend jemanden, der meine Show kontrolliert und beleuchtet. Es sind nur noch drei Wochen bis zum ersten Abend!« Aber ich hatte Glück. Ganz unerwartet kamen mir zwei sehr erfahrene Fachleute zu Hilfe.

Ein Freund und Kollege von Desmond, Ernest Berk, ein deutscher Tänzer und Choreograph, war bereit, mich bei meiner Show zu unterstützen. Er hatte bereits viele Vorstellungen beleuchtet und dazu Bühnenbilder entworfen. Wir begannen nun mit unseren Proben im Club. In der zweiten Etage befand sich das Studio von Sean Kenny, dem damals sehr beliebten Bühnenbildner, der leider sehr früh starb. Eines Tages schlich ich mich zu ihm hinauf und bat um seinen Rat. Er gab ihn mir großzügig – und kostenlos! »Warum wollen Sie unbedingt in einer Truhe auf die Bühne getragen werden?« »Ich dachte, es sei ein witziger Gag!« »Vergessen Sie's«, sagte Sean, »und warum wollen Sie ausgerechnet oben auf einer Leiter sitzen?« »Ich fand es eigentlich – mal was anderes!« »Vergessen Sie's«, wiederholte Sean, »suchen Sie sich etwas Normales aus, wo Sie sich ab und zu draufsetzen können. Dias zu benutzen, ist keine schlechte Idee. Das hat Brecht auch oft getan.« Am nächsten Tag stachen mir in Renées Küche die beiden Holzhocker ins

Auge, auf denen wir immer saßen. Er stellte sich heraus, daß sie aus Brechts Küche stammten. Natürlich gab Renée sie mir sofort. Sean Kenny war entzückt. »Ja, die sind genau richtig! Damit kann man vieles auf der Bühne darstellen. Zuerst sind sie eben nur Hocker, nebeneinander gestellt werden sie zu einer Bank und übereinander eine Kanzel – wunderbar! Jetzt brauchen wir nur noch eine Leinwand für die Dias!«

Die Hocker wurden bei unzähligen Aufführungen meine unentbehrlichen Utensilien, ich habe sie stets auf der Bühne benutzt, bis ich eines Tages aus Versehen einen im Abbey Theatre stehenließ. Als ich am nächsten Abend hinging, um ihn abzuholen, war er bereits in eine riesige hölzerne Dekoration eingebaut worden, die die junge Bühnenbildnerin Bronwen Casson, eine Enkelin von Dame Sybil Thorndike, für Tschechows *Drei Schwestern* entworfen hatte.

Wenige Tage vor meiner ersten Vorstellung kamen Handwerker in den Club und rissen die Heizkörper von den Wänden. Schmutz und Lärm machten die Proben fast unmöglich. Andere Hürden kamen hinzu, es schien, als ob sie mir absichtlich in den Weg gestellt worden wären. Jemand wollte meine Proben verhindern. Ich wurde furchtbar unsicher und brauchte Ermutigung, keine Sabotage. Oder war ich etwas paranoid geworden?

Bruce Kopp, der Manager des Club-Restaurants, gab mir an der Bar einen aus. »Ich habe mir Ihre Proben angesehen, Sie werden hervorragend sein, Peter rechnet fest mit Ihnen. Seine Geschäftspartner hätten Sie gern rausgegrault, die waren von Anfang an dagegen, als Peter Ihnen den Club zur Verfügung stellte, ohne Ihre Show gesehen zu haben. Sie denken, Sie sind eine ältere Schnulzensängerin, die den Ruf, auf den sie hier so stolz sind, gefährdet. Aber machen Sie sich keine Sorgen, es wird schon alles klappen.«

Ich kämpfte lange mit mir und wollte den Abend beinahe absagen, aber es blieb eine Herausforderung, die ich annehmen mußte und wollte. Zu der Zeit hatte man noch Vorhänge auf der Bühne, und ich weiß noch, wie glücklich ich war, als Peter Cook nach der letzten Probe den Kopf durch den Vorhang steckte und mit einem erleichterten Lächeln sagte: »Es ist eine richtige Show!« »Natürlich, was haben Sie denn gedacht?« fragte ich kühl zurück. Natürlich wußte ich genau, daß sogar er einige Bedenken hatte.

Zwei meiner Kolleginnen, die gerade nicht am Theater arbeiteten, halfen und nahmen mir vieles ab. Paddy Webster hatte tagelang im Britischen Museum gesessen und nach Material gesucht. Sie brachte mir einige erschütternde Bilder aus dem Zweiten Weltkrieg. Wir ließen Dias von ihnen machen, die beim Lied der *Deutschen Soldatenbraut* auf die Leinwand projiziert wurden. Der Kontrast, den die Fotos zu der leichten, charmanten Melodie von Misha Spoliansky bildeten, die ich anstelle der harten, rauhen Musik von Dessau gewählt hatte, war äußerst eindringlich. Außer der Musik von Kurt Weill hatte ich noch verschiedene weitere Kompositionen ausgesucht. Da dieser Abend nur Stücke eines Dichters brachte und ich die einzige Darstellerin war, war ich der Meinung, daß verschiedene Komponisten wie Eisler, Dessau, Spoliansky und Asriel die nötige Abwechslung in die Aufführung bringen würden.

Eine andere junge Schauspielerin, Janice Cole, tat ihr Bestes, um bei Freunden und Bekannten für die beiden Abende Werbung zu machen, und das zahlte sich aus. Die Geschäftsführung des Clubs war zuerst schockiert, als ich vorschlug, die Preise für meine Vorstellung zu erhöhen, willigte dann jedoch ein, und beide Abende waren dennoch ausverkauft.

Am ersten Abend war ich so nervös, daß ich nicht pfeifen konnte. Meine Lippen waren zu trocken. Der Klavierspieler blies schrill die Pfeife, die ich ihm gegeben hatte. Es war das Zeichen für meinen Auftritt, aber von mir kam kein Ton, als ich im Dunkeln auf die Bühne kam. Mein Sohn Seán hatte ein Dia von einer Laterne gemacht. Ich stellte mich vor die Leinwand, die Lichter gingen an. Das Trio spielte die ersten Takte von *Lili Marlen*. Ich konnte mir vorstellen, wie entsetzt Peters Geschäftspartner waren. Es war genau das, was sie befürchtet hatten. Ich blähte meine Nasenflügel auf und fing an zu singen:

Underneath the lantern, by the barrack wall,
stands a Chelsea Pensioner and answers natures call,
and all the people rush to see,
how far the poor old boy can pee –
yes, even Lili Marlen, yes, even Lili Marlen

Die deutsche Übersetzung könnte so lauten:

Unter der Laterne, wo ihr Euch oft trefft,
steht ein alter Mann und verrichtet sein Geschäft,
und alle Leute sehen dann,
wie gut der Olle pinkeln kann,
sogar Lili Marlen, sogar Lili Marlen.

Dann machte ich einen Schritt nach vorn, das Publikum lachte und applaudierte, nun fing die Vorstellung richtig an. Es hatte wirklich geklappt. Genauso lief es auch am zweiten Abend. Ich war nur traurig, daß Peter Cook alles verpaßt hatte – er war mit seinem ursprünglichen Ensemble nach New York geflogen und hatte derweil die neuen Cambridge-Absolventen das Programm in London spielen lassen. Ihre Premiere fand kurz vor meiner statt, und zum allgemeinen Erstaunen fiel die Neuaufführung durch.

Bruce Kopp hatte, schlau wie er war, meine Vorstellung auf Band aufgenommen und schickte sie Peter nach New York. Er empfahl ihm am Telefon, die neue Establishment-Show abzusetzen und stattdessen drei Wochen lang mich im Club auftreten zu lassen. Peter willigte ein. So wurde ich die erste Künstlerin, die im Establishment Club einen Soloabend aufführte. Ich trat zweimal am Abend auf, um sechs und um neun. Mit meinem schwarzen Pullover und einem schwarzen Wollrock ver-

Die erste Brechtshow, 1961

setzte ich mein Publikum in Erstaunen. Diese damals ungewöhnliche Garderobe wurde später von vielen nachgeahmt.
Heutzutage, wo viele Sängerinnen in Bluejeans und Turnschu-
hen auftreten, trage ich lieber Samt und Seide – aber in
Schwarz, wie die ersten Kabarettistinnen in Paris und Berlin.

Nicholas Luard, ein Geschäftspartner von Peter, entschuldigte sich per Brief für die »Sabotage«, die ihm jetzt peinlich
war. Er war gerade dabei, ein satirisches Magazin herauszubrin-

gen und fragte mich, ob es in meiner Garderobe gedruckt werden könne. Ich hatte nichts dagegen, und an dem Tag, an dem W. H. Smith die Zeitschrift in sein Sortiment aufnahm, lud Nicholas Luard mich zu einer kleinen Feier ein. Bei der Zeitschrift handelte es sich um *Private Eye*, die später sehr berühmt wurde und bis heute populär ist.

Nach den drei Wochen im Establishment Club machten mir die beiden Geschäftsführer Farjeon und O'Donoghue das Angebot, mit meinem Programm in einem West End-Theater aufzutreten. Sofort rief ich meine Freundin, Dr. Susanne Czech, die Brecht-Agentin in England, an, und teilte ihr die gute Nachricht mit. Am anderen Ende des Telefons herrschte zunächst Schweigen. Dann antwortete sie, sie hätte gerade mit Lotte Lenya, Weills Witwe, die Aufführungsrechte für die Brecht-Weill-Broadway-Show *Brecht on Brecht* an jemanden in England verkauft. Es handelte sich um ein bekanntes Theaterunternehmen am Londoner West End. Sonst war es niemandem erlaubt, mit Brechts Stücken in irgendeinem englischen Theater aufzutreten, wenigstens so lange nicht, wie die Londoner Version von *Brecht on Brecht* am West End lief. »Es tut mir sehr leid, aber da kann ich nichts machen«, endete sie. »Warum hast du es soweit kommen lassen?« fragte ich enttäuscht. »Wie konnte ich wissen, daß du einen solchen Erfolg haben würdest? Schon bessere Künstlerinnen als du haben es mit einem Brecht-Solo-Abend versucht und sind damit durchgefallen!« Sollte dies das Ende meiner Träume sein? Das Schicksal hatte es anders bestimmt.

Jackie McGowran, der bekannte irische Schauspieler und Beckett-Spezialist, hatte während der Dubliner Theaterwochen mit seinem Soloprogramm im Grafton-Kino auftreten sollen, aber im letzten Moment abgesagt. Brendan Smith, der Festivaldirektor, suchte nun Ersatz. Seymour Leslie, Desmonds Onkel, der ursprünglich sehr gegen unsere Ehe gewesen war, hatte netterweise die Londoner Kritiken zu meiner Show an Smith

Agnes Bernelle und Ernest Berk vor dem Duchess Theater

geschickt. Der machte mir ein Angebot, und Susanne Czech gab mir die inoffizielle Erlaubnis für den Auftritt im fernen Irland.

Farjeon und O'Donoghue machten sich auf den Weg nach Dublin. Sie flogen gemeinsam mit Desmond, während ich mit Ernest Berk, der auch in Dublin mein Bühneninspizient sein sollte, auf dem Motorrad hinfuhr.

Das Grafton-Kino, in dem tagsüber Zeichentrickfilme gezeigt wurden, war für unsere Show nicht besonders geeignet. Vor der Leinwand, die wir zwar gut für unsere Dias nutzen konnten, war nicht genügend Platz für den Auftritt. So wurde eigens eine Plattform angefertigt, die jeden Abend nach unserer Vorstellung wieder abgebaut werden mußte. Glücklicherweise stieß Desmond gleich hinter dem Kino auf ein Kloster, und er überredete die Frau Oberin, die Plattform tagsüber aufzubewahren, nachdem er ihr versichert hatte, daß der »rote« Bertolt Brecht kein Protestant war. In der Nacht vor unserer Premiere mußte Ernest noch lange mit dem Filmvorführer proben, der als Beleuchter eingesetzt werden sollte. Ernest hatte sich für Dublin einen komplizierten Beleuchtungsplan ausgedacht und legte großen Wert darauf, daß dieser auch richtig ausgeführt wurde. Um fünf Uhr morgens verließen wir völlig erschöpft das Kino. Auf der Straße riefen wir dem Beleuchter zu: »Gute Nacht und bis heute abend!« »Leider nein«, rief er zurück »heute ist Montag, ich habe erst am Dienstag wieder Dienst. Heute abend arbeitet mein Kollege Maguire.« Ernest schickte mich nach Hause. Vor der Vorstellung brauchte ich unbedingt noch etwas Ruhe. Er blieb, um mit dieser unerwarteten Situation fertigzuwerden. Er gab sich große Mühe, und am Abend war an der Beleuchtung Maguires nichts auszusetzen.

Im Grafton-Kino gab es für mich keine Garderobe, nur einen kleinen Ort, der vom Zuschauerraum durch einen Vorhang abgetrennt war. Am Montag abend lauschte ich vergebens auf Geräusche aus dem Publikum – es waren genau sieben Zuschauer da, nur Freunde und Bekannte! Am Dienstag waren es schon siebzehn, und am Mittwoch, nachdem die Kritiken erschienen waren, konnte man keinen Platz mehr bekommen. Von nun an standen die Menschen in der Grafton Street Schlange.

Es war das zweite Jahr der Dubliner Theaterwochen, und alles war noch neu und aufregend. Mein Abend wurde als »beste ausländische Darbietung« ausgezeichnet. Für mich war es eine unvergeßliche Zeit. Ich lernte viele irische Kollegen im Festivalklub kennen und sprach gerne mit den Putzfrauen, die rechte Dubliner Originale waren. Jeden Abend besprühten sie nach den Bugs Bunny- und Mickey Mouse-Filmen die Sitze im Parkett mit einem Anti-Floh-Spray.

Die irischen Journalisten hatten gehört, daß man mich in London mit dem Brecht-Abend nicht auftreten lassen wollte. »Warum hat die Lenya Ihnen das verboten?« wollten sie wissen. »Es war nicht sie, sondern das Management. Ich glaube kaum, daß Frau Lenya weiß, wer ich bin!« Wie sich später herausstellte, war es das Beste, was ich sagen konnte.

Renée rief aus London an. Sie war in der Premiere von *Brecht on Brecht* im Royal Court Theatre gewesen. »Kein großer Erfolg!« behauptete sie. »Lotte Lenya konnte mit ihren wenigen Auftritten die Show nicht retten. Du wirst schon am West End sein, bevor *Brecht on Brecht* dort landet«, meinte sie. Ich konnte es kaum glauben, aber Renée hatte meistens recht, und auch diesmal irrte sie sich nicht. Als ich nach London zurückgekehrt war, ging ich als erstes ins Royal Court Theatre. Ich hatte Lotte Lenya Blumen geschickt, suchte sie in ihrer Garderobe auf und stellte mich vor. Sie bedankte sich bei mir, und es war offensichtlich, daß sie noch nie von mir gehört hatte. Beim Hinausgehen sagte sie, schon an der Tür: »Auf Wiedersehen und – oh – viel Glück, bei allem, was Sie vorhaben, was auch immer es sein mag!« Ich schrieb ihr sofort einen Brief und erklärte, was ich plante, oder besser, was ich in ihrem Namen leider nicht machen durfte, und legte meine Kritiken bei. Ihre Antwort kam postwendend: »Platz für alle ist auf Erden«, schrieb sie – ein Ausspruch Brechts –, und gab mir die Erlaubnis, die Lieder Kurt Weills, ihres Mannes, zu singen, wo und wann immer ich es wollte.

Zu der Zeit lernte ich einen jungen Mann kennen, der für meine Arbeit unentbehrlich wurde. Der 17jährige Michael Dress war Sohn eines protestantischen Geistlichen und Neffe von Dietrich Bonhoeffer, der von den Nazis wegen seiner Tätigkeit in einer Widerstandsgruppe gefoltert und hingerichtet worden war. Michael war seinem Freund und Liebhaber, dem Deutsch-Amerikaner Steven Vinaver, nach London gefolgt. Steven, Sohn der polnisch-deutschen Dichterin Mascha Kaléko, war in Amerika geboren worden. Renée hatte Oscar Löwenstein dazu überredet, Steven den Auftrag für eine Revue zu geben, sein damaliger Partner Carl Davis sollte die Musik dazu schreiben. Renée, die diese Revue produzieren wollte, bat mich, Steven und Michael bei mir aufzunehmen. Da wir kein freies Zimmer mehr hatten, willigte ich nur unter der Bedingung ein, daß sie höchstens ein paar Tage blieben, bis sie eine Unterkunft gefunden hatten. Aus den paar Tagen wurden Monate. Michael schlief in einem Kellerraum von South Lodge und Steven bei uns auf dem Sofa. In unserem Wohnzimmer spielten uns Steven und Carl oft die Songs aus ihrer Revue vor, und Michael saß bescheiden in der Ecke und hörte zu. Für mich war er immer nur Stevens Freund. Steven hing oft stundenlang am Telefon, und ich war nicht sicher, wie viele Angebote ich dadurch verlor. Darum war ich sehr froh, als sie endlich auszogen.

Kaum waren sie weg, rief Michael mich an. Ob ich wüßte, daß er auch Komponist sei? Gleich am nächsten Tag wollte er mich besuchen kommen und mir seine Kompositionen vorspielen – vielleicht könnte ich sie für meine Soloabende gebrauchen.

Als er kam, war er so aufgeregt, daß er nicht Klavier spielen konnte. Er drückte mir ein Tonband in die Hand und verschwand wieder. Besonders neugierig war ich nicht, doch dann hörte ich mir das Band an. Es war genau das, was ich wollte. Die Texte, die er für die Berliner Künstlerin Blandine Ebinger vertont hatte, waren zwar alle auf deutsch, aber ich würde sie schon übersetzen können. Sie stammten von bekannten Satirikern und Dichtern wie Ringelnatz, Klabund und Wedekind. Die Musik paßte perfekt dazu und erinnerte mich an die von Kurt Weill.

Michael und ich arbeiteten nun zusammen an einem neuen Repertoire. Er war ein großes Talent, konnte komponieren, dichten und sogar tanzen. Und er brachte fertig, was vor ihm noch niemand geschafft hatte: Er konnte mir die Lieder wunderbar beibringen, und ich begann, mich völlig auf ihn zu verlassen. Weil die Texte von Dichtern geschrieben waren und nicht von Kabarettisten, die auf Aktualität achten müssen, sind sie nie unmodern geworden, und ich kann sie noch heute vortragen.

Mit diesem neuen Programm, bei dem wir natürlich auch die Brecht-Weill-Lieder nicht ausließen, traten wir jetzt überall auf. 1962 wurde ich erneut aufgefordert, für drei Wochen im Establishment Club aufzutreten. Diesmal ließ ich mich nicht vom englischen Trio, sondern von Michael am Klavier begleiten.

Der junge Mann, der im Club an der Kasse saß, rief mich eines Morgens an: »Kennen Sie eine Lotte Lenya? Sie hat eben angerufen, um einen Tisch zu reservieren, aber da sie kein Mitglied ist, konnte ich die Reservierung nicht annehmen.« Ich regelte die Angelegenheit sofort. Sie bekam den besten Tisch, der mit Orchideen geschmückt war. Die Atmosphäre an diesem Abend war wie elektrisiert. Da stand ich nun oben auf der Bühne und sang die Lieder von Brecht und Weill, die Lotte Lenya berühmt gemacht hatten, *Bilbao-Song*, *Surabaya-Johnny*, die *Seeräuber-Jenny*. Und sie saß unten im Publikum, jeder wußte, wer sie war. Ich war nicht halb so nervös, wie man hätte annehmen können. Es war wieder einmal eine Herausforderung, der ich mich stellen mußte.

Nach der Vorstellung kam sie zu mir in die Garderobe und stellte mir ihren zweiten Mann vor, den 32jährigen Russell Detwiler. Sie war damals 63. Sie fragte Michael Dress, ob sie vielleicht ein paar von seinen Liedern singen könne. Wir versprachen, ihr die Noten zu schicken. Als ich sie zur Tür begleitete, lächelte sie verschmitzt: »Auf Wiedersehen und – oh – viel Glück, bei allem, was Sie vorhaben, was auch immer es sein mag!« Es war das letzte Mal, daß ich persönlich mit ihr gesprochen habe. Als ich 1977 in New York mit meinem Programm auftrat, war sie zu krank, um Besuch zu empfangen.

Damals, 1962, hing ein neues Bild neben meinem im Establishment Club: Michael Dress – Komponist. Er knüpfte viele nützliche Kontakte und schrieb die Musik für Theater und Filme in England und Amerika. Leider verleitete ihn sein Erfolg zu einem ausschweifenden Leben, an dessen Folgen, einer Lebererkrankung, er im Alter von 38 Jahren starb. Ich schickte seine Kompositionen an die Akademie der Künste in Berlin, wo ein Archiv seiner Werke angelegt wurde. Niemand hat seinen Platz jemals einnehmen können.

Der Anfang der Sechziger Jahre war für mich eine erfolgreiche Zeit. Desmond und ich waren glücklich miteinander, und soweit ich wußte, gab es auf beiden Seiten keinerlei romantische Abenteuer. Die Jungens wurden langsam erwachsen und verbrachten ihre Schulzeit im Ampleforth College bei den Benediktinern. Das gab mir ungewohnte Freiheiten. Schon immer hatte ich den Wunsch zu schreiben gehegt, war bis dahin aber viel zu schüchtern, ihm nachzugeben, nachdem ich in eine schreibende Familie eingeheiratet hatte. Papa Shane, Anita, Desmond und seine beiden Onkels Seymour und Lionel Leslie – alle hatten sie Bücher veröffentlicht, sogar meine Schwiegermutter, die mutiger als ich gewesen war, hatte sich mit ihren Memoiren *Kindheit im Pazifik* in diese Familientradition eingereiht. Shane hatte dazu unaufgefordert ein Vorwort geliefert, auf das sie gerne verzichtete. Jetzt hatte ich Zeit zum Schreiben. Meine Kurzgeschichte über Berlin, *Rückkehr in eine Stadt*, erschien im *Cornhill Magazine*. An dem Tag, als ich bei einer Probe meines Stückes *Mr. and Mrs. Smith* im Fernsehstudio dabei sein konnte, und die Figuren, die ich zu Papier gebracht hatte, zum Leben erweckt wurden, durchströmte mich ein fast »göttliches« Gefühl.

Ich spielte weniger Theater. Wenn man einmal einen Solo-Abend aufführt, bekommt man kaum mehr kleine Rollen angeboten, aber ich war sowieso mit meiner Show unter dem Titel *Savagery and Delight* – Wonne und Grausamkeit – beschäftigt. Michael, Ernest und ich gingen häufig auf Tournee, zum Oxford Playhouse, zum Traverse Theatre in Edinburgh oder zu den Festwochen in York. Das Programm hatten wir schon lange geändert. Aus einem reinen Brecht-Abend war eine Mischung mit anderen deutschen Autoren, die Brecht beeinflußt hatten, geworden. Ich verwendete auch Texte seiner Zeitgenossen, die er beeinflußt hatte, darunter englische Dichter wie Christopher Logue, Adrian Mitchell und Roger McGough. Michael komponierte die Musik dazu, wenn sie fehlte, und so habe ich mittlerweile fast 200 Lieder gesammelt, die alle irgendwie zusammenpassen.

Meine Mutter begleitete uns auf diesen Reisen und verbrachte ihre Zeit damit, sich um die Blumen zu kümmern, die ich bekam. Täglich kürzte sie die Stiele, damit sie länger frisch blieben. So standen unsere Hotelzimmer immer voller Blumen, meiner Mutter bereitete es große Freude, und ich lernte etwas über Pflanzenpflege. Ich hatte eigentlich geplant, Janice Cole, die mir im Establishment Club seinerzeit sehr geholfen hatte, auf die Tournee mitzunehmen, aber seltsamerweise war sie wie vom Erdboden verschluckt.

Das Rätsel blieb fast zwei Jahre ungelöst. Eines abends kam Renée zu mir und erzählte mir von Janice. »Weißt du, daß sie ein Kind hat?« fragte sie mich. »Ein kleines Mädchen, Natascha, aber ihre Eltern erlauben ihr nicht, sie zu Hause großzuziehen. Natascha lebt bei einer Familie in Hackney und darf nur am Wochenende zu den Großeltern kommen, wenn die Putzfrau nicht da ist und die Nachbarn aufs Land gefahren sind. Leider hat Janice nicht den Mut, auszuziehen.« »Wie alt ist denn das Kind?« »Fast zwei Jahre. Der Vater ist ein verheirateter Mann, der nicht wollte, daß seine Frau davon erfährt. Zusammen mit Janice' Mutter hatte er eine Abtreibung arrangiert, aber Janice lief davon und blieb bei einem Arzt auf dem Lande versteckt, bis das Kind auf der Welt war.« Uns war klar, daß Janice die Existenz ihrer Tochter nicht länger verheimlichen konnte. Janice mußte schleunigst von zu Hause ausziehen und ihr Kind selbständig großziehen. Wir bemühten uns um eine Wohnung für sie, aber jedesmal, wenn wir eine passende gefunden hatten, fand Janice' Mutter irgendwelche Hinweise in ihrer Handtasche oder im Zimmer und setzte sich mit den Hausbesitzern in Verbindung. Was auch immer sie denen erzählte – es bedeutete jedesmal das Ende der Verhandlungen. Schließlich fanden wir eine Wohnung, nur einen Steinwurf von uns entfernt, und lösten das Problem, indem Desmond den Mietvertrag unterschrieb. Dagegen konnte Janice' Mutter nichts mehr unternehmen, und so fanden Janice und Natascha endlich ein eigenes Heim. Sie bekam Geld vom Sozialamt, die »Schauspielerhilfe« verhalf ihr zu Möbeln, und Renée, Desmond und ich gaben ihr Rückhalt.

Ganz unerwartet schickte mir die deutsche Regierung eines Tages 400 Pfund »Wiedergutmachung«, weil mir fluchtbedingt die Möglichkeit einer Ausbildung genommen worden war. Ich wußte sofort, wofür ich sie ausgeben wollte:

Seit ich mit den Kindern in einem gemieteten Motorboot einen Tag auf der Themse verbracht hatte, war es mein Wunsch, ein eigenes Boot zu besitzen. Desmond und ich verbrachten viele Sonntage in den Yachthäfen, die damals überall an den Flußufern gebaut wurden, auf der Suche nach einem für uns erschwinglichen Boot. Leider fanden wir lange keins. Eines schönen Tages sahen wir ein komisches kleines Schiff, das im Penton Hook-Hafen zum Verkauf angeboten wurde. Es war ein umgebautes Rettungsboot mit einer Kombüse, einem Steuerhaus, einer doppelten Schlafkoje und zwei schmalen Achterkojen; genau das Richtige für unsere kleine Familie. Die Besitzer hatten allerdings ihr Bestes getan, es in ein Auto zu verwandeln. Sie hatten ein Lenkrad installiert, und auf einem Nummernschild stand der Name »Eiro II«. Es kostete nur 350 Pfund, und ich kaufte es so wie es war. In den folgenden Wochen verbrachte ich viele glückliche Stunden in Penton Hook damit, die »Eiro II« wieder in ein richtiges Boot zu verwandeln. Ich verbrauchte Unmengen blauer und weißer Farbe,

Hunderte von Schrauben und Nägeln und legte das ganze Deck mit einer Vinylhaut aus. Ich kaufte einen Anker, zwei Öllampen und, was noch wichtiger war, ein Steuerrad aus blankem Messing. In unserer Küche suchte ich nach Töpfen und Pfannen, die ich entbehren konnte, in unserem Wäscheschrank nach Laken und Wolldecken. Schließlich war alles bereit, und wir konnten losfahren. Wir verbrachten zauberhafte Wochenenden und Sommerabende auf dem Fluß, oft gemeinsam mit unseren Freunden. Manchmal trafen wir uns irgendwo am Flußufer in Chertsey, Windsor oder dem Angler's Rest Hotel und fuhren dann weiter die Themse hinauf oder hinab. Wir gaben an Bord wilde Feste, und anschließend konnten die Gäste auf dem Deck in Schlafsäcken ihren Rausch ausschlafen.

Die Kinder liebten diese Tage und Nächte auf dem Boot genauso wie wir. Sie durften Schulfreunde mitbringen, wann immer sie wollten. Wir lernten, wie man ein Boot manövriert und durch eine Schleuse bringt, und beeinflußten sogar die Mode zu Wasser. Als wir im ersten Jahr auf der Themse herumtuckerten, waren die Besatzungen auf den anderen Booten noch sehr korrekt angezogen. Wir fanden es lächerlich, wenn sie in dunkelblauen Anzügen, mit Schlips und Kragen und Sommerhüten auf dem Kopf durch die Schleusen schipperten oder elegante Anlegemanöver vorführten. Uns machte es nichts aus, uns bei schlechtem Wetter in Parkas, bei gutem in Jeans oder Bikini auf Deck aufzuhalten. Bald entspannten sich auch die anderen Herrschaften und folgten unserem Beispiel.

Ich bin davon überzeugt, daß der englische Fernsehstar David Frost, mittlerweile sogar *Sir* David Frost, seine große Karriere der »Eiro II« verdankt, auch wenn er es nicht weiß. Peter Cook und seine Verlobte Wendy verbrachten einen Sonntag mit uns an Bord. Peter wollte nur bis nach dem Mittagessen bleiben. Er mußte am Nachmittag im BBC-Studio ein Pilotprogramm für eine neue satirische Serie mit dem Titel *This was the week that was* aufnehmen. Er sollte der Kommentator sein.

Wir hatten wunderschönes Wetter an diesem Sonntag, die Sonne brannte vom Himmel, und wir hatten gut zu Mittag gegessen. Peter hatte sich auf Deck schlafen gelegt. So sehr Wendy und ich uns auch bemühten, ihn zu wecken, er wollte einfach nicht aufstehen. »Die können das auch ohne mich machen«, murmelte er und rollte sich auf die andere Seite. Leider hatte er recht – aber nur, weil sich der damals noch völlig unbekannte David Frost im Studio herumdrückte, wie er es oft auch im Establishment Club getan hatte. Er übernahm Peters Rolle, die Serie lief mit ihm, wurde in England und Amerika die erfolgreichste ihrer Art und Frost ein Star.

Eines Abends brachte Desmond eine junge Schauspielerin auf einen Drink mit nach Hause. Auf seinem Schreibtisch standen zwei besonders schöne Porzellaneulen, die Jack bei uns gelassen hatte, als er nach Rom zog. Wir nahmen an, er hätte sie uns geschenkt. Das junge Mädchen war erschrocken, als sie die Eulen sah. »Wissen Sie denn nicht, daß Eulen Unglück bringen«, rief sie, »man soll sie nie im Haus haben, auch wenn sie so wunderschön sind wie diese!«

Ich schenkte ihrer Bemerkung keine Beachtung, aber am nächsten Morgen wurde sie tot in ihrem Bett gefunden. Ich war völlig verstört, gab den Eulen die Schuld, konnte sie von diesem Augenblick an nicht mehr ansehen, wollte sie aber natürlich niemandem schenken oder sie versteigern und so das Unglück weitergeben. Schließlich verkaufte ich sie an einen Hausierer, der zu uns an die Hintertür kam. Als Jack sie eines Tages zurückhaben wollte, mochte ich ihm nicht richtig erklären, wo sie geblieben waren. Von nun an waren Eulen immer ein schlimmes Vorzeichen für mich. So unglaublich es klingen mag: Immer wenn in den nun folgenden schwierigen Jahren etwas Böses geschah, das Desmond betraf, hatte ich am Tag zuvor irgendwo das Abbild einer Eule gesehen.

1963 hatte ich dann endlich unter der Leitung von Farjeon & O'Donoghue Ltd. am Duchess Theatre am Londoner West End einen dreiwöchigen Auftritt mit meiner Soloshow *Savagery and Delight*. Es war Desmond mit Hilfe von Helen Strong gelungen, bei unseren Freunden und Bekannten, aber auch bei Film- und Theaterleuten wie Sidney Box und John Gale, das nötige Geld für die Show aufzutreiben. Ich betete inbrünstig, daß ich ihr Vertrauen nicht enttäuschen würde.

Am Abend der Premiere war ich zuversichtlich. Michael Dress hatte meine Lieder instrumentiert, und Renée war zur Generalprobe gekommen, um zu sehen, ob alles in Ordnung war. Desmonds Lautsprecher, die wir immer benutzt hatten, konnten aus irgendeinem Grund nicht aufgehängt werden. Daher wollte er sie rechts und links der Bühne aufstellen, wie man es heutzutage bei Popkonzerten macht. Zuerst konnte ich nicht begreifen, warum ich nach den ersten Liedern das Gefühl hatte, das Publikum im Parkett nicht zu erreichen. Oben im ersten Rang, wo Desmond als Tonmeister an einem großen Mischpult saß, reagierte das Publikum auf mich, aber unten, wo Presse und Kritiker saßen, lachte und weinte niemand, sie applaudierten nur höflich.

In der Pause erschien Michael aufgeregt auf der Bühne: »Du kannst nicht weitermachen – wir können dich überhaupt nicht hören!« Ich sah mich nach Desmonds Lautsprechern um, sie waren nirgends zu sehen. Unsere verzweifelte Suche blieb erfolglos. Michael lief zurück in den Zuschauerraum, um Desmond zu holen, und bevor ich mich entscheiden konnte, was zu tun war, wurde es dunkel, der Inspizient drückte den Knopf, der Vorhang öffnete sich, und das Orchester begann zu spielen. Nun begann die zweite Hälfte des Abends. Ich war total verwirrt und spielte benommen weiter. Der Rest des Abends war ein Alptraum. Wir hatten für die Premierenfeier einen großen Tisch in einem bekannten Restaurant vorbestellt, aber nach dem Unglück mit den Lautsprechern gab es kaum Anlaß zu feiern, und mit düsteren Mienen saßen wir beieinander. Ich hätte die Veranstaltung abbrechen sollen, anstatt weiterzumachen, als ob nichts geschehen sei. Ich hätte es dem Publikum mitteilen müssen, die Kritiker hätten verstanden, worum es ging, und mich nicht in Stücke zerrissen. Desmond, der oben im ersten Rang saß, wo sowieso Lautsprecher waren, hätte vielleicht noch etwas retten können. Als die Kritiken am nächsten Morgen erschienen, klingelte unentwegt das Telefon. Journalisten wollten von mir wissen, wie ich mich fühle. Desmond war, genau wie am Abend zuvor die Lautsprecher, nirgends zu finden. Ich legte den Hörer neben das Telefon und machte meine Meditationsübungen.

Es stellte sich heraus, daß Desmond, um nach der Generalprobe ein wichtiges Rendezvous nicht zu verpassen, die Lautsprecher hastig unter die Bühne gestellt und dort vergessen hatte. Das Publikum sah mich von einem Mikrofon zum anderen gehen, ohne daß ein Ton von mir zu hören war. Am zweiten Abend standen die Lautsprecher endlich an ihrem Platz, und die Vorstellung lief gut. Nach den Kritiken war das Theater zunächst halbleer, aber es sprach sich herum, daß ich nicht so schlecht war, wie es in den Zeitungen gestanden hatte, und ich konnte bis zum Saisonende spielen. Am Samstagabend holte mich Desmond nach der Show nicht ab. Dies war noch nie vorgekommen, und ich wußte nicht, was los war. Ich mußte mit der U-Bahn nach Hause fahren und stieg unterwegs in Fleet Street aus, um die Sonntagszeitungen zu kaufen. Die waren sehr wichtig, denn selten kamen alle Kritiker am ersten Abend. Vielleicht hatten sie meine Show mit Lautsprechern erlebt? Ich konnte es nicht erwarten, die Kritiken zu lesen. Auf dem Weg zum Pressegebäude gesellte sich ein junger Mann zu mir. Es war ein Journalist, der mich erkannt hatte. Er bot an, mir die Zeitungen aus der Druckerei zu holen. »Ich bekommen sie schneller als Sie«, sagte er und verschwand im Gebäude. Als er wieder herauskam, war er sehr aufgeregt. »Drinnen herrscht großer Aufruhr«, rief er mir zu, »jemand hat versucht, Bernard Levin in *That was the week that was* eine zu kleben!« Levin war

Savagery and Delight, *1963*

ein bekannter Kritiker und trat regelmäßig in der Show auf. Seine Kritik im *Evening Standard* von meinem Abend war besonders vernichtend ausgefallen, und Desmond hatte sich den ganzen Tag darüber aufgeregt. »Na, ich hoffe, das war nicht mein Mann«, sagte ich aus Spaß, »geben Sie mir doch mal Harold Hobson, ich will mal sehen, was der sagt.« Hobsons Kritik war ausgezeichnet. Darauf hatte ich gehofft. Der junge Mann begleitete mich zur U-Bahn-Station und gab mir zum Abschied seine Karte. »Falls es wirklich Ihr Mann war, rufen Sie mich bitte sofort an!« Als ich nach Hause kam, hörte ich von weitem einen Riesenlärm. Desmond öffnete Tür. Er glühte vor Aufregung. »Ich war's!« rief er stolz. Die Wohnung war voller Journalisten, die mich umringten: »Wußten Sie etwas davon? Hatten Sie sich das ausgedacht? Ist das ein Reklamegag?« Tatsächlich hatte Desmond mitten in der Sendung versucht, Bernard Levin anzugreifen, und man hatte ihn protestierend aus dem Studio getragen, wobei er David Frost in die Hand gebissen hatte. Ich erkannte die Gefahr. Wenn die Journalisten glaubten, daß ich dahinter steckte, würden sie mich vernichten. Ich rief meinen jungen Freund an, der sofort zu uns kam. Er versicherte seinen Kollegen, daß wir zusammen waren, als ich von der Geschichte erfuhr, und genauso erstaunt gewesen war wie er. Von diesem Moment sorgten sich die Journalisten wie Kindermädchen um mich. Sie zogen fast ein in unsere Wohnung, waren täglich da, interviewten und fotografierten uns, prüften meine Frisur, mein Schminke, meine Kleider und machten Tee. Natürlich wollten sie eine Geschichte über meinen ritterlichen Ehemann schreiben, der mich vor bösen Kritiken bewahren wollte. Im Stillen fand ich es nicht besonders ritterlich, daß Desmond die Faust gegen Levin erhoben hatte. Schließlich war dessen Kritik unter den Umständen nicht unberechtigt gewesen. Hatte Desmond mich mit dieser Geste wirklich schützen wollen, oder wollte er nur sein schlechtes Gewissen beruhigen? Gern hätte ich gewußt, mit wem er sich nach der Generalprobe getroffen und wo er den Tag nach der Premiere verbracht hatte. Aber das sollte ich erst ein Jahr später herausfinden.

Ich mußte natürlich Dankbarkeit heucheln, aber ich wußte genau, daß es viele Jahre dauern würde, bis ich die Geschichte verdaut hatte. Sogar im Ausland wurde man durch die Artikel und Fotos auf den Titelseiten der Zeitungen auf uns aufmerksam. Die französischen Blätter berichteten von einer »Tat aus Leidenschaft« und schrieben, Desmond hätte meinen Liebhaber – Bernard Levin – aus Eifersucht verprügelt. All das war wirklich weit entfernt von den Kommentaren, die ich mir von meinem Brecht-Abend erhofft hatte.

Zwei unerwartete Ereignisse lenkten mich ab. Wir erhielten einen merkwürdigen Brief von Anita, in dem sie Desmond aufforderte, Glaslough vollständig zu übernehmen, und außerdem stellte sich heraus, daß ich noch einmal schwanger war! Nach zwanzig Jahren Ehe! Für einen Moment war ich sehr bestürzt. Ich hatte mich an meine Freiheit gewöhnt – die Jungens waren im College – und wollte sie nicht gern wieder aufgeben. Dann dachte ich daran, daß es vielleicht eine Tochter werden könnte und begann, mich auf das Baby zu freuen. Schon lange vor der Geburt nannte ich es Antonia und schob die Vorstellung an einen

Jungen völlig beiseite. »Und wenn es jetzt doch einer wird?« fragten unsere Freunde besorgt. »Dann wird er eben Antonia heißen und rosa Kleider tragen müssen«, antwortete ich jedesmal.

Anitas Brief erstaunte uns. Für das große Gut Glaslough wollte sie im Tausch lediglich das kleine Drumlargen haben. Es war von dem Geld, das Jack beim Abschied nach Rom zur Führung Glasloughs hinterlassen hatte, gekauft worden. Dort wurden die Glaslough-Rinder gemästet, bevor sie in Dublin auf den Markt kamen. Natürlich lehnte Desmond das Angebot nicht ab, obwohl er überhaupt keine Ahnung hatte, wie er das große Gut ohne Kapital führen sollte. Jahre später, als ich bei Anita in Oranmore zu Besuch war, erläuterte sie mir die Hintergründe ihres Angebots. Sie hatte damals nicht einen, sondern zwei Briefe an uns geschrieben. In dem einen, den wir erhalten hatten, bot sie uns Glaslough an, der andere enthielt den Vorschlag, unsere Anteile für 20 000 Pfund zu kaufen, Desmond hätte dann für immer auf Glaslough verzichtet. Sie hatte beide Briefumschläge versiegelt Bill King, ihrem Mann, gegeben. Er sollte einen davon in den Kasten werfen. Sie starb in den achtziger Jahren in dem Glauben, daß der falsche Brief abgeschickt wurde und war bis zuletzt der Ansicht, sie hätte Glaslough nie aufgeben dürfen.

Desmond konnte sein geliebtes Glaslough 1963 in Besitz nehmen. Mit Bangen sah ich diesem Moment entgegen. Trotz des Debakels im Duchess Theatre bekam ich Angebote. Eine Tournee in Amerika war geplant, von einem Auftritt in David

Frosts amerikanischer Sendung war die Rede, obwohl ich nicht glaubte, daß er mit mir sprechen wollte. All diese aufregenden Dinge mußten erst einmal bis zu »Antonias« Ankunft aufgeschoben werden, dann wollte ich weitersehen. Es war nicht das, was Desmond erwartete. »Wenn dir unsere Ehe etwas bedeutet, dann mußt du das Theater aufgeben und mit mir zusammen das Gut führen«, forderte er. Es war das klassische Dilemma, in dem sich Frauen immer befinden. Ich konnte seinen Standpunkt verstehen, aber es würde sehr schwer werden, auf meine Theaterarbeit zu verzichten.

Immerhin konnte ich den endgültigen Abschied von unserem Londoner Leben noch etwas hinausschieben. Das Baby lag verkehrt herum, und ich sollte möglichst in der Nähe des Krankenhauses und der Ärzte bleiben. Desmond mußte ohne mich nach Glaslough abfahren. Er schrieb mir von dort begeisterte Briefe: Er sei jetzt ein richtiger Landwirt »mit Lehm an den Stiefeln« geworden. Er erwähnte nicht, daß sich am Tag der Übernahme alles Vieh und sämtliche landwirtschaftlichen Geräte auf Drumlargen befanden und er kein Geld hatte, alles neu zu kaufen. Ich hatte Schuldgefühle, weil ich nicht an seiner Seite war, jetzt, wo er mich brauchte, und überlegte, ob ich nicht schnell nach Glaslough fahren sollte. Mein Arzt wollte es mir nicht erlauben, aber von unerwarteter Seite kam Hilfe. Helen Strong schlug vor, statt meiner zu fahren. Das schien eine gute Lösung, sie war unzählige Male dort mit uns in den Ferien gewesen und kannte sich gut aus.

»Ich wäre dir wirklich dankbar, wenn du Desmond in diesem wichtigen Moment etwas unter die Arme greifen könntest«, sagte ich und machte einen Witz: »Solange du nicht mit ihm durchbrennst!« Wir lachten beide, und Helen reiste nach Glaslough.

Abgesehen von Antonias bedauerlicher Lage in meinem Bauch war ich bei guter Gesundheit. Wie bei meinen beiden anderen Schwangerschaften ging es mir gut. Ich entwarf noch einmal eine chinesische Jacke und arbeitete bis zuletzt im Theater. Mein indischer Arzt, Dr. Chandra Sharma, hatte mich vorsorglich für den 1. November, zehn Uhr früh, zu einem Kaiserschnitt im St. Mary's Hospital angemeldet. Unter Zuhilfenahme seiner astrologischen Tabellen hatte er diesen Zeitpunkt sorgfältig errechnet, um Antonia den bestmöglichen Eintritt in die Welt zu verschaffen. Leider lassen sich Sterne nicht manipulieren, und Sharmas gutgemeinte Pläne gingen schief. Kurz vor der Geburt fand ich heraus, daß Sharma mich nicht im St. Mary's Hospital in Paddington, sondern im gleichnamigen Krankenhaus im Londoner Vorort Stratford angemeldet hatte. Der Londoner Verkehr war damals schon chaotisch, und es hätte Stunden gebraucht, von einem Ende der Stadt zum anderen zu kommen. Wer sollte mich in Stratford besuchen? Ich brauchte Desmond, der aus Glaslough gekommen war, wie auch den Rest meiner Familie. »Die Geburt ist abgesagt!« rief ich verzweifelt und stürzte aus Chandras Praxis. Er bemühte sich noch um ein freies Bett in einer Privatklinik in St. John's Wood, wo es auch einen Kreissaal gab, konnte jedoch den Chirurgen, den er ausgewählt hatte, nicht dazu bewegen, schon morgens um zehn Uhr zu operieren. Antonia muß nun leider ohne Hilfe mit ihrem Schicksal fertig werden. Am 1. November 1963 um zwei Uhr nachmittags, als man mich gerade in den Kreißsaal schob, eilte ein zorniger Chirurg an mir vorbei: »Sie haben meinen ganzen Zeitplan durcheinandergebracht! Sind Sie jetzt zufrieden?« Zitternd vor Angst kam ich in den Kreißsaal. Dort standen der Chirurg und Dr. Sharma, der ihm assistieren sollte, unbekleidet bis auf eine durchsichtige Schlachterschürze aus Plastik, und erwarteten mich. Es hätte mich nicht gewundert, wenn diese behaarten Affenmenschen auf- und abgesprungen wären und dabei ihre Messer gewetzt hätten!

Eine Stunde später erwachte ich aus der Narkose, und eine Schwester reichte mir mein aprikosenfarbiges Baby. Ein bißchen gelb um die Nase, sonst aber perfekt, hatte Antonia das Licht der Welt erblickt. Nun hatten wir endlich eine Tochter. Wir wollten die Taufe in London feiern, und Helen kam aus Glaslough zurück, um als Patin zu fungieren. Um das Ereignis gebührend zu begehen, gab sie am Morgen der Taufe eine Party in ihrem Haus. Leider konnte ich daran nicht teilnehmen, nur Desmond ging zu ihr. Ich blieb zurück, um alles für unseren eigenen kleinen Empfang am Nachmittag vorzubereiten. In meiner Erinnerung sehe ich mich noch mit der einen Hand den Kartoffelsalat zubereiten, in der anderen das Baby für die Kirche zurechtmachen. Als es an der Tür klingelte, stillte ich gerade Antonia und begrüßte daher Pater Oswald Vanheems aus Ampleforth, der die Taufe durchführen sollte, in Unterwäsche. Als Desmond endlich zurückkam, um mit uns zur Kirche zu fahren, war ich irritiert, und wir stritten uns im Auto, während die erstaunten Gäste uns von der Kirchentür her beobachteten. Nach der Taufe hätte ich mich eigentlich um meinen Umzug nach Glaslough kümmern müssen, aber andere Ereignisse zwangen mich, die Abfahrt noch zu verschieben. Das Schicksal hatte mich ausersehen, Janice vor einem Unglück zu bewahren.

Sie hatte sich in den letzten Monaten meiner Schwangerschaft oft eigentümlich benommen. Von ihren Einkäufen brachte sie Babykleidung und Spielzeug, Klappern und Beißringe mit. Zuerst dachte ich, sie seien für mein Baby, aber bald fand ich heraus, daß sie die Sachen für sich selbst gekauft hatte und sie sorgfältig in einer Schublade hortete. Ich begriff, daß die Anteilnahme an meiner Schwangerschaft, die ich offen zeigen durfte, ihr den grausamen Kontrast zu ihrer Schwangerschaft mit Natascha aufzeigte. Auch ihr Liebesleben lief nicht glatt. Schön wie sie war, fiel es ihr nicht schwer, die Aufmerksamkeit interessanter Männer auf sich zu ziehen, sie jedoch zu halten, war schwieriger. Mit ihrer Angst, eine alleinerziehende Mutter zu bleiben, vergraulte sie ihre Liebhaber.

Vielleicht hatte ich ihrer empfindlichen Verfassung nicht genügend Aufmerksamkeit geschenkt, nachdem wir sie aus dem Elternhaus »gerettet« hatten. Zudem schwebte ich im siebten Himmel mit meiner kleinen Tochter im Kinderbett neben mir. Freunde kamen, um mich zu beglückwünschen, und sogar Kathleen Drogheda rief mich an. Sie hatte unser Bild in der Zeitung gesehen und erzählte mir, daß Maureen so gern das Baby sehen wollte. Ich war überglücklich. Hatte Richard das grausame Verbot zurückgezogen? Konnten vielleicht beide zu Besuch kommen? Aufgeregt traf ich Vorbereitungen für den Nachmittag, putzte Antonia in ihrem besten Kleidchen heraus und wartete mit Kaffee und Kuchen, aber Maureen kam nicht. Wahrscheinlich hatte ihre Großmutter doch unterschätzt, wie sehr sich Maureen durch den Schwur gebunden fühlte. Ein paar Jahre mußten noch vergehen, bevor wir uns in Dublin wiedertrafen.

Ich mußte endlich anfangen zu packen. Nur meine Kleider und Bücher wollte ich nach Glaslough mitnehmen. Unser Mietvertrag für South Lodge lief noch ein ganzes Jahr, so konnten die Möbel und Hausgeräte vorerst in London bleiben. Außerdem wollte ich noch einmal zurückkommen, um persönlich den Umzug von Desmonds Studio zu überwachen, was eine schwierige Sache werden würde. Er hatte vor, es mit allen Gerätschaften und seiner Geräusche-Sammlung, die in den letzten Jahren zu Hunderten von Tonbändern angewachsen war, im Keller von Glaslough wieder aufzubauen. Ich sollte einen LKW organisieren, um im Sommer alles nach Irland zu schaffen, weil die Geräte im Winter auf dem Transport unter der Kälte leiden würden. Mir war jede Ausrede, weiter in meiner Wohnung zu bleiben, recht. Sie war die Verbindung zu meiner Welt, meiner Arbeit in England. Ich hatte Angst davor, eines Tages von London abgeschnitten zu sein.

Am Sonnabend vor meiner Abreise brachte Janice Natascha zu mir in die Wohnung und fragte, ob ich sie übers Wochenende bei mir behalten könne. Ich wußte, daß sie mit ihrem damaligen Freund Probleme hatte und nahm an, daß sie in den nächsten zwei Tagen Ordnung in die Beziehung bringen wollte. Nachdem ich Natascha und Antonia ins Bett gebracht hatte, machte ich es mir vor dem Fernseher gemütlich. Plötzlich stieg eine unerklärliche Panik in mir auf. Ich lief ins Kinderzimmer, aber die Kinder schliefen ruhig. Dann klingelte es an unserer Tür. Es war Janice' spanisches Au-pair-Mädchen. Sie hätte mehrmals an Janice' Tür geklopft und gerufen, aber keine Antwort bekommen. Ich riß ihr die Schlüssel aus der Hand und sagte, sie solle bei den Kindern bleiben. Dann lief ich schnell zu Janice hinüber. Sie lag leblos auf ihrem Bett, die leere Tablettenschachtel neben sich. Ich rief nach einem Rettungswagen, aber in dem Moment war keiner zu bekommen. Nun versuchte ich, sie hochzuheben, aber es gelang mir nicht. Dann fiel mir ein, daß unter ihr ein junger Journalist wohnte, der erst kurz zuvor vom Lande nach London gezogen war. Gott sei Dank war er zu Hause, und gemeinsam konnten wir Janice die drei Treppen hinunter in ein Taxi schleppen. Fünf Minuten später waren wir in unserem Bezirkskrankenhaus. Während die Ärzte Janice in der Notaufnahme behandelten, sprach ich flüsternd mit dem jungen Mann. Ich hatte die volle Verantwortung für sie übernommen und dem Krankenhaus Namen und Adresse der Mutter verweigert. Deren plötzliches Auftauchen würde Janice nur schaden, das wollte ich auf jeden Fall verhindern!

Mir war die Geschichte dem Mann gegenüber ziemlich peinlich. Was sollte er, jung und noch völlig unerfahren, von den Geschehnissen in der Großstadt London denken? In dem Moment ahnte ich nicht, daß in kaum einem Jahr Janice diesen jungen »Unerfahrenen« heiraten würde. Ihre Ehe besteht bis zum heutigen Tag. Dieses Happy-End war natürlich nicht vorhersehbar. Die Ärzte konnten uns nicht einmal sagen, ob Janice überleben würde. Ich machte mich schon mit dem Gedanken vertraut, Natascha für immer zu behalten, was offensichtlich Janice' Wunsch gewesen war, als sie das Kind zu mir brachte. Nach einige Tagen erwachte sie aus der Bewußtlosigkeit, war aber zunächst halb gelähmt. Die Ärzte meinten, ihr Zustand würde sich noch bessern. Ich verbrachte viele Stunden an ihrem Bett, um sie zu überzeugen, daß sie weiter leben und wieder laufen mußte. Ich versprach ihr, erst wegzufahren, wenn sie das Krankenhaus auf eigenen Füßen verlassen könne. Schließlich machte ich mich einige Wochen später, als Desmond es erwartet hatte, mit Antonia in der Tragetasche, auf den Weg nach Glaslough.

Noch einmal in meinem Leben mußte ich ein Land verlassen, in dem ich glücklich gewesen war. Noch einmal unterdrückte ich den Abschiedsschmerz. Ich erinnere mich nur noch an die Ankunft im Hafen von Belfast und die lange Fahrt nach Glaslough, ein Weg, den ich schon oft in fröhlicher Ferienstimmung zurückgelegt hatte. Diese Reise war anders. Während mein Baby hinten im Auto ruhig schlief, wuchsen meine bösen Vorahnungen mit jedem Kilometer. Ich dachte an die Möbel in der Wohnung in South Lodge. Marjorie hatte sie Seán hinterlassen, wir durften sie aber auf Lebenszeit nutzen. Sollte ich sie nach Glaslough holen, wenn der Mietvertrag auslief? Wären sie sicherer im Haus meiner irischen Freunde und Nachbarn Richard und Lydia Johnston? Sicherer vor wem? Ich wußte es selbst nicht. Meine Angst und mein Mißtrauen brachten mich durcheinander. Was beunruhigte mich so auf meinem Weg in meine neue Heimat? Bald sollte ich es wissen.

Als ich ankam, stellte ich fest, daß Helen den Platz in meinem blauen Schlafzimmer eingenommen hatte und nicht zu bewegen war, ihn für mich zu räumen. Onkel Seymours ominöse Andeutungen machten mir schließlich klar, daß es Helen gewesen war, die Desmond nach meiner Generalprobe getroffen und für die er meine Vorstellung im Duchess Theatre aufs Spiel gesetzt hatte. Sie hatte versucht, ihn davon zu überzeugen, daß ich niemals mit ihm auf dem Lande im County

Monaghan leben würde. Nach zehn Jahren Schattendasein wollte sie sich nun behaupten. Unsere Ehe zog sich noch eine Weile dahin, aber es waren schwierige Jahre. 1969 nahm sie ein schmerzliches und dramatisches Ende. Ich war mit den Kindern in Irland gestrandet, wir hatten kaum Geld zum Leben und keine Möglichkeit, nach London zurückzukehren. Ob ich es wollte oder nicht, ich mußte mir in Dublin ein neues Leben aufbauen. Mit der Zeit habe ich mich nicht nur damit abgefunden, sondern meinem Schicksal dafür gedankt.

Epilog
Die Geschichte
des Juwelenbuches

Kurz bevor die irische Ausgabe des Buches in Druck ging, erhielt ich einen Brief aus New York, der das Ende einer Geschichte bedeutete, die ihren Anfang in meiner Kindheit nahm. Es handelt sich um die Geschichte eines Buches, das mein Vater vor mehr als sechzig Jahren seinem Freund und Partner Carl Meinhard zum Geburtstag geschenkt hatte. Es war eine signierte Sonderausgabe der Geschichte vom *Rabbi von Bacharach* von Heinrich Heine, ausgestattet mit siebzehn Radierungen von Max Liebermann.

Carl Meinhard vergaß, wer ihm das Geschenk gemacht hatte, und übergab es meinem Vater bei dessen nächstem Geburtstag. Mein Vater sagte nichts dazu, ließ einen kleinen Diamanten in die Mitte des Buchdeckels setzen und machte es seinem Partner ein Jahr später erneut zum Geburtstagsgeschenk. Meinhard, dem sein Mißgeschick jetzt deutlich wurde, ließ nun seinerseits einen Smaragd neben den Diamanten setzen und gab das Buch wieder an meinen Vater zurück. So ging es viele Jahre hin und her, und bei jeder Übergabe wurde ein weiteres Juwel hinzugefügt, bis der Deckel vor Edelsteinen nur so funkelte. Als ich sieben war, zeigte mir mein Vater das Buch – es hinterließ bei mir einen unvergeßlichen Eindruck.

Nach mehreren Jahren beschlossen die beiden Freunde, diesen einzigartigen Austausch offiziell zu gestalten. Sie ließen eine silberne Platte mit ihren Namen und Geburtstagen anbringen. Außerdem wurde vermerkt, daß der überlebende Partner der endgültige Eigentümer dieses »Juwelenbuches« sein sollte. Dann überreichten sie einander das Buch feierlich im Berliner Theaterclub.

Als die Nazis einige Jahre später an die Macht kamen, verloren Meinhard und Bernauer alles bis auf ihr Leben. Meinhard floh in seine Geburtsstadt Prag, und Bernauer wanderte mit seiner Familie nach London aus. Nach der Okkupation der Tschechoslowakei durch Hitler erreichte uns die Nachricht, daß Onkel Carl im Jahre 1939 in ein Konzentrationslager verschleppt worden war. Dort überlebte er die Kriegsjahre unter grauenvollen Verhältnissen und verdankte sein Leben nur der Tatsache, daß sein Sohn mit der Tochter eines deutschen Generals verheiratet war.

Nach Kriegsende schrieb er uns aus Prag. Er wollte zu seinen Kindern nach Buenos Aires, aber alles, was er bei der Verhaftung in seiner Prager Wohnung hatte zurücklassen müssen, war verschwunden. Er hatte weder Geld noch Kleider für die Reise. Mein Vater schickte ihm einen seiner Anzüge und soviel Geld, wie er entbehren konnte.

Die beiden alten Freunde sahen sich nie mehr wieder, aber sie schrieben einander viele Briefe, die nach dem Tode meiner Eltern in meine Hände gelangten. Carl war einige Jahre vor meinem Vater gestorben, und bevor ich die Briefe an das Bernauer-Archiv in der Berliner Akademie der Künste weitergab, habe ich sie sorgfältig gelesen. Sie waren ein rührendes Andenken an ihre gemeinsamen Jugendjahre, voller Erinnerungen an kleine, sehr private Ereignisse und Familienangelegenheiten; ihre künstlerischen Triumphe und späteren Verluste blieben unerwähnt. Auch über das Juwelenbuch fand sich kein Wort, und so blieb es wie alles andere verschwunden.

In den siebziger Jahren machte Dan Mason, ein amerikanischer Schauspieler und Regisseur, Urlaub in Irland. Zufällig lernte ich ihn an seinem letzten Tag in Dublin kennen. Aus dieser Begegnung entwickelte sich eine langjährige Freundschaft,

Carl Meinhard und Rudolf Bernauer

und ich spiele noch heute öfter hier in Dublin unter seiner Regie. Obwohl es nichts gibt, das Dan Mason irgendwie mit meiner deutschen Vergangenheit verbindet, war er es, der in dieser Geschichte eine ausschlaggebende Rolle spielte: Kurz nachdem er Hauptmanns *Ratten* off-Broadway inszeniert hatte, schrieb er mir: »Eine alte Dame mit europäischem Akzent kam nach der Vorstellung zu mir hinter die Bühne, um mir zu gratulieren. Erstaunlicherweise erwähnte sie Deinen Namen und freute sich sehr, als sie erfuhr, daß wir befreundet sind. Sie kannte Dich schon als Kind. Sie ist die Witwe von Hans Bartsch, der der literarische Agent Deines Vaters war. Am nächsten Tag führte sie mich zu Eurem Buch, Du weißt doch, das mit den vielen Juwelen auf dem Deckel.« Ich konnte es nicht fassen! Es war in New York wieder aufgetaucht. Und zwar in einer Synagoge!

Als ich das nächste Mal nach New York kam, ging Dan mit mir zur Hauptsynagoge in der 55. Straße. Wirklich – da war das Buch, ausgestellt in einem Glaskasten in der modernen Halle, als Teil einer Sammlung jüdischer Kunst. Es war eines von 38 Gegenständen aus europäischen Synagogen. Mir wurde mulmig, als ich es sah, und ich mußte mich setzen und um ein Glas Wasser bitten. Ich ließ mir Namen und Telefonnummer des Kurators der Sammlung geben und rief ihn noch am selben Tag an.

Anfangs war Herr Schwartz ganz erfreut über meinen Anruf, aber bald wurde mir klar, daß er ein alter Mann war, der sich augenscheinlich sehr bemüht hatte, diese Sammlung für die Synagoge zu sichern. Er verriet mir erst nach einigem Nachfragen, daß alle Wertgegenstände von einem jüdischen General der US-Armee, Morris Troper, nach Kriegsende nach New York gebracht worden seien und daß er den General überredet hätte, die ganze Sammlung der Synagoge zu vermachen.

Noch zu Lebzeiten von Herrn Schwartz versuchte ich einige Male herauszufinden, wie all die Dinge überhaupt in den Besitz des Generals gelangt waren und ob es vielleicht eine Möglichkeit gäbe, das Buch zurückzubekommen. Es gab nach dem Zweiten Weltkrieg eine Menge solcher Fälle, besonders in der Kunstszene der USA. Man sagte mir auch, daß bei Gerichtsurteilen das umstrittene Objekt stets den ursprünglichen Besitzern zugesprochen worden sei. Aber ich hatte nicht die Absicht, die Leiter der Synagoge vor Gericht zu bringen. Sie hatten auf Treu und Glauben gehandelt, und ich hoffte, mit ihnen zu einer außergerichtlichen Einigung zu kommen. Zuerst bekam ich auf meine Briefe keine Antwort, aber schließlich bot man mir an, das Buch zurückzukaufen. Dies konnte ich mir nicht leisten, und viele Jahre vergingen ohne jeden weite-

Agnes Bernelle heute

ren Kontakt. Ich hörte, daß das Buch mittlerweile aus dem Glaskasten genommen worden war.

Ich weiß nicht, wie ich nach zwanzig Jahren erneut darauf kam, aber im letzten Mai war ich kurz in New York und rief in der Synagoge an. Der alte Vorstand schien nicht mehr zu existieren, und ich traf mich mit der neuen Direktorin, Livia Thompson, in ihrem Büro. Ich war erstaunt, eine junge, charmante Frau vor mir stehen zu sehen. Sie wußte nichts von dem Buch, hörte mir aber geduldig zu. Ich sagte, daß ich die Kaufsumme jetzt eventuell aufbringen könne, und sie schlug vor, ich möge ihr zunächst einmal alle nötigen Dokumente, die meine Erbschaft beweisen könnten, zuschicken. Sie versprach

mir, sich inzwischen auf die Suche nach dem wieder verschwundenen Buch zu machen. Im August 1996 erreichte mich
ihre Antwort: »Es freut mich, Ihnen mitteilen zu können, daß
Ihre Geschichte den Vorstand der Synagoge so sehr bewegt hat,
daß er die Rückgabe des Buches an Sie im Rahmen einer Feier
in der Synagoge arrangieren möchte. Und weil die Geschichte
so bewegend ist, möchten wir sie gerne publik machen und
werden dafür Sorge tragen, daß bei der Gelegenheit die jüdische Presse anwesend ist. Ich freue mich schon darauf, Sie bald
hier wiederzusehen.«

Inzwischen ist es Februar 1997, und ich halte das Buch in meinen Händen. Die Feier in der Synagoge war bewegend und unbeschreiblich schön. Die folgenden Veranstaltungen und Fest-
lichkeiten wurden mit großer Sorgfalt und echter Herzlichkeit
arrangiert. Ich traf nicht nur mit der jüdischen Presse zusammen, das Buch und ich waren auch Gegenstand eines Artikels
der *New York Times*, und das CBS-Fernsehen brachte unsere Geschichte in den Abendnachrichten. Neben Livia Thompson
und Rabbi Peter ließen wir viele neue Freunde in New York zurück.

Mein Dank für die Hilfe und Unterstützung geht
an Anthony Farrell, Jonathan Williams und
John Arden in Irland und an Dr. Jörg Rademacher,
Ursula Meyer-Wiefhausen, Cornelia Ost, René Kohl
und den Bollmann Verlag

Index

311